よくわかる
調理学実習

ー流れと要点ー

香西みどり・綾部園子 編著

朝倉書店

●編者

香西みどり（かさい）　お茶の水女子大学名誉教授

綾部園子（あやべそのこ）　高崎健康福祉大学大学院特任教授

●執筆者（執筆順，執筆担当）

香西みどり
（第1部講義編：1，第2部実習編：菓子類・単品料理，付録：1）

佐藤瑶子（さとうようこ）　お茶の水女子大学講師
（第1部講義編：2，付録：2）

綾部園子
（第2部実習編：ガイダンス，正月料理，菓子類・単品料理）

宇都宮由佳（うつのみやゆか）　学習院女子大学教授
（第2部実習編：日本料理1・2・3，菓子類・単品料理）

大石恭子（おおいしきょうこ）　昭和女子大学教授
（第2部実習編：日本料理4・5・6，菓子類・単品料理）

飯島久美子（いいじまくみこ）　前東洋大学准教授
（第2部実習編：日本料理7・8，西洋料理8，菓子類・単品料理）

小林理恵（こばやしりえ）　東京家政大学教授
（第2部実習編：中国料理1・2，西洋料理7，菓子類・単品料理）

今井悦子（いまいえつこ）　前聖徳大学教授
（第2部実習編：中国料理3・4・5，菓子類・単品料理）

松本美鈴（まつもとみすず）　前大妻女子大学教授
（第2部実習編：中国料理6・7・8，菓子類・単品料理）

土屋京子（つちやきょうこ）　東京家政大学・短期大学部教授
（第2部実習編：中国料理6，西洋料理6）

高橋ひとみ（たかはし）　鎌倉女子大学教授
（第2部実習編：西洋料理1・2・3，菓子類・単品料理）

松島悦子（まつしまえつこ）　前和洋女子大学准教授
（第2部実習編：西洋料理4・5・6，菓子類・単品料理）

郡山貴子（こおりやまたかこ）　東洋大学准教授
（第2部実習編：西洋料理4・5）

西念幸江（さいねんさちえ）　東京医療保健大学教授
（第2部実習編：クリスマス料理，介護食，菓子類・単品料理）

はじめに

　調理実習は大学や短期大学で食物栄養を学ぶ学生にとって調理の理論を実践する場として重要であり，最も特徴的な科目である。調理は日常の食生活に密接に関わりながら健康に直結している。おいしい食事をつくるための調理技術・知識を授業を通して身につけることは，家庭における調理を大切にし，それを次世代に伝えていくことにもなる。特に管理栄養士・栄養士養成施設で学ぶ学生は，食の専門家として献立から盛り付けまでの総合的な調理への理解が必要となる。

　本書は調理学実習の教科書として講義編，実習編，付録の3部構成になっている。調理に対する興味・関心を高めつつ，内容の理解がより深まることを願って，調理の流れと要点がわかり，献立作成と実習に関する理論やデータの説明を豊富にすることを心がけた。

　講義編では日本料理・中国料理・西洋料理の特徴や食卓作法に加えて，献立作成について説明した。その具体的な実践例として付録に1か月分の朝，昼，夕食の献立例をあげた。実習編では実習内容を日本料理・中国料理・西洋料理・正月料理・クリスマス料理・介護食・菓子類・単品料理に分け，それぞれに調理の目的，献立構成，材料，つくり方の流れを記載し，ポイントなど様々な情報を盛り込んだ。日本料理・中国料理・西洋料理の1回分ずつの構成は献立としての1食分となっており，それぞれに応用・発展としてのレシピも載せている。単品料理としてあげたものには各国料理も含まれバラエティに富んでおり，授業外学習として家でつくってみるのもよいだろう。さらに付録には実習に関する内容について，関連ある実験データを学会誌等から引用し，図表で示されている結果について説明を加えており，必要に応じて調理科学的な根拠となるデータを確認することができる。

　このような構成からなる本書は，授業前の準備や授業後のレポートの参考資料として，また各自の発展学習にも役立ててほしい。

　原稿執筆にあたり，資料として多くの著書や文献等を参考にさせていただいたことに心より感謝する。付録の実験については，その多くが1950年代から2000年にかけて行われたものである。現在もなお実習に役立つ貴重なデータを示してくださった諸先生方に改めて敬意を表する。

　本書が，大学・短期大学の学生はもとより，自分で調理の勉強をしようと志す方，また広く一般の方々にもご活用いただければ幸甚である。

2025年2月

編著者　香西みどり

綾部園子

目　次

第1部　講義編 ———————————————————————————— 1

1 日本料理・中国料理・西洋料理について ———————————— 2

日本料理 ——————————————————————————————————— 2
1 日本料理の特徴
2 「和食」について
3 日本料理様式の変遷
4 和食器
5 食卓作法
6 酒を供さない会席料理と供する場合

中国料理 ——————————————————————————————————— 7
1 中国料理の特徴
2 中国料理の系統
3 調理法の特徴
4 中国食器
5 食卓作法

西洋料理 ——————————————————————————————————— 10
1 西洋料理の特徴
2 各国の料理
3 洋食器
4 食卓作法
5 コース料理で出る洋酒

2 献立作成について ———————————————————————————— 13

1 献立とは
2 献立作成の要件
3 何をどれだけ食べればよいかを決める
4 一定期間での献立計画を作成する
5 具体的に料理の内容を決定する
6 作成した献立の栄養価を計算する
7 食材料を購入する

第2部 実習編 ——————————————————— 21

ガイダンス：調理実習を学ぶにあたって ——————————— 22

- **1** 調理実習を学ぶ意義
- **2** 調理実習上の留意点
- **3** 基本の切り方
- **4** 計　量
- **5** 調　味
- **6** とろみづけの濃度
- **7** 廃棄率

日本料理

日本料理1 ——————————————————————— 28
（献　立）白飯，みそ汁，厚焼き卵（大根おろし添え），青葉のごま和え
（応用・発展）ほうれん草のお浸し

日本料理2 ——————————————————————— 32
（献　立）さつまいも飯，かきたま汁，かれいの煮付け，きゅうりとわかめの酢の物
（応用・発展）豆ごはん，さばのみそ煮，いわしの蒲焼

日本料理3 ——————————————————————— 36
（献　立）三色ごはん，けんちん汁，きんぴらごぼう，野菜の即席漬け
（応用・発展）沢煮椀，肉じゃが

日本料理4 ——————————————————————— 40
（献　立）たけのこごはん，菊花豆腐の吸い物，天ぷら，あおやぎとわけぎのぬた
（応用・発展）五目ごはん，若竹汁

日本料理5 ——————————————————————— 44
（献　立）赤飯（こわめし），吉野鶏のすまし汁，あじの塩焼き，柿の白和え
（応用・発展）三色おはぎ，鶏の治部煮

日本料理6 ——————————————————————— 48
（献　立）ちらしずし，はまぐりの潮汁，炊き合わせ（高野豆腐・さやえんどう・梅花にんじん），茶碗蒸し
（応用・発展）しめさば，土瓶蒸し

日本料理 7 ——— 52

献 立 すし飯（太巻きずし・いなりずし），しめ卵のすまし汁，筑前煮（炒り鶏）

応用・発展 四海巻きずし，えびしんじょのすまし汁

日本料理 8 ——— 56

献 立 玄米ごはん，三州みそ汁，ぶりの照り焼きと菊花かぶ，ひじきの煮物

応用・発展 魚のホイル焼き，切干し大根の煮物

中国料理

中国料理 1 ——— 60

献 立 涼拌三絲（くらげの酢の物），麻婆豆腐（マーボー豆腐），餛飩湯（ワンタンスープ），蟹粉蛋炒飯（かにと卵の炒めごはん）

応用・発展 炒米粉（炒めビーフン），五香茶葉蛋（卵のお茶煮）

中国料理 2 ——— 64

献 立 辣白菜（白菜の辛味酢油漬け），古滷肉（酢豚），玉米湯（とうもろこしスープ），蝦仁焼売（えびしゅうまい）

応用・発展 油淋鶏（揚げ鶏の薬味ソースかけ）

中国料理 3 ——— 68

献 立 熗黄瓜（きゅうりの炒め物），青椒牛肉絲（牛肉とピーマンの細切り炒め），西湖魚羹（魚と卵白の薄くず汁），奶豆腐（牛乳かん）

応用・発展 回鍋肉（ゆで豚とキャベツの炒め物），杏仁豆腐（あんにん豆腐）

中国料理 4 ——— 72

献 立 涼拌茄子（なすの和え物），干焼明蝦（えびのチリソース炒め），搾菜肉絲湯（ザーサイと豚肉のせん切りスープ），八宝肉飯（中華ちまき）

応用・発展 金菇貝丁（きのこと貝柱の和え物），杏仁酥餅（アーモンドクッキー）

中国料理 5 ——— 76

献 立 拌墨魚（いかの和え物），珍珠丸子（もち米団子の蒸し物），豆腐蛤仔湯（豆腐とあさりのスープ），抜絲地瓜（揚げさつまいものあめからめ）

応用・発展 芒果布丁（マンゴープリン），水果西米露（タピオカ入りココナッツミルク）

中国料理 6 ——— 80

献 立 糖醋魚（魚の丸揚げ甘酢あんかけ），蕃茄蛋花湯（トマトと卵のスープ），鍋貼餃子（焼き餃子），豆沙麻球（あん入り揚げ団子）

応用・発展 芙蓉蟹（かにたま），炸春捲（春巻き）

中国料理 7 ————————————————————————— 84
献立 棒棒鶏（鶏肉のごまだれ和え），高麗魚条（蝦仁）・高麗香蕉（魚やえび・バナナの卵白衣揚げ），酸辣湯（酸味と辛味のスープ），肉包子・豆沙包子（肉まん・あんまん）
応用・発展 八宝菜（五目炒め），肉包子（ベーキングパウダー使用）

中国料理 8 ————————————————————————— 88
献立 腰果鶏丁（鶏肉とカシューナッツ炒め），玻璃青梗菜（チンゲンサイのあんかけ），白菜肉丸子湯（白菜と肉団子のスープ），花捲児（花形の蒸しパン）
応用・発展 奶羹蝦丸子（えび団子の牛乳スープ），開口笑（揚げ菓子）

西洋料理

西洋料理 1 ————————————————————————— 92
献立 ピラフ，コンソメスープ，ハンバーグ（にんじんのグラッセ・いんげんのソテー添え），ババロア
応用・発展 ゼリー

西洋料理 2 ————————————————————————— 96
献立 いわしの香草焼き，キャロットスープ，トマトサラダ，ドーナッツ
応用・発展 鶏肉の香草焼き，ほうれん草サラダ

西洋料理 3 ————————————————————————— 100
献立 マカロニグラタン，ポーチドエッグ，グリーンサラダ，クッキー
応用・発展 クリームコロッケ，オムレツ，スクランブルエッグ

西洋料理 4 ————————————————————————— 104
献立 カレー＆サフランライス，ポテトサラダ（マヨネーズソース），マドレーヌ
応用・発展 ハッシュドビーフ

西洋料理 5 ————————————————————————— 108
献立 スパゲッティミートソース（ふり込み式），クラムチャウダー（ブールマニエ），コールスロー，カップケーキ
応用・発展 パウンドケーキ

西洋料理 6 ———————————————————————————— 112

献　立　さけのムニエル（粉ふきいも添え），オニオングラタンスープ，にんじんサラダ，シュークリーム

応用・発展　エスカベッシュ，チーズスープ

西洋料理 7 ———————————————————————————— 116

献　立　ウィンナーシュニッツェル，ビシソワーズ，ラタトゥイユ，カスタードプディング

応用・発展　ピカタ，パンプディング

西洋料理 8 ———————————————————————————— 120

献　立　手づくりパン（ハムロール・チーズバンズ・レーズンバンズ），ミネストローネ，シーザーズサラダ

応用・発展　メロンパン，クロックムッシュ，チーズスティック，ピッツァ

● ● ●

正月料理 ————————————————————————————————— 124

おせち料理　雑煮（関東風），黒豆，田作り，数の子，伊達巻き，錦卵，紅白かまぼこ，関西風雑煮，栗きんとん，たたきごぼう，若竹きゅうり，のし鶏（松風焼き），紅白なます，いかのうに焼き，えびのうま煮，煮しめ，昆布巻き

クリスマス料理 ————————————————————————————— 130

献　立　鶏もも肉のあぶり焼き，パンプキンスープ，ブッシュ・ド・ノエル，フルーツパンチ

応用・発展　鶏もも肉の照り焼き，ローストチキン，ローストビーフ，ポトフ

介護食 ————————————————————————————————— 136

献　立　かゆ（全がゆ），空也蒸し，豆腐ハンバーグ，かぼちゃのそぼろあんかけ，煮りんごのヨーグルトかけ

応用・発展　卵豆腐，なす肉みそ田楽

● ● ●

菓子類 ————————————————————————————————— 140

草もち，柏もち，うぐいすもち，桜もち（関西風・関東風），わらびもち，豆腐団子，かぼちゃ団子，まんじゅう，じょうよまんじゅう，ぜんざい，抹茶かん，淡雪かん，水ようかん，金玉糖，さつまいも菓子，ホットケーキ，クレープ，洋なしのタルト，アップルパイ，デコレーションケーキ，シュトーレン，ブラマンジェ（イギリス式・フランス式）

単品料理 ──────────────────────────────────── 148

手打ちうどん，オードブル（前菜），キッシュ，パエーリア，ビーフシチュー，サザンア
イランドサラダ，ボルシチ，ピロシキ，醤辣捲麺（肉みそそば），叉焼肉（焼き豚），東坡
肉（豚の角煮），ピビンパプ，ナムル，オイキムチ，トムヤムクン，ヤムウンセン，生春
巻き，サテ，ラッシー

付　録 ────────────────────────────────────── 157

1 実習献立と関連のある実験データ ────────────────── 158

① 蒸らし時間が異なる飯の最終鍋内温度および鍋内重量の変化

② 蒸らし時間が異なる飯のコップ陥没度

③ 米の吸水に及ぼす水温・浸漬時間の影響

④ 圧力鍋による炊飯温度曲線

⑤ うるち米ともち米の吸水率

⑥ もち米の加熱中ふり水による重量変化

⑦ たけのこの放置中のシュウ酸含量の消長

⑧ たけのこの水および「ぬか水」処理によるシュウ酸含量の消長

⑨ 煮干しだしの浸出方法の相違による S.N，F.N の溶出量

⑩ 煮干しだし汁中の全エキス分の経時的変化

⑪ かつお節の一番だしと二番だし

⑫ グルタミン酸ナトリウムとイノシン酸ナトリウムの相乗効果

⑬ 汁物の温度降下

⑭ 干ししいたけの水戻し時の吸水量変化

⑮ 干ししいたけの水戻し温度と加熱が 5'-グアニル酸量に及ぼす影響

⑯ 各溶液中にて加熱（99 ± 1 ℃）した場合の小松菜の緑色度の変化

⑰ ほうれん草のゆで水量と総ビタミン C の残存率（%）

⑱ ほうれん草のシュウ酸の残存率とアクっぽさの官能評価

⑲ 浸漬水へのキャベツの無機成分溶出率の変化

⑳ さやえんどう青煮におけるクロロフィルとフェオフィチンの変化

㉑ 大根各部位より調製した大根おろし中の辛味成分量ならびに辛味成分の変化

㉒ 各種紅葉おろし（汁）中のジケトグロン酸を除く総ビタミン C 真値の経時残存率比較

㉓ 塩の使用量ときゅうりの放水量

㉔ さといものゆで水の種類と煮汁の粘度

㉕ 野菜のかたさと加熱温度の関係

㉖ ごぼう，大根を水および食塩水で煮た場合のかたさの変化

㉗ 吸塩量の経時変化の魚種間比較

㉘加熱による魚肉のかたさの変化
㉙塩締めおよび酢締めによるさば肉の重量変化
㉚さば素揚げの揚げ時間による水分，脂肪含量の変化および官能評価
㉛ポークカツレツの内部温度の変化
㉜各種コロッケの内部温度の変化
㉝材料配合と天ぷら衣の成分と歯もろさ（砕け分）
㉞加熱方法の異なる鶏むね肉のかたさ
㉟試料肉からスープストック・アクおよび残肉へのたんぱく質・脂質の移行割合
㊱食塩添加による全卵のゲル強度
㊲卵豆腐の加熱速度の影響
㊳プディング中心部最終温度 86 ℃，余熱 5 分利用の昇温図
㊴ルウの炒め温度による白ソースの粘度変化
㊵牛乳，水，ブイヨンでのばした場合の糊液の粘度（アミログラフ）
㊶白ソース加熱過程の粘度変化（120 ℃ルウを用いたもの）
㊷5 ℃または 15 ℃におけるクリームの起泡性
㊸各焙焼温度におけるバッター内温度と膨化の過程（スポンジ 190 g）
㊹加熱温度によるでんぷんの糊化度（シューペースト）
㊺グルテン採取量（乾麩量）の変化（シューペースト）
㊻折りたたみ回数の異なるパイ生地の焙焼後の製品の評価
㊼ビスケットのショートネスと膨化度
㊽寒天ゼリーの離しょうにおける牛乳添加の影響
㊾淡雪かんの均質化に及ぼす温度，寒天，砂糖濃度の影響
㊿水ようかんの均質化に及ぼす型に流す温度，あん，砂糖濃度の影響
(51)ブラマンジェの加熱温度，加熱時間がゼリー強度に及ぼす影響

2 献立例 ―― 173

● 三色食品群と 6 つの基礎食品群の比較
● 1 か月の献立の例
● 本書で用いた食品およびよく使う食品の目安重量

索　引 ―― 177

第1部 講義編

1 日本料理・中国料理・西洋料理について

日本料理

1 日本料理の特徴

日本料理は大陸から多くの食品や料理が伝えられてきた歴史の中で，日本人がその環境において築き上げてきた料理である。特徴は主に以下の通りである。

① 四季の変化が明確であり，料理の材料および調理法に季節感を出す。

〈例〉 春にはたけのこごはん，木の芽和え，夏にはかつおのたたき，あゆの姿焼き，秋には栗ごはん，まつたけごはん，冬にはおでん，吹き寄せなど。

② 地理的特徴として南北に長く，四面を海に囲まれ，また周囲を寒流と暖流が流れることから，多種多様な料理の素材が得られる。

③ 調理法が重要な位置づけとなっている。

献立をみると，さしみ，焼き物，煮物，和え物など調理法が基準におかれた表現になっている。西洋料理が食材を基準とする傾向が多いのと対照的といえる。

④ 料理を盛り付ける器に変化が多い。

料理内容や季節に合わせるだけでなく，器相互の調和も考えて食器が選ばれる。器の材質，形，大きさ，色等も変化に富んでおり，組み合わせが多様であり，器に盛り付けた際の空間の部分も見た目に大きくかかわっている。

〈例〉 「五三に盛る」は食器の空間と料理を5：3の割合にすること。 日本料理は「目で楽しむ料理」，「目で食べる料理」といわれる。

⑤ 川が多く，水資源，水質が恵まれているうえに，新鮮な魚介類に恵まれている。魚を生で食するさしみ類が発達し，また豆腐のような大豆加工品も発達した。

2 「和食」について

2013年12月に「和食：日本人の伝統的な食文化」がユネスコ無形文化遺産に登録された。

● 登録された「和食」の定義

料理だけでなく，食べることに関する日本人の慣習ともいえるもので，日本人が築き上げてきた食の知恵や工夫や慣習など有形無形のすべてを「和食」と呼び，日本人の伝統的な食文化を総称する言葉とする。

構成する要素として，食材，料理，栄養，もてなしがあげられている。明確な四季をいかした多彩な食材を使い，豊富な水をいかした調理法や魚を扱う調理器具，だしなど料理の工夫がなされ，比較的低カロリーで栄養バランスがよい，食事を摂る際に，食事のマナーや互いを思いやる心を大事にするということが「和食」に含まれる。農林水産省のHPには登録内容が紹介されている。

3 日本料理様式の変遷（図1-1）

1. 古代から奈良時代

神にお供えする食物である神饌料理として神と人が共食するものがあった。

2. 平安時代

饗応膳の形式や年中行事が定まったことで基本ができた。平安時代に貴族の饗応料理である

2　第1部　講義編

大饗（公卿の宴会の意味）料理ができた。

①**大饗料理** 主食，副食，菓子類など食材が多様となり，食器も形，材質など多彩になった。皿に飯，干物，なま物，唐菓子などを盛り付け，塩，酢などの調味料も皿にもって食べるときに調味する。箸と匙が置かれたが，匙は次第に使われなくなった。

②**年中行事** 大陸文化の影響で年中行事が民間にも浸透し，元旦の節会，七草がゆなどが行われるようになった。

3. 鎌倉時代

公家社会の饗応料理がある一方で，武家時代にはいっており，寺院で精進料理が発達した。留学した禅宗の僧によりもたらされる中国文化の影響も加わって日本料理の基礎がつくられ，食器，特に陶器類が発達し，漆器もあらわれた。

4. 室町時代

武家礼法が確立し，武家の饗応料理である本膳料理が日本料理の基本的形式として整えられた。

本膳料理（表1-1） 平安貴族の宴席料理である式正（正しい儀式の意味）料理は四条流，大草流などの流派があらわれ，室町時代になると本膳料理として完成した。酒の礼式である式三献と饗の膳からなる本膳料理では，本饗の膳（本膳），二の饗の膳（二の膳），三の饗の膳（三の膳）が基本である。各人銘々膳であり，献立は汁と菜の数によって一汁三菜から三汁十一菜までさまざまである。

5. 安土桃山時代

茶道の完成に伴う懐石料理が確立され，南蛮料理が渡来した。懐石料理は簡素，美，実用という要素が含まれた禅風の料理である。

①**懐石料理（表1-2）** 一汁三菜を主に，軽く酒をたしなむものである。懐石ということばは修行中の禅僧が空腹と寒さをしのぐために温石を懐に入れたことに由来し，空腹を一時しのぐという意味がある。

②**南蛮料理** 南蛮は当時キリシタンと同じ意味に用いられたことばで，ポルトガルやスペイ

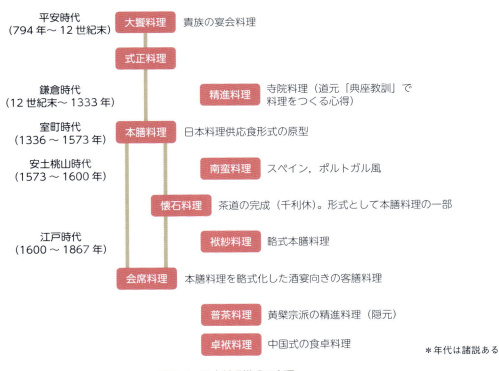

図1-1 日本料理様式の変遷

表1-1　本膳料理の献立構成例（二汁五菜）

順番	献立構成		内容および特徴
本　膳	一の汁		みそ仕立てのもの
	鱠 (なます)		魚介類の酢の物，さしみなど
	坪 (つぼ)		深めのふた付きの器に汁の少ない煮物，蒸し物や煮物のあんかけを盛ったもの
	香の物		2〜3種類の漬物の取り合わせ
	飯		白飯
二の膳	二の汁		すまし仕立てのもの
	平 (ひら)		魚，野菜，きのこなどを3〜5種類用い，煮物や揚げ物などを平たいふた付きの器に盛ったもの
	猪口 (ちょく)		野菜の浸し物，和え物などを小鉢に盛ったもの
三の膳	焼き物		魚の姿焼き。前盛を添える

注：三汁七菜の場合，三の膳は三の汁（主に潮汁），さしみ，小猪口（和え物など），与の膳は焼き物，五の膳は口取や菓子類など持ち帰る台引物となる。

表1-2　懐石料理の献立構成例

順番	献立構成	内容および特徴
1	向付	折敷中央の向こう側に置く。さしみや酢じめの肴，和え物など。陶器の小鉢に盛り付けられる
	汁	みそ仕立て。夏は赤みそ，冬は濃厚な白みそ，春秋は袱紗みそ（赤みそと白みその合わせみそ）仕立てなど
	飯	一杓子分の白飯を一文字や丸形，山形などに盛る。流派により異なる。
2	椀盛り	料理の主になる汁気の多い煮物。魚，肉，野菜などの煮合わせ
3	焼き物	蒸し物，揚げ物を用いることもある。陶磁器に5人分ずつ盛られる
4	箸洗い	八寸に入る前に口を整える淡泊な吸い物。少量であり，ふた付きの器に盛る。小吸い物，一口吸い物ともいう
5	八寸	山海の珍味の2〜3点盛り合わせ。8寸（約24 cm）四方の杉木地の折敷に盛られることから八寸と呼ばれる
6	(強肴)(しいざかな)	預鉢，進肴ともいう。酒を勧めるために出される料理。省略されることもある
7	湯桶(ゆとう)	お焦げに湯を注ぎ塩味を付けたお茶漬けのようなもの。器物の名からきている
	香の物	たくあんに季節のものを盛り合わせる

ンをいい，これらの料理が渡来し，揚げ物が伝来した。

6. 江戸時代前　前〜中期

それまでの大饗料理，本膳料理，精進料理，懐石料理，南蛮料理などの内容，形式を時代に合わせて取捨選択し，日本料理として完成させる時代となり，中期には袱紗料理があらわれた。武家が支配権を握ってはいたが，商人も富を持ち，料理や器などぜいたくなものがみられるようになり，町人文化の影響が大きくなった。百珍物など多くの料理本が出て，料理に遊び心のようなものも加わった。

①**袱紗料理**　饗応料理の一種ではあるが，本膳料理から式三献を除いた略式料理。袱紗は2枚の布をあわせたものの意味。現在は袱紗料理の形式が一般に残ったため本膳料理ということが多い。

②**普茶料理**　中国の禅僧隠元(いんげん)が京都の黄檗山(おうばくさん)萬福寺に伝えた精進料理で，葛(くず)や油が用いられ，大皿に盛った料理を取り分ける中国の食事形式である。普茶の意味には「あまねく（普く）茶を供する」が含まれ，僧が協議などをする茶礼のあとに普茶料理が出された。

4　第1部　講義編

表1-3 会席料理の献立構成例

順番	献立構成	内容および特徴
1	前菜	つき出し，お通しともいい，酒の肴として出される。2，3種を酒とともに出す
2	向付	さしみ，酢じめの魚，和え物など
3	椀	吸い物ともいう。すまし仕立てが多いが，みそ仕立てでもよい。椀種，椀づまなどを工夫して季節感を出す
4	口取	口代わりともいう。献立の中心となる料理。山，海，野の珍味数種類を一皿に美しく盛り合わせる
5	鉢肴	口取に続く主要な料理。魚や肉類の焼き物
6	煮物	炊き合わせともいい，野菜2～3種類のもの，野菜に肉類をあしらったものなどがある
7	蒸し物	茶碗蒸しが多い
8	和え物または酢の物	ご飯物の前に口の中をさっぱりとさせる効果を果たす
9	止め椀	赤だしのみそ汁が多い。飯，香の物とともに出される
	香の物	たくあんを中心に浅漬けなどを2～3種類盛り合わせる
	飯	白飯以外に，まつたけごはん，たけのこごはんなど季節のものを盛り込むこともある
10	水菓子	季節の果物を用いる

7. 江戸時代後期

料理茶屋で本膳料理や懐石料理の複雑さを簡略化した酒宴料理が会席（俳諧の席）の際に出され，のちに会席料理は料理屋の料理として広まった。

会席料理（**表1-3**）　酒を楽しむ料理である会席料理では，飯と汁は最後に出る。茶を楽しむ懐石料理が汁と飯をはじめに出すのと対照的である。

4　和食器

和食器は陶器，磁器，漆器，ガラス類，竹製品など素材がさまざまである。日本料理は見た目を楽しませることから，食器が果たす役割は大きい。料理によって器が，また器によって盛り付けが工夫されて料理と食器が調和するよう配慮される。一般には，ごはん茶碗，椀，皿，鉢などの食器に一人前ずつ盛る習慣であることも特徴である。椀には吸い物椀とみそ椀，皿には八寸皿（直径24cm），六寸皿（直径18cm），小皿，鉢にはさしみ鉢，煮物鉢，小鉢などいろいろな形や大きさがある。

5　食卓作法

1. 座　席

日本間では床の間の前が正客の座となり，違い棚があれば次席となる。床の間がなければ入口から遠い席が上座で，入口近くが末席の下座であり主人が座る。

2. 膳の出し方

本膳料理，懐石料理，会席料理などによって膳の種類が異なるが，会席の形式が多い。本膳料理では脚つきの銘々で，本膳の右に二の膳，向こう側に三の膳が並べられ，懐石料理では脚のない一尺（約30cm）四方の膳（折敷），会席料理では脚のない会席膳が用いられ，料理は順次一つずつ出される。

3. 箸

日本料理の食事作法には箸の持ち方，使い方も大切である。取り上げるときは箸を右手で取り，左手を添えて，右手で持ち替える。忌み箸，嫌い箸は不作法な箸の使い方のことを指す。迷

い箸（箸を持ったままあちこち動かす），刺し箸（箸を食べ物に突き刺す），こみ箸（いったん口に入れた食べ物をさらに箸で押し込む），寄せ箸（箸で器を手元に引き寄せる），探り箸（椀の中で箸をかき回して中身を探る），なめ箸（箸についた食べ物を口でなめる），たたき箸（箸で食器やテーブルをたたいて人を呼ぶ），移り箸（いったん取ろうとして食べ物に箸をのばした後で，別の食べ物に移る），涙箸（箸先からぽたぽたと汁を落とす），渡し箸（食べ終わっていないのに箸を食器の上に渡し置く），指し箸（箸で人や物を指す）など，いろいろある。箸置きがない場合は箸袋を結んで箸を置き，食べ終わったら口に入れたほうを箸袋に差し込む。

4. 一般的な食べ方および注意点

- ふたはすべて外して上向きに置き，重ねない。左のものは右手でとって左手に持ち替えて左に置き，右のものは右に置く。食べ終わったらふたは裏返さず，器の上に戻す。
- 料理は左，右，中央と箸を進めるが，さしみなどなまものは早めに食べてよい。
- 手前から箸をつけるのが一般的。さしみでは味の淡白なものから味の濃いものの順に食べる。
- ごはん，おかず，ごはん，汁，ごはん……のように飯とおかずを交互に食べる。
- 茶碗，椀，小鉢などの器を箸を持ったまま取り上げない。また箸で引きずって自分のほうに寄せたりしない。いったん箸を置いてから器を両手で取り上げる。
- 口の中のものを取り出すときは箸を使う。爪楊枝は食後に用いる。
- 一口で食べられないものは，箸先で適当な大きさに切る。
- 汚れを拭くときは懐紙またはティッシュペーパーなどを用い，手で受ける「手皿」はしない。
- 丼物は器を手で持ち上げて食べる。

6 酒を供さない会席料理と供する場合

　会席料理の膳の整え方は，日常食や酒を供さない場合と供する場合とで異なる。前者では飯と香の物以外で一品から四品料理が一つの膳に出される。汁は一品とする。酒を供する場合は先に酒や肴となるものが出され，順次料理が出て，下げられ，最後に飯，汁物，香の物が出る。

　現代の日常食における一汁三菜は本膳および懐石料理の流れをくみ，飯と汁に二から三菜を組み合わせた形となっている。

中国料理

1 中国料理の特徴

中国料理は，広大な土地と長い歴史をもつ中国が，時間をかけて巧みな技術を育ててきた料理である。明や清時代などの宮廷料理から発達したものであり，独自の味わいなど国際性が高い。特徴として以下のことがあげられる。

① ほとんどが加熱調理であり，特に炒め加熱では高温短時間の操作で水分の蒸発や組織の軟化が起こり，その下処理としての油通しでは形や色の保持とともに香味を付与するなど，油脂の使い方が上手に行われている。
② 地域によってさまざまな地方料理がある。
③ 食材の種類が多く，生鮮食品の他に乾物や塩蔵品，発酵品など多岐にわたる。
④ 乾物が多く，特にツバメの巣，ふかひれなど特殊材料を用いたものが多い。
⑤ 調理器具が少なく，包丁，中華鍋，蒸籠，鉄べらなどでほとんどの料理ができる。
⑥ 大皿に盛り付け円卓を囲む。
⑦ 中国には薬食同源の思想があり，薬と食物の源は同じであるという考えであるが，酸味，苦味，甘味，辛味，塩味の五味を調和よく摂取することが体によいとされる。

2 中国料理の系統

中国では地方により気候風土や歴史的背景などが異なるため，それぞれの特色をもった地方料理がある。一般には大陸を流れる大河により，北部の黄河流域の北京料理，東部の長江（揚子江）下流の上海料理，西部の長江上流の四川料理，南部の珠江領域の広東料理が代表的なものである（図1-2）。それぞれ北京は濃い味，上海は酸味，四川は辛味，広東は淡白な味といわれるが，他にもいろいろ違いがある。

1. 北京料理

北京が長く都であったため，宮廷から民間まで広く，料理技術が発達した。冬は寒く，乾燥する地域のため小麦粉や油脂を使う料理が多い。代表的なものに北京ダック，水餃子，魚のあんかけなどがある。中国の最高宴席である「満漢全席」は満州族と漢民族のすべての料理を意味する中国清朝の宮廷料理で，山海の珍味

図1-2　中国料理の系統

を多種類集めた贅沢なものである。

2. 上海料理

温暖な気候で四季の変化があり，米作地帯であり，また上海がにやこいなどの養殖も行われている。代表的なものに豚の角煮，かに玉，小籠包などがある。

3. 四川料理

海からへだたった山岳地帯であるので，食品の保存法が発達し，各種の香辛料や薬味を加えることで，辛くて刺激の強い味が特徴となっている。代表的なものに麻婆豆腐，えびチリソース煮などがある。

4. 広東料理

亜熱帯に属し，海産物，南国果実など水陸の多彩な食材に恵まれており，特殊材料も多く，「食材広東（食べ物は広東にあり）」といわれる。海に面した国際通商の地であり，諸外国との交流があるため調理法も多彩である。

3 調理法の特徴

加熱料理が多く，炒め物，揚げ物，油焼き，あぶり焼き，いぶし焼き，直火焼き，煮込み，湯煮，しょうゆ煮つけ，囲った火で煮込む，くず引きした煮物，蒸し物，蒸し煮，あんかけ，漬物，和え物，風干し，スープなど加熱調理法に関する用語の種類が多いことが特徴である。これに対して切り方は比較的少なく，ぶつ切り，そぎ切り，さいの目切りなどがあり，その他さまざまな飾り切りがある。

4 中国食器

中国料理は大皿に盛って出し，取り皿に銘々取り分けるため食器の種類は比較的少ない。形が共通して大中小と重ねて整理しやすく，材質は陶磁器が一般的で銀器，金器，錫器などがある。現在の中国では洋皿に近いものも多い。陶器は形で大きく2つに分かれ，皿に属する浅い器は盤（バアン）または盆（パン），深い器は碗

（ワン），杯（ペイ）で表現され，器の特徴を表した文字を加えて呼んでいる。

〈主なもの〉

大盆（ターバン）：前菜用の大皿 　湯碗（タンワン）：スープ鉢
大碗（ターワン）：大鉢 　　　　　麺碗（ミェンワン）：中華どんぶり
蓋碗（カイワン）：ふた付きの鉢 　湯匙子（タンティーヅ）：ちりれんげ

5 食卓作法

1. 食 卓

正式には四角形の卓で，8人着席が基準であるが，円卓を使って10～12人着席が一般的である。料理を置く回転式小卓（ターンテーブル）を中央におき，回しながら料理を取りやすくしたものもある。箸は，中国式は縦に置き，取り分け用の皿や調味料用の小皿を並べておく。

2. 座 席

〈上座〉中国の習慣では北方や左方を上座とするが，入口から遠いところを上座とし，入口についたてを置いて下座とする。上座で主人の方から向かって右側に主賓が座る。

3. 献 立 (表1-4)

献立のことを菜単 [ツァイダン]（または菜譜）というが，前菜と主要料理（大菜）に相当するものに大別され，それぞれ品数は偶数にする。中国では陰陽思想から奇数は嫌われる。点心 [ティエンシン] は大菜の後に出るが，間に出されることもあり，中国料理では菜単の通りに出るとは限らない。

4. テーブルマナー

■ 1) 食器の並べ方

中国料理では一人前の食器が並べられ，初めから終わりまで，これらを使うのが西洋料理と異なる点である。取り皿はよごれてきたら給仕人が取り替えるか，ターンテーブルに新しい取り皿がある場合は適宜取り替える。ターンテーブルに置いてよいものは，大皿，調味料，装飾品で自分の食器は置かない。ターンテーブルは時計回りが基本であり，誰かが料理を取っているときに回さない。

表1-4　中国料理の献立構成

順番	献立構成（調理法）		内容および特徴
1	前菜	冷菜 [ロンツァイ]	冷たい前菜。中国の慣習では偶数の品数にすることが多く，4種類から12種類ぐらいまで盛り付ける
2		熱炒 [ローチャオ]	温かい前菜。省略されることも多いが，正式の宴会ではメイン料理の前に出される
3	大菜 [ターツァイ]	頭菜 [トウツァイ]	大菜 [ターツァイ] の最初に出されるもので，献立の中心となる。魚翅 [ユーチー]（ふかひれ）など
		第二大菜 [ティーアルターツァイ]	主要料理。頭菜 [トウツァイ] は高級な乾物料理が多いが，2皿目からは食肉類，魚介類，禽類（鳥類），野菜類など一般的な食材を多彩な味付けと調理法を用いて大皿料理とするため，大菜 [ターツァイ] という
		第三大菜 [ティーサンターツァイ]	
		第四大菜 [ティースーターツァイ]	
		底湯 [テイタン]	スープ料理。スープ料理は口代わりとして宴会の途中で出されることもあるが，そのような場合でも大菜 [ターツァイ] の最後は必ずスープ料理で締めくくられる
4	点心	鹹点心 [シェンティエンシン]	ごはん物。麺類，炒飯，餃子，焼売など
5		甜点心 [ティエンティエンシン]	デザート。抜絲地瓜 [バアスウヂゴワ]，八宝飯 [パーポーファン]，杏仁豆腐 [シンレンドウフ] など
6	水果 [シュイクゥオ]		果物

2) 茶（泡茶）

湯飲み茶碗がふた付きで，茶碗に茶を入れ熱湯を入れて出された場合は，左手で茶碗を持ち右手でふたを向こう側に少しずらしてふたをおさえたまま飲む。お代わりをしたいときはふたを取っておくと主人側が湯を注いでくれる。

3) 前菜（冷菜）

前菜は酒の肴であり，最後まで出しておくのでかき混ぜたりしない。中国料理では最初の料理は主人が取り分けて主賓にすすめるか，主賓が先に取ってから銘々に取り分ける。一回りした後は自由に取り回す。

4) 大菜（熱菜）

冷菜の次に出される主要料理で汁気がないものを先に，汁気があるものは後に出し，また味の濃いものを先に，味の薄いものは後に出す，というように料理の組み方が大切にされる。こいの丸揚げなど丸ごとのものは主人または給仕人が切り分けてすすめる。

5) 点心

前菜と大菜以外は点心であり，塩味のもの（鹹点心）と甘味のもの（甜点心）がある。前者は炒飯など軽い食事代わりになるもの，後者はあめ煮，杏仁豆腐などである。

6) あめ引き菓子（抜絲地瓜など）

あめ引き菓子の場合は水を入れた小丼が一緒に出されるので，いもを箸で取って少し水につけ，あめが糸状になったら線を切る。

7) 箸・食器

中国では箸を縦に置き，箸先は対面の方向に向ける。日本の嫌い箸と同じように「渡し箸」「ねぶり箸」などはしてはいけない。食事中に手に持ってよいのは，箸，ごはん茶碗，れんげだけであり，その他の皿や器はテーブルに置いたまま食べる。

1　日本料理・中国料理・西洋料理について　　9

西洋料理

1 西洋料理の特徴

　西洋料理は主に西ヨーロッパおよび北アメリカの料理を指すが，日本で行われている西洋料理は必ずしも西洋諸国のものと同じではなく，日本人の好みが取り入れられている。国によって風土，気候，産物，民族性などが異なるため各国の特徴があるが，下記のような点が共通してみられる。

① 鳥獣肉類や脂肪が多く用いられる。
② 香辛料や香味野菜が多種類ある。
③ 料理に合ったソースが工夫されている。
④ オーブン料理や蒸し焼き料理が多い。

2 各国の料理

1. フランス料理

　フランスは高い自給率をもつ農業国であり，フォアグラ，トリュフなど特有の素材があり，海産物も含めた各地の豊富な食材に恵まれている。16世紀にフランスの国王に嫁いだイタリアのメディチ家のカトリーヌが料理人も連れてきたことで，フランスの料理やマナーに影響を与えた。フランス料理では何百種類ともいわれるソースが料理の種類を増やし，味の多様性を作るのに大きな役割を果たしている。

　また良質のワインも不可欠で，フランス料理の発展に大きく寄与している。食材や調理法が重ならないように工夫されるが，現在では前菜またはスープ，魚介料理または肉料理を選ぶなど簡略化されることも多い。

2. イタリア料理

　イタリア料理は，ローマ時代から引き継がれた食の文化で，フランス料理の発展に貢献した。北部では乳製品，肉類，生パスタを用いた料理が多く，南部ではオリーブ，トマト，乾燥パス

タ，魚介類を用いた料理が多い。各地の伝統的な郷土料理が受け継がれているのも特色のひとつであり，素材の持ち味をいかした料理が多い。ピッツァやリゾット，ミネストローネ，さまざまなパスタなどがよく知られている。

3. スペイン料理

　古来，他民族と接触のあったスペインの料理には，変化に富んだ気候風土も手伝って，地方色が色濃く表れている。飲むサラダともいわれる冷たいスープのガスパッチョ，パエーリア，アサードといわれる肉の丸焼きなどがよく知られている。

4. イギリス料理

　イギリスは他国の影響を受けずに独自の料理を受け継いで，食事に関しても実質的なものを重んじる。調理法や味付けは比較的シンプルで，肉料理ならローストビーフのようなロースト料理が代表である。オックステールシチューやアイリッシュシチューのような煮込み料理やキドニーパイなどの家庭料理，フィッシュアンドチップスのような庶民的な料理が知られている。紅茶がよく飲まれ，アフタヌーンティーやハイティーに合わせてスコーンやビスケットなども多種類である。また，プラムプディングはクリスマスの定番である。

5. ドイツ料理

　質実な国民性を反映して実質的，合理的な料理が多い。じゃがいもはゆでたり，ピューレにしたり，団子状のクネーデルとさまざまな料理に利用され，主食，副食，菓子類と毎日の食事に欠かせないものとなっている。豚肉も多く用いられ，ローストや煮込み以外に，ハム，ソーセージといった貯蔵できる加工品に優れている。ザワークラウトもキャベツを発酵させた保存品である。ハンブルグにちなんだハンバーグステーキ，木の年輪をかたどったバウムクーヘンなどなじみが深い。

3 洋食器（図1-3）

　西洋料理に用いられる食器の材質は銀製品，陶磁器，ガラス類が使われる。家庭では陶磁器が一般的で，白地が用いられることが多い。寸法が同じ比率になっており，重ねやすい。正式な個人用は洋磁器で皿類が多く，特に洋皿といわれる。

- **ミート皿**（直径25 cmまたは23 cm）：肉，魚，野菜料理用。ディナー皿。
- **スープ皿**（直径23 cmまたは敷皿付き19 cm）：23 cmはやや深みがあり，19 cmは浅い。
- **デザート皿**（直径18 cm）：前菜，サラダ用，デザートの果物用。
- **パン皿**（直径16 cm）：パン用のほかにシャーベットグラスの敷皿，プディングなど。
- **ベリー皿**（直径14 cm）：やや小深いフルーツ皿。

　西洋料理に用いられる銀製などの金属製ナイフ，フォーク，スプーン類を総称してカトラリーという。

4 食卓作法

1. 食　卓
- **テーブルクロス**：基本は白で，たれ下がりは30 cmくらい。正餐では50〜60 cm。
- **ナプキン**：テーブルクロスと同布地が正式。
- **間隔**：1人分60〜70 cmぐらいの幅。

2. 座　席
- **座り方**：上座は窓や飾り棚のあるほうで，入口から遠いところ。上座側のテーブル中心に主賓が，その向かいに主人が座る。着席するときは左側から椅子に入る。テーブルとの間隔はこぶし2つぐらいにする。

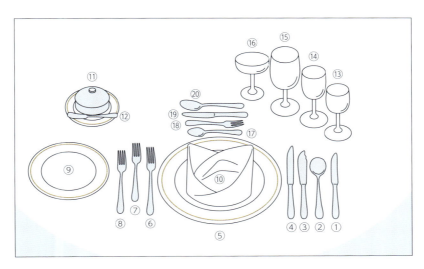

①オードブルナイフ（前菜用）
②スープスプーン
③フィッシュナイフ（魚料理用）
④ミートナイフ（肉料理用）
⑤プレースプレート（位置皿）
⑥ミートフォーク（肉料理用）
⑦フィッシュフォーク（魚料理用）
⑧オードブルフォーク（前菜用）
⑨パンプレート（パン皿）
⑩ナプキン
⑪バタークーラー
⑫バターナイフ
⑬白ワイン用グラス
⑭赤ワイン用グラス
⑮ゴブレット（水用）
⑯シャンパングラス
⑰コーヒースプーン（デミタス）
⑱フルーツフォーク
⑲フルーツナイフ
⑳デザートスプーン（アイスクリーム）

図1-3　ディナー時のテーブルセットの一例

表1-5　フランス料理の献立構成例

順番	献立構成	内容および特徴
1	Hors-d'œuvre (オードブル)	前菜。食事のはじめに出す。冷前菜と温前菜がある
2	Potage (ポタージュ)	スープ。正式にはコンソメなど澄んだスープ。濁ったスープもある
3	Poisson (ポワソン)	魚料理。蒸す，焼く，揚げるなどの調理法が用いられる
4	Entrée (アントレ)	ロースト以外の肉料理。野菜を添える。献立の中心となる
5	Granité (グラニテ)	口直しのための氷菓。シャーベットの一種。省略することもある
6	Rôti (ロティ)	ローストした肉料理
7	Légumes (レギューム)	野菜料理。魚，肉料理の付け合わせとして，あるいは生野菜サラダとして用いられる
8	Fromage (フロマージュ)	チーズ
9	Dessert (デセール)	デザート
10	Fruit (フリュイ)	果物。季節の果物を用いる
11	Café (カフェ)	コーヒー。デミタスコーヒー（1/2量の濃いコーヒー）とともに小菓子を出す場合もある
	apéritif (アペリティフ)	食前酒
	digestif (ディジェスティフ)	食後酒

3. テーブルマナー

① ナプキンは，使用時は2つ折りにして折り目を手前にして膝の上に置く。指先などを拭く場合は内側の端を使う。

② 前菜は一番外側のナイフ，フォークを使用し，魚，肉料理でも順次外側から使用する。前菜を盛り皿から取るときは，添えてあるスプーンとフォークで自分の皿に取る。

③ 前菜の次にパン類が出る。パンはスープが終わってから食べ始め，デザートの前までに食べ終わる。一口程度にちぎってバターを少しつけて食べる。

④ スープはスプーンを手前から向こうにすくって飲み，少なくなったら皿を少し向こう側に傾ける。スープを飲むときに音を立てたり，スプーンと皿がぶつかるような音を立てたりしないように注意する。飲み終わったらスプーンの柄をテーブルと平行にして皿の中に上向きに置く。

⑤ 魚料理は魚用のナイフ，フォークを用いて左端から切りながら食べる。魚がやわらかい場合は適宜，フォークを右手に持ち替えてもよい。魚用は肉用に比べて装飾が施されている。骨つき魚の場合は上身をはがして食べた後に，頭と骨をはずして向こう側に置いてから，下身を食べる。

⑥ 肉料理，野菜料理は肉用のナイフ，フォークを用い，ソースがあるときは食べるときにつける。食事中にナイフとフォークを置くときは八の字に，食べ終わったときはナイフ，フォークを並べて斜めに置く。

⑦ 酒は献立に従って供され，それぞれのグラスにつがれる。水はゴブレットまたはタンブラーに注がれる。酒が不要のときは，つがれる前にグラスの上に手を置く。

⑧ 果物はデザート用ナイフ，フォークを用い，向こう側のものを上から順に用いる。フィンガーボールが出た場合は片手ずつ指先を静かに入れ，指をつまんで軽くもむ程度にする。

5　コース料理で出る洋酒

前菜ではシェリー酒（スペイン産の白ワイン），魚料理では白ワイン（5〜10℃），肉料理では赤ワイン（室温），乾杯時にはシャンパン（発泡性の白ワイン），食前酒としてカクテル，食後酒としてブランデーやウィスキー，リキュール類などが出される（**表1-5**）。

2 献立作成について

1 献立とは

　献立とは「食卓に供する料理の種類・組み合わせ・順序などの計画。また，それを書き出したもの（明鏡国語辞典）」であり，メニュー（menu）は料理品目を表した表，レシピ（recipe）は調理法やそれを記したものを指す。食品の機能には一次機能（栄養素摂取），二次機能（楽しみ），三次機能（健康維持）があり，これらは食事を摂る目的ともなる。

　また，おいしさにはテクスチャーや味といった食物の特性だけでなく，年齢や健康状態など食べる人の特性，気温や湿度，室内の雰囲気などの食事環境も関与しており，これらを総合しておいしいと感じる食事を提供しなければならない。さらに，献立作成においては栄養面，嗜好面以外にも食文化や経済的観点などさまざまな要件を考慮し，喫食者が満足し続けることができるように努めることが重要である。

2 献立作成の要件

①栄　養　戦後のわが国では，栄養素の欠乏からの回避が大きな問題であった。しかし，現在では摂取過剰や摂取の偏りへの配慮も重要である。給食施設では「日本人の食事摂取基準（2025年版）」を用いて食事を摂取する人にとって必要な摂取量を知ったうえで献立を作成する。一般の家庭等，食事摂取基準を利用した献立作成が困難な場合には，食事バランスガイドや三色食品群，6つの基礎食品群などを利用すれば栄養バランスのよい献立作成ができる。

②嗜　好　嗜好性は喫食量や満足度に影響する。味付けだけでなく，彩り，香りなどに配慮して食欲を向上させる工夫が必要である。嗜好は人によって変わるため，喫食者の嗜好を把握した上で献立を作成する。ただし，個人の偏った嗜好に配慮して苦手な食材を使用しないのではなく，調理方法を工夫するなどして苦手な食材も食べられるような工夫をすることでバランスのよい食事を摂取できるように心がけることも大切である。

③食文化　使用する食材やその調理方法は地域や宗教などによって異なる。また，食事を通して伝統食，郷土食など地域の特色や伝統の伝承を行うことも求められている。

④食　費　使用可能な食材料費には限りがあるため，予算に合わせて食材料を選択しなければならない。旬の食材を取り入れた献立は季節感の演出だけでなく，経済的観点からも有効である。

⑤環　境　環境問題への配慮は調理にも求められている。調理における消費エネルギーの抑制は光熱費削減にも繋がるため，経済的観点からも重要である。

⑥調理能力　調理能力は調理時間，仕上がりの状態に影響する。調理する人の能力や所有する調理機器での適切な方法，食材の量であること等を考慮に入れる。

⑦衛　生　食中毒予防のため，料理を提供するまでの衛生管理は徹底されなければならず，調理時に衛生的な取り扱いができるように配慮する。

【日本人の食事摂取基準（2025年版）】
エネルギーおよび各種栄養素の一定期間での1日あたりの摂取基準を示している。給食施設で従事する栄養士などが活用し，対象者に応じた栄養計画を行う必要がある。

【食生活指針】
QOLの向上および食料の安定供給の確保を図るため，食生活に関わる行動目標として10項目を定めたもの。健康日本21の「栄養・食生活」分野で設定された目標を具体化している。

3 何をどれだけ食べればよいかを決める

1. 1日に必要な摂取量とその配分を決める

「日本人の食事摂取基準（2025年版）」や「食事バランスガイド」に基づき，1日に必要な摂取量を決定する。さらに，1日の摂取量を3食に配分する。3食への配分は等分で行うこともあるが，日本人の食生活では朝食の摂取量が少なく，夕食に重点をおく傾向にあることなどから，朝：昼：夜で0.9：1：1.1など，等分に配分しないことが多い。

また，飯は毎回同じ量を食べるので主食は1：1：1とし，主食以外は1：1.5：1.5とするなど料理によって配分を変える場合もある。これらの配分は喫食者の生活スタイルを考慮して決定する。この時，極端な差が出ないように，また1食としてのバランスに無理がないように設定する。毎日の献立を全く差がないように作成することは現実的に難しいため，一定期間の平均が基準を満たしていればよい。ただし，献立ごとのばらつきはできるだけ減らすように努力しなければならない。

2. 食事バランスガイド

食事バランスガイドは，食生活指針で示された項目が実践できるように作成されたものであり，厚生労働省と農林水産省が2005年に発表した。一般の人にもわかりやすく，実践しやすいように「料理レベル」でおおよその1日の必要量が示されている（**図1-4**，**1-5**）。イラストは日本人にとって親しみのある「コマ」をイメージしており，食事のバランスが悪いとコマが倒れてしまうことを表している。平均的な1日の量であり，3〜4日など一定期間でバランスがとれるとよい。

料理区分は主食，副菜，主菜，牛乳・乳製品，果物に分類されており，料理の単位は「つ（SV）」で表されている（**表1-6**）。さらに，水やお茶といった水分は十分量摂る必要があることからコマの軸として，「コマの回転」＝「運動」として適度な運動をすることで初めてコマが安定することを表している。また，菓子，嗜好飲料は食生活の楽しみであるから「楽しく適度に」摂取するようにコマを回すためのヒモとして表されている。

表1-6　食事バランスガイドの「1つ（SV）」の基準

料理等の区分	1つ（SV）の基準
主食	主材料（ごはん，パン，麺等）に由来する炭水化物約40g
副菜	主材料（野菜，きのこ，いも，海藻類等）の重量約70g
主菜	主材料（肉，魚，卵，大豆等）に由来するたんぱく質約6g
牛乳・乳製品	主材料に由来するカルシウム約100mg
果物	主材料の重量約100g

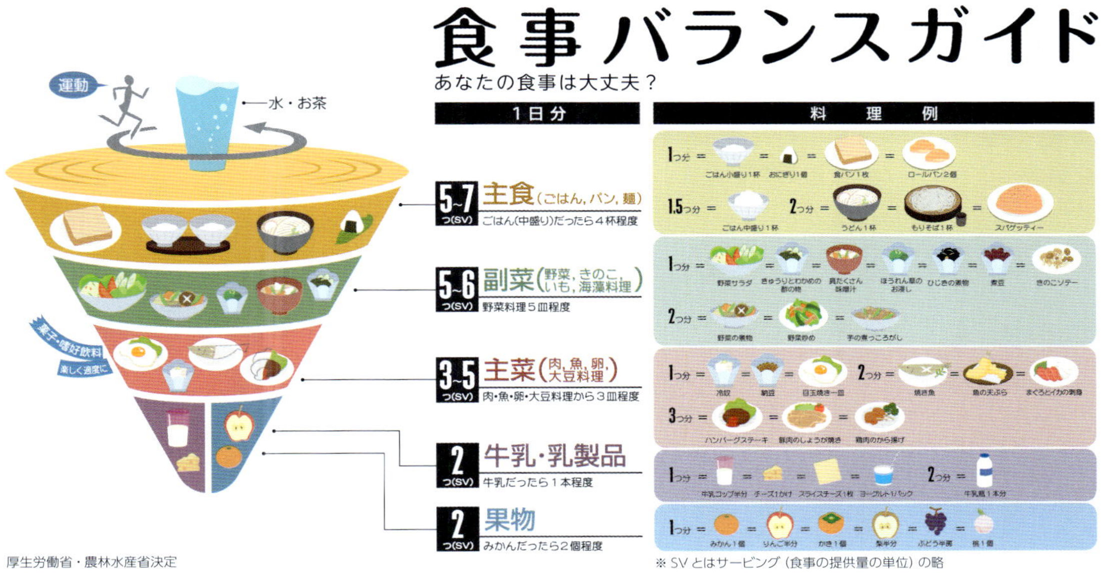

図 1-4 食事バランスガイド

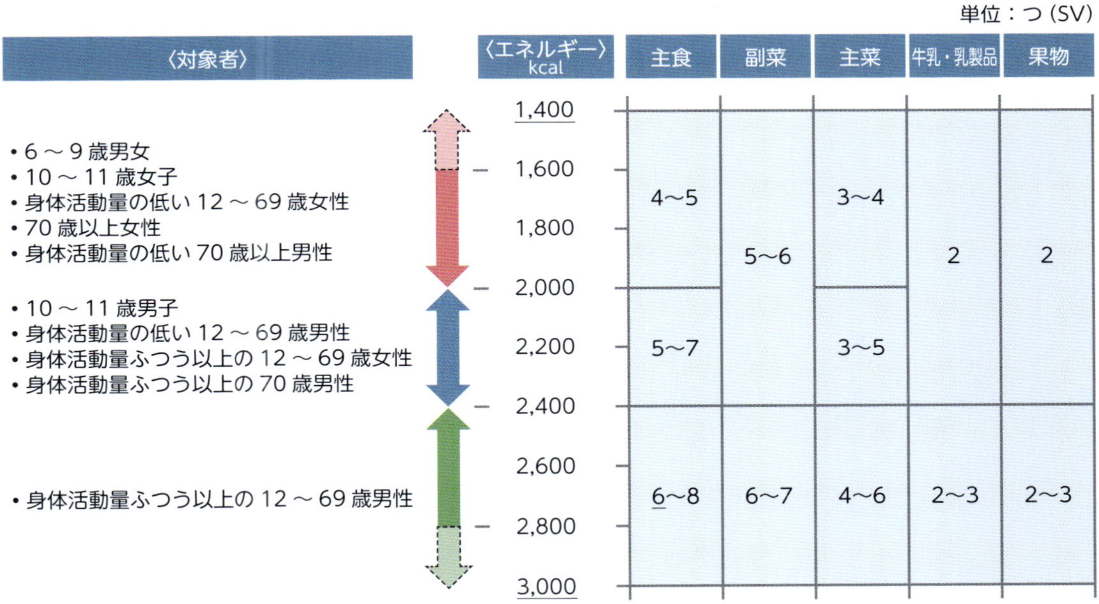

単位：つ（SV）

〈対象者〉	〈エネルギー〉kcal	主食	副菜	主菜	牛乳・乳製品	果物
・6～9歳男女 ・10～11歳女子 ・身体活動量の低い12～69歳女性 ・70歳以上女性 ・身体活動量の低い70歳以上男性	1,400 1,600 1,800 2,000	4～5	5～6	3～4	2	2
・10～11歳男子 ・身体活動量の低い12～69歳男性 ・身体活動量ふつう以上の12～69歳女性 ・身体活動量ふつう以上の70歳男性	2,200 2,400	5～7		3～5		
・身体活動量ふつう以上の12～69歳男性	2,600 2,800 3,000	6～8	6～7	4～6	2～3	2～3

- 1日分の食事量は，活動（エネルギー）量に応じて，各料理区分における摂取の目安（つ（SV））を参考にする。
- 2,200 ± 200 kcal の場合，副菜（5～6つ（SV）），牛乳・乳製品（2つ（SV）），果物（2つ（SV））は同じだが，主食の量と，主菜の内容（食材や調理法）や量を加減して，バランスのよい食事にする。
- 成長期で，身体活動レベルが特に高い場合は，主食，副菜，主菜について，必要に応じて SV 数を増加させることで適宜対応する。

図 1-5 食事バランスガイドにおける対象者特性別，料理区分別摂取量の目安

2 献立作成について　15

3. 食品群

　食品は含有する栄養成分の特徴によってグループ分けされ，食品群として表される場合がある。三色食品群や6つの基礎食品群といった分類数が少ないものは一般の人を対象にした栄養教育等に用いられることが多い。専門知識をもって給食施設で栄養管理業務に利用する場合などには，18群など詳細に分類した食品構成表を利用する。

4. 食品構成表

　栄養素レベルで設定された摂取基準を食品レベルに置き換えたもの。1日あたりまたは1食あたりの各食品群の摂取目標量が記されている（表1-7）。1食ですべてを揃えることは難しいので，1週間や1か月といった一定期間の平均値が食品構成の値と一致するように献立計画を行う。食品構成表は食品群ごとに示してあるため，栄養のバランスだけでなく，献立作成を行う人の嗜好などによる使用食材のむらやむだを防ぐことにも役立つ。

4　一定期間での献立計画を作成する

　毎回の献立をそれぞれ独立して立てると本人の嗜好等に偏りがちである。使用する食材や味付け，調理方法などが同じ料理が連日続かない

表1-7　2,000 kcal の食品構成表（例）▶18〜69歳

栄養素等 摂取量平均値	摂取量 (g)	エネル ギー (kcal)	たんぱく 質 (g)	脂質 (g)	炭水化物 (g)	食塩 (g)	カリウム (mg)	カルシ ウム (mg)	鉄 (mg)	ビタミン A (μgRE)	ビタミン B₁ (mg)	ビタミン B₂ (mg)	ビタミン C (mg)
穀類	470	836.8	16.24	4.75	175.16	0.95	182.7	44.0	1.05	2.7	0.200	0.105	0.0
いも類	60	42.5	0.75	0.11	10.02	0.00	185.4	11.3	0.21	0.1	0.032	0.011	8.3
砂糖・甘味料	5	18.8	0.00	0.00	4.85	0.00	1.1	0.3	0.00	0.0	0.000	0.000	0.0
種実類	5	24.8	0.75	2.00	1.25	0.00	25.8	25.5	0.25	0.3	0.025	0.000	0.3
野菜類（計）	400	97.4	4.07	0.62	21.58	0.00	760.3	128.9	1.41	420.0	0.126	0.124	49.8
緑黄色野菜	140	40.7	1.97	0.30	8.81	0.00	364.7	63.3	0.76	407.2	0.061	0.076	25.2
その他の野菜	260	56.7	2.10	0.32	12.77	0.00	395.6	65.6	0.65	12.8	0.065	0.048	24.6
果実類	150	87.0	0.81	0.27	22.72	0.00	251.7	14.5	0.27	45.7	0.067	0.027	44.0
きのこ類	20	4.0	0.50	0.00	1.38	0.00	47.9	0.5	0.13	0.0	0.025	0.025	0.0
海藻類	15	3.6	0.39	0.00	1.18	0.26	72.6	15.4	0.26	14.7	0.013	0.013	1.1
主たんぱく質類（計）	305	493.9	45.74	30.30	5.39	1.48	633.9	157.7	3.65	225.6	0.401	0.574	5.6
豆類	60	70.1	5.14	4.29	2.68	0.00	126.0	68.6	0.96	0.0	0.043	0.054	0.0
魚介類	100	152.1	19.33	6.73	2.12	1.00	277.7	56.4	1.00	37.9	0.087	0.162	1.1
肉類	90	188.6	14.16	13.72	0.44	0.33	159.3	4.7	0.76	109.1	0.240	0.142	4.5
卵類	55	83.1	7.11	5.56	0.15	0.15	70.9	28.0	0.93	78.6	0.031	0.216	0.0
乳類	200	151.3	7.43	7.75	12.91	0.32	295.7	241.0	0.16	70.4	0.081	0.307	1.8
油脂類	10	87.9	0.00	9.51	0.00	0.00	0.5	0.3	0.00	5.8	0.000	0.000	0.0
菓子類	25	83.5	1.52	2.85	12.93	0.10	45.8	12.2	0.19	12.8	0.019	0.028	0.8
嗜好飲料類	450	56.3	0.71	0.07	5.46	0.07	117.4	13.6	0.35	0.5	0.007	0.106	11.4
調味料・香辛料	80	97.1	3.44	4.65	9.72	6.19	158.0	24.9	0.86	4.7	0.034	0.069	0.4
合計		2,085	82.4	62.9	284.6	9.4	2,779	690	8.8	803	1.03	1.39	123

注：この食品構成の例は，五訂増補日本食品標準成分表によって集計された国民健康・栄養調査結果をもとに作成したものである。
　　野菜類については，緑黄色野菜，その他の野菜のみを示しているが，総量を大きく変動させない範囲ならば各施設の裁量により，一部分を野菜ジュースや漬物等で設定してもよい。
　　主たんぱく質類については，豆類，魚介類，肉類，卵類に関する平均的な摂取比率（量）を示すが，ほかの栄養素の摂取量等を考慮して，各施設の裁量により適切な範囲での変動を認める。
資料）食事摂取基準の実践・運用を考える会編，日本人の食事摂取基準（2010年版）の実践・運用　—特定給食施設等における栄養・食事管理—，第一出版，2011

ようにするため，一定期間での計画を行う。さらに，1日3食の献立を考える際には，1日の内容も重複しないようにする。そのため，**表1-8**のように和風，洋風，中華風といった料理様式や，主菜に用いる食材を1週間，1か月といった一定期間でどのように配分するかを計画する。

表1-8　10日間の献立構成（例）

		1	2	3	4	5	6	7	8	9	10
朝食		和	洋	洋	和	洋	和	和	洋	中	和
		飯	パン	飯	飯	パン	飯	飯	パン	飯	飯
		魚	卵	魚	肉	肉	豆	肉	魚	肉	豆
昼食		洋	中	和	洋	中	和	洋	中	和	洋
		麺	飯	飯	飯	麺	飯	飯	飯	飯	麺
		卵	肉	魚	肉	魚	肉	肉	豆	魚	肉
夕食		和	洋	中	和	洋	中	和	洋	中	和
		飯	飯	飯	麺	飯	飯	飯	飯	飯	飯
		肉	魚	豆	魚	肉	肉	卵	肉	魚	魚

（＊付録「1か月の献立の例」pp.173-175に対応）

5　具体的に料理の内容を決定する

1．献立パターンと料理の決定

日常食では和食の一汁三菜を基本型としてあてはめるとバランスのよい食事を摂ることができる。ただし，副菜はボリュームを考慮して一汁二菜とする場合もある。丼ものは主食となる飯に主菜となるたんぱく質源や副菜となる野菜類をのせた料理である。このような料理は一汁三菜を基本とした主食と主菜を兼ねた応用パターンとして考えることができる。このような応用パターンについても，一汁三菜の要素が含まれた献立にする（**図1-6**）。そのため，最初に献立をどのパターンにするかを決め，それにあてはめて各料理の内容を決めていく。その順序は①主食，②主菜，③副菜，④汁物，⑤果物・デザートとするとよい。

①**主　食**　主に炭水化物・エネルギーの供給源となる。飯，パン，麺類などが相当する。

②**主　菜**　主にたんぱく質の供給源となる。肉類，魚介類，大豆および大豆製品やこれらの加工食品を用いた料理で献立の中でも主となる。

③**副　菜**　ビタミン，ミネラル，食物繊維の供給源となる。いも類，野菜類，きのこ類，海藻類などを用いた料理で，小鉢として献立に変化をもたせる。料理のバランスを考え，1品または2品取り入れる。

④**汁　物**　食品構成や季節感を考慮して汁物の実を変え，他の料理と調和させる。

⑤**デザート**　献立を豊かにし，食後の楽しみや満足感につながるもの。

2．料理の内容を決める時の注意点

喫食者を飽きさせず，満足感の得られる献立にするためには，以下のことも考慮に入れなければならない。付録2（pp.173-175）はこれまでの手順に従い，以下の注意点を考慮して作成

図1-6　献立のパターン（例）

した献立の例である。使用する食材のバランスを考慮するため，本書では三色食品群の分類も記載した。1か月分の献立を作成できれば，料理の組み合わせや取り入れる食材を変更しながら，年間を通じて飽きない食事の提供ができるであろう。

■ 1) 調理方法
- 1食の中に同じ調理方法が重ならないようにする。

  主菜も副菜も煮物，というように1食の中で調理法や味付けが重複すると単調な食事になってしまう。主菜が煮物であれば，副菜は炒め物にする等，組み合わせを工夫する。煮物を煮ている間にその他の料理を作るなど，調理時間の配分が均等になることも考慮に入れる。
- 温菜と冷菜の両方を揃える。

  温菜ばかり，冷菜ばかりにならないよう，両方取り入れる。喫食時の適温は温菜が約65℃，冷菜が約10℃とされている。冷菜は先に調理しておいて冷やしておき，その間に温菜を調理するなど，できるだけ再加熱の必要がなく，なるべく同時に仕上がるように献立作成，実際の調理を行い，適温で提供できるようにする。

■ 2) 食材料
- 1食の中で複数の料理へ同じ食材を使用することはできるだけ避ける。
- 旬の食材を積極的に取り入れる。

  季節を感じたり，献立に変化をつけたりするうえでも積極的に取り入れるようにする。
- 予算範囲内で購入可能な食材を使用する。

  出盛り期の食材は価格が安く，栄養価が高いとされている。その年や地域などによって出盛り期が異なるため，地域の特性を把握し，常に情報収集を行い，食材料費の抑制に努めなければならない。
- 彩りが単調にならないようにする。

  盛り付けたときに彩りがよくなるように食材を組み合わせる。

■ 3) 調　味
- 味付けのバランスを考慮する。

  さばのみそ煮とみそ汁など，味付けが同じような料理が1食の中で複数出てくることは好ましくない。また，味の濃いものばかりで飽きるといったことがないような工夫も必要である。
- 調味料の使用量は濃度を基準に計算する。

  汁物などは，液量に対する調味料濃度が適当となるように決める。炒め物や煮汁がほとんどなくなるような煮物などは，食材重量に対して適当な濃度とするとよい。調味パーセントに基づき計算することで，一定の味付けに仕上げることができる。すなわち，少量調理から給食施設における大量調理への献立展開の際にも重要なポイントとなる。

6 作成した献立の栄養価を計算する

「日本食品標準成分表2020（八訂）」（以下，食品成分表）の数値を用いて献立の栄養価計算を行う。食品成分表には各食品の可食部重量100gあたりの栄養素量が示されており，収載されている食品は2,478ある。作成した献立の栄養価計算において数値が割り切れない場合には四捨五入し，成分表の有効数字に合わせる。

野菜類や肉類などは一部生の数値だけでなく，ゆで後など調理後の数値も収載されており，調理品の栄養価計算には調理後の数値を用いた方が実際の値に近くなる。調理後の数値を用いる場合には，調理前後での食品の重量変化を考慮し，調理後の重量で計算しなければならない。

食品成分表の使い方
①白　飯　加水量や蒸発量によって栄養価が異なることから，炊飯前の「水稲穀粒・精白米」を用いて計算することが多い。炊飯後の白飯重量で計算する場合には「水稲めし・精白米」を用いる。
②肉　類　牛肉は「和牛肉」「乳用肥育牛肉」「交雑牛肉」「輸入牛肉」および「子牛肉」の値が

収載されている。国産牛として市販されている肉は「乳用肥育牛肉」である。

豚肉は「大型種肉」「中型種肉」の値が収載されている。市販されている豚肉には「大型種」が多い。

鶏肉は「親」と「若鶏」の値が収載されているが，市販されている鶏肉は「若鶏肉」がほとんどである。

> ※牛肉，豚肉には「脂身付き」「脂身なし」「赤肉」の数値が収載されている。
> 「脂身付き」は皮下脂肪と筋間脂肪を含む肉，「脂身なし」は皮下脂肪除去，筋間脂肪は含む肉，「赤肉」は皮下脂肪も筋間脂肪も除去した肉であるが，いわゆるさし（筋線維間の脂肪組織）は含まれている（図1-7）。

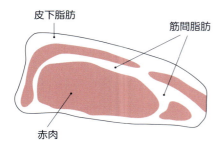

図1-7 食品成分表における「皮下脂肪」「筋間脂肪」「赤肉」

③**魚介類** 漁場や時期，魚の大きさ，養殖か天然かなどによって同一種であっても栄養価は異なる。食品成分表では，一部の魚で「天然」と「養殖」の数値が収載されている。

④**大豆** 「国産」「米国産」「中国産」「ブラジル産」があるため，産地を確認して数値を用いる。

⑤**野菜類** 大根やにんじん等，皮をむいて用いることが多い食材は「皮付き」「皮むき」があるため，調理法に合わせて適宜，用いる。

⑥**油** 揚げ物は食材が吸収した油量を栄養価計算に含める。食材重量に対する吸油率は揚げ物の種類によって異なる。国民健康・栄養調査では吸油率は素揚げやフライは10％，フライでも厚い衣は15％としている。また，炒め物は通常材料の3～7％，飯や卵は7～10％の油を用いる。

⑦**調味料など** 基本的にはすべて口に入ったものとして計算を行う。だしは，抽出前の食材の成分値でなく，「調味料及び香辛料類」に記載のある値を用いる。

⑧**飲料** お茶やコーヒーは「浸出液」の数値を用いる。

7 食材料を購入する

一般に，献立表には使用する食材料重量の記載は可食部，すなわち食べることができる部分の重量として記載されている。本書でも，これに準じた記載をしている。しかし，実際にはじゃがいもであれば皮，魚であれば内臓部分など廃棄する量も含めての購入となる。そのため，食品成分表に記載されている廃棄率などを参考に，廃棄量を含め過不足がないような食材の購入が必要となる。調理する人や食材の状態によっても廃棄率は異なるが，食品成分表に各食品の廃棄率が記載されているため，参考にする。

> 発注量（購入重量）
> ＝1人あたりの可食部重量（純使用量）
> 　×発注係数×予定食数
> 発注係数＝（1／可食部率）×100
> 可食部率＝100－廃棄率
> 　　　　　　　　　　　　p.27参照

衛生管理

食中毒予防の三原則は細菌などを「付けない」「増やさない」「やっつける」ことである。

1）食べ物に「付けない」

①**食材料の衛生的な取り扱い**
- 食材や調理器具の洗浄は十分に行う。
- 肉類や魚介類は生食する食材から遠ざけ，まな板は野菜類と別にして使い分ける。

- ゴミを調理台の上に置いたままにしない。
- 食器類も清潔なものを用いる。

②調理する人の衛生
- 下痢や嘔吐など健康面での問題がある者は実習に参加しない。
- 怪我がある場合は生食する食材の取り扱いは避ける，手袋をする等傷口からの感染がないようにする。
- 調理前や肉類や魚介類を扱った後など手指が汚れている場合は手洗いを徹底する。
- エプロンや三角巾，タオル，ふきんは洗濯して清潔なものを使用する。

■ 2) ついた細菌を「増やさない」

冷蔵（冷凍）が必要な食品は購入後速やかに冷蔵庫（冷凍庫）へ入れる。

加熱後食品は常温で長時間放置しない。

■ 3) ついた細菌を「やっつける」

十分な加熱を行う（75℃ 1分間以上，ノロウイルス汚染のおそれのある場合は 80～90℃ で 90 秒間の加熱が望ましい）。

給食施設などでの食中毒発生予防のために「大量調理施設衛生管理マニュアル」が作成されている。これは HACCP（Hazard Analysis Critical Control Point；危害分析重要管理点）の概念に基づいており，重要管理事項として
　①原材料の受け入れ・下処理
　②加熱調理
　③二次汚染の防止
　④原材料及び調理後食品の温度管理
が挙げられている。

【参考文献】
山崎清子・島田キミエ・渋川祥子・下村道子・市川朝子・杉山久仁子著，NEW　調理と理論，同文書院，2011

香西みどり・上打田内真知子・神子亮子編，調理理論と食文化概論，公益社団法人全国調理師養成施設協会，2014

下村道子・中里トシ子編著，図解による基礎調理，同文書院，1998

食事摂取基準の実践・運用を考える会編，日本人の食事摂取基準（2010年版）の実践・運用　―特定給食施設等における栄養・食事管理―，第一出版，2011

赤羽正之・飯樋洋二・今本美幸・大島恵子・桂きみよ・富岡和夫・冨田教代・中川　悦・西川貴子著，給食施設のための献立作成マニュアル　第8版，医歯薬出版，2015

粟津原宏子・成田美代・水谷令子・南　廣子・森下比出子著，たのしい調理―基礎と実習―　第2版，医歯薬出版，1997

畑江敬子・香西みどり編著，調理学　第2版，東京化学同人，2011

日本人の食事摂取基準（2025年版）活用

【出　典】
図1-4：厚生労働省・農林水産省：食事バランスガイド，2005

図1-5：厚生労働省・農林水産省：日本人の食事摂取基準（2010年版）の改定を踏まえた食事バランスガイドの変更点について

第2部 実習編

ガイダンス

日本料理
中国料理
西洋料理

正月料理
クリスマス料理
介護食

菓子類・単品料理

ガイダンス：調理実習を学ぶにあたって

1 調理実習を学ぶ意義

調理は，食べ物を口にする前の最終段階の操作であり，各食品の栄養素の損失をできるだけ少なくし，食品のアクなどの不味な成分は除き，衛生的で安全かつ食べやすく，おいしい状態にして供する操作である。調理は経験的な技術として伝えられてきたが，科学的になぜそうするのかを理解して操作することによって，効率よく再現性のある料理をつくり，それを応用・発展することができる。

栄養士・管理栄養士など，食の専門家として多職種協働の現場で活躍するためには，医療・福祉に関する基本的な知識を持ちつつ，自身の高い専門性が求められる。つまり，栄養的，衛生的，嗜好的に優れ，喫食者に適した食事を提供するための知識と技術を修得しておくことが重要である。

それらを，実習をとおして身につけ，食をとおして自分の健康と他の人の健康に貢献できるように，また，自分がつくれるだけでなく，人にも伝えられるように，科学的に裏付けられた基本的な知識と技術を修得し，それを応用・発展していく力を養ってほしい。

実習は，調理操作時のみを範囲と考えがちであるが，実際は献立作成に始まり，試食・後片付け・評価までを範囲としているので，最後までしっかり学んでほしい。また，授業回数は限られているので，家庭での調理の機会を多くし，技術の上達に努めることも重要である。

2 調理実習上の留意点

1. 清潔・安全に留意する

① 清潔な実習着と，三角巾（帽子）を着用する。髪の毛が出ないように包み，装身具ははずす。

② 爪は短く切り，マニキュアはつけない。石鹸を用いて手をていねいに洗う。手指にケガをしているときは，食物に直接触る作業はしない。

③ 個人用の手拭き（タオル等）を用意し，履物は疲れにくく滑りにくいものをはく。

④ 食品の衛生的な取り扱いに留意し，調理場所・調理用具を整理整頓しながら実習する。

⑤ 火を正しく使い，やけどをしないよう，無駄な燃焼をしないように注意する。

⑥ 使用する食器，器具，機器は正しく大切に取り扱い，使用後もきちんと手入れをして常に清潔にする。

⑦ ごみは所定の方法によりきちんと処理する。

2. 合理的に調理する

①食品の調理性を理解し，なぜこのようにするのか常に意識して行う。

②調理工程を理解し，効率的に作業が進められるよう手順を考え，必要な器具や調味料を準備する。

③喫食時間を意識して，時間の配分を考える。

3. おいしく食べる配慮をする

①調味，できあがり状態に留意し，盛り付けなど見た目にも配慮する。

22　第2部　実習編

②食卓の清潔，配膳，茶または冷水の準備など，おいしく食べられるようできる限り配慮して試食する。

4. 実習後の振り返りと家庭での調理
①実習過程を振り返り，実習結果を考察する。
②家庭での調理機会を多くして，技術の向上に努める。

3 基本の切り方

1. 包丁の種類と部位
包丁の種類を**図2-1**に，包丁の部位の名称と使い方を**図2-2**に示す。

2. 構え方・持ち方・切り方
姿勢は，包丁を持った側の足を後方に引いて，体をまな板に対して約45度半身に開き，まな板との間はこぶし1つ開け，包丁がまな板に直角に当たるようにする（**図2-3**）。

包丁の持ち方は以下の3種類（**図2-4**）がある。

① **支柱式**：親指と人差し指のつけ根で包丁の柄元をしっかりと挟み，他の3本の指で柄を軽く握る。一番多く使われる。
② **卓刀式**：人差し指を包丁のみねに置き，残りの4本の指で包丁の柄を握る。包丁が横ぶれしにくい。
③ **全握式**：包丁の柄を5本の指でしっかり握る。硬いものを切るときに適する。

左手は指を折り曲げて材料を押さえ，ここに包丁のはらを当てて，指をずらして切る厚さを調節する。廃棄部分がなるべく少なくなるようにし，効率を考えて切る。材料の長さ，厚さ，太さが揃うように切ると仕上がりが美しい。

食材料の切り方を**表2-1**（次頁）に示す。

3. 包丁の管理
包丁は砥石等で研いでよく切れるものを用い，包丁を使うときは人に向けたり，振り回したりしないようにする。使用後は，きれいに洗って熱湯をかけ水けを拭いて，乾燥させてから収納する。または，殺菌庫で乾燥・殺菌する。

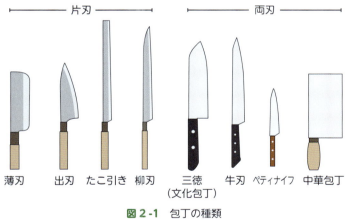

図2-1 包丁の種類

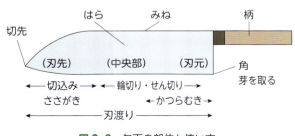

図2-2 包丁の部位と使い方

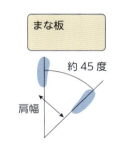

図2-3 立ち位置（右ききの場合）

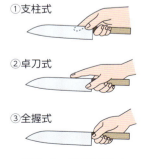

図2-4 包丁の持ち方

表2-1 食材料の切り方

日本料理	小口切り	輪切り	半月切り	いちょう切り
中国料理	トワン 段	ルワンズピエヌ 輪子片	バンコエピエヌ 半月片	シャンズ 扇子
西洋料理	エマンセ ロン émincé rond	ロンデル rondelles	ドゥミ ロンデル demi-rondelles	トランジェ エヴァンタイユ tranche éventail
図				
切り方	端から繊維に直角に切る	0.6〜2 cm くらいの適宜の厚さに小口から切る	縦に2つ割りして，小口から切る	縦に4つ割りして，小口から切る

日本料理	拍子木切り	さいの目切り*		短冊切り
中国料理	テイヤオ 条	デイン 丁		チャンファインピエヌ 長方片
西洋料理	アリュメット allumette（2 mm 角） リュス russe（5 mm 角）	マセドワーヌ** macédoine（1 cm 角）		コルレット collerette
図				
切り方	拍子木形に切る	拍子木切りした材料をさいころ状に小口切りする		3〜4 cm 長さの短冊の形に切る

*
かのこ …0.5 cm 角位
あられ …0.7 cm 角位
さいの目……1 cm 角位
角切り …1 cm 角以上
**
ブリュノワーズ
brunoise …5 mm 角
プランタニエール
printanière …7 mm 角
マセドワーヌ
macédoine …1 cm 角
ドミノ
domino …1.5 cm 角

日本料理	せん切り	みじん切り	色紙切り	乱切り
中国料理	ス 絲	ムオ シャオミイ ソオ 末・小米・鬆	ファン 方	トゥアル マアル 兎耳・馬耳
西洋料理	ジュリエンヌ julienne	アシェ hacher	ペイザンヌ paysanne	モルソー イレギュリエ morceaux irréguliers
図				
切り方	薄切りした材料を重ね，さらに細く切る	せん切りした材料をさらに細かく小口切りする	色紙の形（正方形）に切る	材料を回しながら，3 cm位に切る

4 計 量

　容量，重量，温度，時間をはかることは調理過程をコントロールする上で重要である。

1. 容 量

　計量カップ（200 mL，1 合 = 180 mL），計量スプーン（小さじ5 mL，大さじ15 mL）がある。粉状のものはかたまりがないようにして多めに

日本料理	ぶつ切り	そぎ切り	くし形切り	かつらむき
中国料理	コワイ 塊	ピエヌ 片	シウズピエヌ 流子片	グストンチェ 波筒切
西洋料理		エマンセ émincé	シャトー* château (フットボール形)	リュバン ruban
図				
切り方	一定の大きさの塊状	包丁をねかせて手前に引くように切る	放射状に切る *シャトーはくし形に切って面取りをする	材料を，皮をむく要領で，薄くくるくるむく

日本料理	ささがき	蛇腹切り	切り違い	菊花切り
中国料理	ピイピエヌ 批片	ロオン 竜		ジュイホワディン 菊花丁
西洋料理	エマンセ émincé			ゴーフレット gaufrette
図				
切り方	材料を回しながら鉛筆を削るように先の部分を薄くそぐ	太さの半分まで細かく斜めに切りこみを入れ，反対側からも同様にする	材料の中央に包丁を入れ，表裏から同じ方向に斜めに切る	材料を2本の割り箸の間に置き，上から縦横に切り目を入れる

日本料理	面取り
中国料理	
西洋料理	トゥルネ tourne
図	
切り方	輪切りや乱切りにした材料の角々を削り取る

●蛇の目　くり抜く → 輪つなぎ（輪違い）

●末広切り

●茶せんなす　ねじる

●玉ねぎのみじん切り

●矢ばす

取って水平にすり切る。液体はカップ・スプーンの内径いっぱいに入れ，表面張力で盛り上がる状態にする。

2. 重量

　自動デジタル秤は，重量に応じた感量（最小重量），秤量（最大重量）のものを用いる。ごく少量の場合は，数倍を量ってから，目算で等分

表 2-2　調味料の容量と重量（g）

食品	小さじ 5 mL	大さじ 15 mL
水, 酒, 酢	5	15
塩	6	18
しょうゆ	6	18
みそ	6	18
油	4	12
バター	4	12
砂糖	3	9
みりん	6	18
マヨネーズ	4	12
トマトケチャップ	5	15
ソース	6	18
小麦粉	3	9

表 2-3　代表的な調味パーセント

調理	塩濃度（%）	砂糖濃度（%）
汁物・スープ	0.6〜0.8	—
和え物・酢の物	1.0〜1.2	3〜7
煮物	1.0〜1.5	3〜5
生野菜のふり塩	1.0〜1.2	
即席漬け	1.5〜2.0	
たくあん漬け	7〜9	
佃煮	5〜10	0〜8
飲み物		8〜10
ゼリー・プディング		10〜12
水ようかん		20〜30
練りようかん		40〜60
ジャム		50〜70
煮豆		60〜100

して取り分ける。

3. 温　度

調理過程および終点の温度確認のために温度計を用いる。金属製のものが破損しにくく安全である。センサー部分が，鍋底などに触れないように注意し，測定位置に確実に入れて測る。加熱中や冷却中の品質中心部の温度を測定する際は，中心温度計を用いると，食品を崩さずに測定できる。

4. 時　間

タイマーは設定した時間の終了を音で知らせるので，複数の調理操作を並行して進める際に便利である。

5. 調味料・食材の重量と容量

少量の調味料を測定する際は，計量スプーンを活用すると効率よく作業できる。その際には容量と重量の関係（**表 2-2**）を理解しておくことが必要である。

5　調　味

標準的な調味は調味パーセント（**表 2-3**）を用いると，量の多少によらず安定した調味ができる。調味パーセントは材料重量に対しての調味料割合で，次の式で表される。

調味パーセント（%）
　＝調味料の重量÷材料重量×100
使用調味料重量（g）
　＝材料重量×調味パーセント÷100

材料重量は，廃棄量を除いた正味重量を示し，乾物類は戻したときの重量，汁物はだし汁の重量とする。

◎塩分は食塩を基準として，他の調味料は食塩と同じ塩分を含む量とする。

食塩 1 g（小さじ 1/6）
　＝しょうゆ 6 g（小さじ 1）
　＝みそ（辛口）8 g（大さじ 1/2 弱）

◎みりんは重量の約 3 倍で砂糖と同じ糖分パーセント。

砂糖 1 g（小さじ 1/3）
　≒みりん 3 g（小さじ 1/2）

例題 1

すまし汁 1 人分 150 mL に調味パーセント 0.8％で塩としょうゆ（塩分比 2：1）で塩味をつけたい。塩としょうゆは何 g 使用すればよいか？

150 mL ＝ 150 g と考える。
150 g の 0.8％なので
　150 × 0.8/100 ＝ 1.2（g）

26　第2部　実習編

塩：しょうゆの塩分比 = 2：1 なので，

　塩からの塩分は $1.2 × 2/3 = 0.8$（g）

　しょうゆからの塩分は $1.2 × 1/3 = 0.4$（g）

しょうゆの塩分濃度は約14.5%なので

　$0.4 × 100/14.5 = 2.75…$（g）

　　　　答え：塩 0.8 g，しょうゆ約 2.8 g

例題2

20人分のみそ汁 3,000 mL に調味パーセント0.6%になるようにみそを加えたい。みその塩分濃度は12%とする。みそは何g使えばよいか。

　3,000 mL = 3,000 g と考える。

　$3,000 × 0.6/100 = 18$（g）

　18 g の塩分を含むみその量は

　$18 × 100/12 = 150$（g）

　　　　　　　　　答え：みそ 150 g

6 とろみづけの濃度

①**小麦粉によるとろみづけ**　西洋料理では，シチュー，カレー，ソース，スープなどに小麦粉を用いて濃度をつけることがしばしばある（**表2-4**）。粘度は，粉の種類，加熱法，温度で変化する。

②**片栗粉（じゃがいもでんぷん）によるとろみづけ**　でんぷんを薄い濃度で用い，汁にとろみをつける（**表2-5**）。その際は，でんぷんが均一に分散し糊化するようにあらかじめ同量～倍量の水で溶いておいたでんぷんを，沸騰した汁中に少しずつ撹拌しながら入れて，再沸騰させてでんぷんを糊化させる。

表2-4　主な料理の濃度（小麦粉）

料理の種類	濃度（%）
スープ	2～5
ソース	3～6
和えるとき	8～9
クリーム	8～10
クリームコロッケ	12～15

表2-5　主な料理の濃度（片栗粉）

料理の種類		濃度（%）
汁物	かきたま汁	1～1.5
	のっぺい汁	2
くずあん		3～6
くず湯		5～8

7 廃棄率

調理に際して，廃棄される部分の食品全体の重量に対する割合を廃棄率といい，以下の式で求める。

　廃棄率（%）

　　=廃棄部（非可食部）重量（g）

　　÷全体重量（g）× 100

また，可食部重量と購入重量は以下の通り。

　可食部重量（純使用量）（g）

　　=購入重量（g）×（100−廃棄率）÷ 100

　購入重量（g）

　　=可食部重量（g）× 100 /（100 −廃棄率）

【参考文献】

下村道子・中里トシ子編著，図解による基礎調理，同文書院，1998

吉田惠子・綾部園子編著，管理栄養士養成課程「栄養管理と生命科学シリーズ」調理の科学，理工図書，2012

高橋敦子・安原安代・松田康子編，調理学実習　基礎から応用，女子栄養大学出版部，2002

社団法人全国調理師養成施設協会編，調理の基本技術と実習　プロが教えるコツ，社団法人全国調理師養成施設協会，2000

粟津原宏子・成田美代・水谷令子・南　廣子・森下比出子著，たのしい調理—基礎と実習—，医歯薬出版，2001

日本料理 1

和食の基本は，白飯，みそ汁，卵焼き，ごま和えから

- ● 白飯
- ● みそ汁
- ● 厚焼き卵（大根おろし添え）
- ● 青菜のごま和え

献立構成	料理	調理法	SV			応用
主 食	白飯	炊く	主食 1.5			
汁	みそ汁	汁物				
主 菜	厚焼き卵 （大根おろし添え）	煮る	主菜 1			
副 菜	青菜のごま和え	和える	副菜 1			ほうれん草のお浸し

● だしの種類ととり方   （付録⑨〜⑫）

日本料理の汁物や煮物では，うま味成分を抽出したしだしを基本とする。だし材料には，かつお節，昆布，煮干しが主として使われている。

＊かつお節（一番だし）

使用量：2〜4％，うま味成分：IMP

かつお節を沸騰水に入れ，再沸勝後1分で火を止め，静置して3分後にこす。

＊かつお節（二番だし）

使用量：4〜8％，うま味成分：IMP

だしをとったかつお節に半量の水を加え，3分間沸騰させこす。

＊昆布

使用量：2〜5％，うま味成分：MSG

水に昆布を入れて30分以上浸漬し，火にかけて沸騰直前に昆布を取り出す。

＊かつお節・昆布の混合だし

使用量：かつお節1〜2％，昆布1〜2％，うま味成分：MSG，IMP

水に昆布を入れて火にかけ，沸騰直前に取り出し，沸騰したらかつお節を入れて1分間加熱して火を止めて3分間静置してこす。

＊煮干し

使用量：3％，うま味成分：IMP

30分以上水に浸けておき，沸騰後，数分間加熱してこす。

● 汁物の塩分

汁物の塩分は0.6〜0.8％が適当である。塩味は食塩，しょうゆ，みそで調味する。しょうゆの塩分は濃口しょうゆ14.5％，淡口しょうゆ16.0％，みそ（辛みそ）10〜13％である。

だし汁1人分150 mL（＝150 g）に塩分12％のみそを10 g入れると，調味パーセントで0.8％のみそ汁になる。

$$10 \times 0.12 = 1.2 \text{ (g)}$$
$$1.2 \div 150 \times 100 = 0.8 \text{ (\%)}$$

すまし汁の場合，だし汁1人分150 mL（＝150 g）に食塩1 g，しょうゆ1.3 gを入れると調味パーセントで0.8％の汁になる。

$$塩：1 \times 1 = 1 \text{ (g)}$$
$$しょうゆ：1.3 \times 0.145 = 0.2 \text{ (g)}$$
$$(1 + 0.2) \div 150 \times 100 = 0.8 \text{ (\%)}$$

※ IMP：イノシン酸ナトリウム（p.44参照）
※ MSG：グルタミン酸ナトリウム

●白飯

エネルギー：274 kcal
たんぱく質：4.2 g
脂質　　　：0.7 g
食塩相当量：0.0 g

材料名	1人分	（　）人分
米	80 g	
水	120 g	
（米重量の1.5倍）		
（米容量の1.2倍）		

1. 3〜4回水をかえ洗米し、ざるにあげる。1回目の水はすばやく捨てる。　／　手のひらで米を握るようにして、手早く洗う。
2. 加水比1.5となるようにして水を加え、30分間以上浸漬する。
3. 点火。沸騰するまで中〜強火。
4. 沸騰したら中火5分間。　／　ふきこぼれに注意する。
5. さらに弱火約10〜15分間。
6. 3秒くらい強火にして消火。　／　鍋の中の余分な水分を蒸発させる。
7. そのまま約10分間蒸らす。
8. 蒸らし後、木じゃくしで下を返すようにほぐす。　／　木じゃくしは水でぬらしておく。
9. ふたとの間に乾いたふきんをかける。　／　ふたから水滴が落ちるのを防ぐため。

出来上がり

炊飯

炊飯は、米のでんぷんを糊化させ、飯にすることである。洗米→加水→浸漬→加熱→蒸らしの順で行われる。
（付録①〜③）

① **洗米**
洗米による吸水量は、約10％である。

② **水加減**
炊きあがった米飯の水分量は60〜65％、重量は元の米の約2.1〜2.3倍になる。

③ **浸漬、吸水**
うるち米の吸水量は20〜25％である。吸水速度は、水温により高温で速く低温で遅い。浸漬しない場合、加熱時間を延長することにより浸漬したものと有意差のない米飯が得られる。

④ **加熱**
- 温度の上昇期：米が水分を吸収し、60〜65℃ででんぷんの糊化が始まる。沸騰までの時間は約10分間がよいので火力を調節する。
- 沸騰期：米の吸水をうながし、でんぷんが十分に糊化するために98℃以上の高温を保つよう中火の火加減とする。
- 蒸し煮期：米粒の間が水蒸気で蒸され、遊離の水はほとんどなくなるので弱火にする。消火する直前、数秒間強火にして余分な水分を蒸発させる。
- 蒸らし期：消火後、米粒の表面に付着していた水が一部は蒸発し、一部は米粒に吸収され、ふっくらとした米飯ができる。

●湯炊き法
すし飯のように粘りを少なくする場合や大量炊飯の炊き方。炊き水を沸騰させ、米を入れ強火で再沸騰させる。沸騰後は、弱火で15〜20分間煮る。

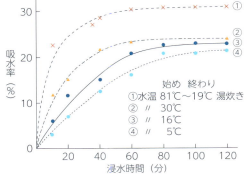

浸水時間と吸水量

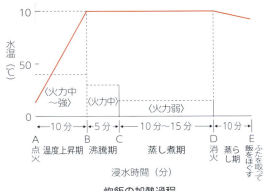

炊飯の加熱過程

日本料理　29

●みそ汁

エネルギー：67 kcal
たんぱく質：4.6 g
脂質　　：4.4 g
食塩相当量：1.1 g

材料名	1人分	(　)人分
水	150 g	
煮干し（水の3％）	15 g	
みそ（だし汁の0.7％塩分）	8 g	
油揚げ	8 g	
ねぎ	10 g	
豆腐	30 g	

1. 煮干しは，頭と腹わたを取り，半身にさく。
2. 鍋に水を入れ30分間以上おく。
3. ふたをせず中火で加熱する。沸騰後3〜5分間煮出す。
4. ボウルに万能こし器をかけてこす。

　油揚げは，熱湯をかけて油抜きをしてもよい。

　煮干しを取り出さないでそのまま食べてもよい。

5. 具を切る。油揚げは縦半分に切り，短冊切りにする。
6. ねぎは洗って小口切り，豆腐はさいの目切りにする。
7. 鍋にだし汁と具を入れて煮る。
8. 沸騰したら火を止め，みそを溶き入れる。
9. ひと煮立ちさせて消火する。

　別容器にだし汁の一部を取り，みそを溶いておく。

　煮すぎないように注意する。

→ 出来上がり

●みそ汁の風味

　みそ汁を煮立てるとみその風味成分が揮発して弱まるので，みそは最後に入れて煮すぎないようにする。沸騰し始める瞬間の煮えばなが好まれる。温め直す際も，煮立てないよう注意する。また，冷めると塩味を強く感じる。

●厚焼き卵
（大根おろし添え）

エネルギー：118 kcal
たんぱく質：6.9 g
脂質　　：8.1 g
食塩相当量：0.7 g

材料名	1人分	(　)人分
卵	60 g	
砂糖	3 g	
塩	0.5 g	
だし汁	8 g	
油	2 g	
大根	20 g	
しょうゆ	少々	

1. 卵を割り，砂糖，塩，だし汁を入れ，混ぜる。
2. 卵焼き器を熱し，油を入れ余分な油を拭き取る。
3. 卵液を1/3入れ，菜箸で2〜3回かき混ぜて全体をまとめるようにする。
4. まとめた卵を片方に寄せて，空いた部分に油を塗る。
5. 卵液を流し入れ，まとめた部分を芯にして卵を巻くようにして焼く。これを何度か繰り返す。
6. 巻きすにのせて形を整え，冷ます。
7. 大根をおろして，軽く絞る。
8. 食べやすい厚さに切って皿に盛り，大根おろしを手前に添え，しょうゆを適量かける。

　卵は泡立てないように菜箸をボウルの底につけて混ぜる。

　菜箸でたらして「ジュッ」(160〜200℃)と音がでるとよい。

　油の量が多いと，薄焼き卵を巻いた状態になるので余分な油は拭き取る。

　熱いうちに切ると形が崩れるので，冷ましてから切る。

→ 出来上がり

●青菜のごま和え

エネルギー：38 kcal
たんぱく質：2.0 g
脂質　　　：1.3 g
食塩相当量：0.6 g

材料名	1人分	(　)人分
青菜	60 g	
いりごま	2 g	
砂糖	3 g	
しょうゆ	4 g	

1. ふり洗いをし，水を流しかけながら青菜の根元の泥を落とす。　←葉を開いて，泥を落ちやすくさせる。
2. 鍋に青菜の5～6倍の水を入れ，沸騰させる。
3. 根元から鍋に入れ30秒間ぐらい加熱する。茎がやわらかくなったら葉を湯にしずめる。　←ふたをしない。塩は加えない。
4. 30秒～1分間ゆで，青菜を水をはったボウルに入れる。
5. 軽く絞って，4 cmぐらいの長さに切りそろえる。
6. すりばちでごまをすり，砂糖，しょうゆで調味する。
7. ❺の青菜を加えて和え，器に盛り付ける。

↓
出来上がり

青菜のゆで方

- ゆで水はたっぷり用意し，ふたをしないでゆでる。湯が少ないと温度が下がって，ゆで時間が長くなり，ゆで水中への有機酸の溶出量が多くなる。
- ゆで水の多い方が加熱時間が短縮される。
- ゆで上がったら素早く冷水に取る。温度を急激に下げて退色しにくくし，ほうれん草に含まれるアク成分のシュウ酸を溶出させる。

（付録⑯～⑱）

応用・発展
●ほうれん草のお浸し

エネルギー：18 kcal
たんぱく質：1.6 g
脂質　　　：0.3 g
食塩相当量：1.0 g

材料名	1人分	(　)人分
ほうれん草	70 g	
割下地		
しょうゆ（青菜の10％）	7 g	
だし汁（しょうゆの30％）	2 g	
花かつお	適量	

1. ほうれん草の太い株の部分に十字の切り込みを入れる。
2. 根元からゆでる。強火で約1分半。
3. たっぷりの冷水に取り，急冷とアク抜きをし，すぐざるにひきあげる。
4. そろえて水けを取り，半量の割下地（あらかじめ，しょうゆにだし汁を加えたもの）に浸す。
5. 軽く絞り4 cmの長さに切る。
6. 花かつおを天盛りし，割下地をかけ，出来上がり。

※天盛りは味のアクセントと，誰も手をつけていないという意味を含む。

和え物

- 下処理した具を和え衣で和える。
- 和え衣の味は濃く，具は味が薄いため，和えてから時間がたつと具から水分が出て味がぼけるので，食べる直前に和える。
- 下処理した具はその後加熱しないので，衛生的に取り扱うよう注意する。

（具に対する重量％）

和え衣	塩	砂糖	だし汁	その他
白和え	1.5	10		豆腐 50，白ごま 5
落花生和え	1.5	5	5	落花生 15
くるみ和え	1.5	10	5	くるみ 15
おろし和え	1.5	5		大根おろし 30
ずんだ和え	1.5	5		枝豆 20

●すりごまの利用

ごまは，加熱により香気成分と抗酸化成分が増加する。また，ひねりごま，切りごま，すりごまなど細かくなって表面積が大きくなるほど，香気成分が強まり消化吸収がよくなる。

日本料理　31

日本料理 2

味付け飯，汁物，煮魚，酢の物がそろって和食らしく

- さつまいも飯
- かきたま汁
- かれいの煮付け
- きゅうりとわかめの酢の物

献立構成	料理	調理法	SV			応用
主　食	さつまいも飯	炊く	主食　1	副菜　1		豆ごはん
汁	かきたま汁	汁物	主菜　0.5			
主　菜	かれいの煮付け	煮付ける	主菜　3			さばのみそ煮 いわしの蒲焼
副　菜	きゅうりとわかめの酢の物	和える	副菜　1			

◉炊き込みご飯

* 米を具，調味料とともに炊いた飯のことをいう。
* 加水量は米重量の 1.5 倍，米体積の 1.2 倍。その中から調味料を加える前に液体調味料分を取り除く。
* 塩味飯（青豆，菜飯），しょうゆ味飯（たけのこ，桜飯），バターライス，ピラフなどがある。
* 炊き込み飯は，飯の 0.6〜0.7% 塩分が好まれる。
  飯の炊き上がり倍率は 2.2〜2.3 倍なので，米重量の 1.5%（＝加水量の 1.0%）の塩分を加える。
* 調味料の添加は浸漬時の米の吸水を妨げるので，炊く直前に添加する。
* しょうゆは沸騰時の泡立ちをやや抑えるため，鍋で炊く場合は沸騰を見逃さないように注意する。
  また，焦げやすくなるので火加減に注意する。

◉煮物

* 約 100 ℃の煮汁の中で食品を加熱する。煮汁からの対流伝熱で食品の表面に熱が伝わり，内部へ伝導で伝えられる。調味料成分は，拡散により中心部まで移動する。煮汁の量，加熱時間，調味料は食材や料理の種類により異なる。

煮付け　煮汁の量が食材重量の 30% 前後であり，煮ながら味をつける。魚に多い。

含め煮　食材と同量程度の薄味でたっぷりの煮汁で，野菜や乾物を煮含める。

煮しめ　食材の 30〜40% の煮汁で汁気がなくなるまで煮る。野菜に多い。

煮込み　煮汁の量が 200% 程度で，長時間煮る。

32　　第2部　実習編

さつまいも飯

エネルギー：246 kcal
たんぱく質：3.6 g
脂質　　　：0.9 g
食塩相当量：0.9 g

材料名	1人分	（　）人分
米	60 g	
水（米重量の1.5倍）	90 g	
さつまいも	30 g	
塩（米の1.5%）	0.9 g	
黒ごま	少々	

① 米を洗い，鍋に入れて分量の水を加え，30分間以上おく。

② さつまいもを1.5 cm角に切り，水に浸けておく。

③ 炊く直前，鍋に塩を入れて混ぜ，さつまいもの水を切って加え，普通に炊く。

④ 炊きあがったら全体をしゃもじで混ぜ，ふんわりとほぐし，茶碗に盛り付けて黒ごまをふる。

出来上がり

応用・発展
豆ごはん

エネルギー：224 kcal
たんぱく質：4.1 g
脂質　　　：0.6 g
食塩相当量：0.9 g

材料名	1人分	（　）人分
米	60 g	
水（米の1.5倍−酒）	85 g	
塩	0.9 g	
酒	5 g	
グリンピース（米の30%）	18 g	
塩	0.5 g	

① 米を洗い，鍋に入れて分量の水を加え，30分間以上おく。

② グリンピースをさやからはずして洗い，塩をまぶして10分間おく（さや付きは，必要な豆の重量の2～2.5倍用意する）。

③ 炊く直前，鍋に塩，酒を入れ，加熱する。沸騰したら塩を洗い流したグリンピースを入れる（塩，しょうゆなどは，米の吸水を抑制するため，浸漬は水で行い，加熱直前に調味する）。

④ 炊きあがったら，豆をつぶさないように全体をしゃもじで混ぜてふんわりとほぐし，茶碗に盛り付ける。

● ポイント
- グリンピースを米と一緒に炊くと，豆の色はあせるが，米に豆の香が移りよい。
- 冷凍のグリンピースの場合，塩ゆで後，蒸らし終わった飯に加えてもよい。
- ゆで上がったグリンピースを急に冷ますとしわが寄るので，ゆで水に水を少しずつ加えるとよい。

炊き込み飯の添加材料

添加材料	添加量（対米重量）	調味料
さつまいも	50～60%	塩（米の1.5%）　酒
栗	50%	
グリンピース	30%	
枝豆	30%	
まつたけ	30%	塩（米の0.5%）　しょうゆ（米の7%）　酒
ゆでたけのこ	30～50%	
鶏肉	30%	
かつお	30%	

■ 添加材料の水分が飯の水分に近いもの
……さつまいも，えんどう，枝豆，栗等
添加材料の影響は小さいので考慮しなくてよい。

■ 添加材料の水分が飯の水分より多いもの
……大根の葉，かぶの葉，まつたけなど
添加材料からの脱水量を差し引くのが基本だが，大根やかぶの葉は添加量が少ない（15%）のでそのままでもよい。

■ 動物性の食品
……鶏肉，かき，あさり，たい
かきやあさりのむき身などは，加熱中に収縮して脱水するので，添加材料の30%程度の水量を差し引いておく。

● かきたま汁

エネルギー ：24 kcal
たんぱく質 ：1.5 g
脂質　　　：1.0 g
食塩相当量 ：1.1 g

材料名	1人分	(　)人分
だし汁	150 g	
水（蒸発分として仕上がりの20%増）	180 g	
かつお節（だし汁の2%）	3 g	
塩　　だし汁の	0.8 g	
しょうゆ　0.6%塩分	0.5 g	
片栗粉（だし汁の1%）	1.5 g	
卵	10 g	
みつば	1本	
しょうが汁	1 g	

1. 沸騰した湯にかつお節を入れ，再沸騰後1分間加熱し消火する。約3分間静置する。
2. ざるに固く絞ったふきんを置いて，ゆっくりと絞らずにこす。だし汁を鍋に移す。
3. 片栗粉の約2倍量の水を加え，水溶き片栗粉をつくる。
4. 味を調えだし汁が煮立ったところで，水溶き片栗粉でとろみをつける。
5. みつばを2 cmに切る。卵を割り，溶き卵を付ける。
6. 沸騰したときの対流を利用して，穴じゃくしから卵を流し入れ，みつばを散らし入れる。
7. 吸い口にしょうがのしぼり汁を入れてもよい。火する。

→ 出来上がり

◆ でんぷん濃度が低いと，卵の塊が底に沈んでしまう。

●汁のでんぷん効果　　　（付録⑬）
1. 口触りがなめらかになる。
2. 具材が汁の中で適度に浮いている。
3. 汁が冷めにくい。
4. 調味料を食材にからめやすい。
5. 嚥下しやすい。
6. 食材の持ち味を生かしたいときに，味をつけるにはあんかけにするとよい（例：みたらし団子）。

● かれいの煮付け

エネルギー ：143 kcal
たんぱく質 ：15.6 g
脂質　　　：1.1 g
食塩相当量 ：2.9 g

材料名	1人分	(　)人分
かれい	80 g	
長ねぎ（長さ4 cm）	15 g	
水	30 g	
酒	15 g	
砂糖	9 g	
しょうゆ	18 g	
しょうがA（皮をむいてうす切り）	3.8 g	
しょうがB（針に切る）	少々	

1. かれいは皮に切れ目を入れる。長ねぎは4 cmに切る。
2. 水，酒，しょうゆ，しょうがAを鍋に合わせて沸騰させる。
3. 鍋に魚の表身（皮側）を上にして重ならないように並べ，中火で煮る。
4. 沸騰したらアクを取り，落としぶたをして中弱火で約10分間煮る。
5. ねぎを加えて弱火で4～5分間煮る。
6. 魚に火が通ったら消火する。
7. 好みで，針しょうがBを盛り付ける。

→ 出来上がり

（とろりとしたねぎが好みの場合は，ここで一緒に入れる。）

◆ 金目鯛，あじなどにも応用できる。

落としぶた

　材料の上に直接ふたをのせて材料が浮くのを抑え，少ない煮汁でも沸騰した煮汁がふたを伝わって食品の上部にもまわり，調味料が全体に行きわたる効果がある。煮汁を蒸発させるとき以外は，通常の鍋ぶたもする。

　木製の調理道具は，必ずいったんぬらしてから用いる。落としぶたの代わりに，紙ぶたやアルミホイル，ラップ，穴をあけたパラフィン紙を用いてもよい。食材が踊らないために，煮崩れの防止にもなる。

応用・発展
●さばのみそ煮

エネルギー：243 kcal
たんぱく質：17.9 g
脂質　　　：14.0 g
食塩相当量：1.5 g

材料名	1人分	(　)人分
さば（1切れ）	80 g	
水	50 g	
みそ	10 g	
砂糖	5 g	
酒	15 g	
しょうが	5 g	

❶ さばの皮に斜めに切れ目を入れる。
❷ 鍋に皮側を上にして入れ，さばの高さの半分まで水を入れる。
❸ みそを溶かし入れ，砂糖，酒，しょうがを加える。
❹ ふたをして中火で煮る。落としぶたをした上にずらしてふたをして，さらに中火で5分間煮る。
❺ さばに火が通ったらふたを取り，煮汁をさばにかけながら，煮汁が少なくなるまで3分間ほど煮る。

応用・発展
●いわしの蒲焼

エネルギー：269 kcal
たんぱく質：17.8 g
脂質　　　：13.4 g
食塩相当量：1.7 g

材料名	1人分	(　)人分
いわし（中2尾）	100 g（可食部）	
しょうが汁	5 g	
小麦粉	9 g	
油	4 g	
しょうゆ	10 g	
みりん	15 g	
青しそ（2枚）	2 g	
粉さんしょう	少々	

❶ いわしを手開きする。尾の付け根で中骨を折り，頭にむかって中骨を外す。
❷ しょうがをすりおろし，青しそは縦2つに切ったものをせん切りにする。
❸ いわしの両面に小麦粉をつけ，中火に熱したフライパンに油を入れ，いわしを並べて両面を焼く。
❹ いわしから出た脂をペーパーで吸い取り，しょうが汁，しょうゆ，みりんを入れ，火を弱め焦がさないよう煮からめる。
❺ 好みで，青しそ，粉さんしょうをふって出来上がり。

●きゅうりとわかめの酢の物

エネルギー：39 kcal
たんぱく質：2.7 g
脂質　　　：0.3 g
食塩相当量：2.0 g

材料名	1人分	(　)人分
きゅうり	50 g	
塩	1 g	
生わかめ（干しわかめ）	10 g（1.5 g）	
しらす干し	10 g	
しょうが	2 g	
酢	10 g	
しょうゆ	3 g	
砂糖	3 g	

❶ きゅうりを小口切りにして塩をふってもみ，絞って水けを取る。
　◀ 塩をふって，しばらく放置すると水が出て絞りやすい。

❷ 生わかめは，洗って2 cmに切り，沸騰した湯でさっとゆでる。
　◀ 干しわかめの場合は，水に浸けて戻す。

❸ しらすを沸騰した湯に入れ，ざるにあげて水けを切る。

❹ しょうがを薄切りにして細いせん切りにして水にさらす（針しょうが）。
　◀ しょうがを水にさらして，表面のでんぷんを落とし，付着を防止し，パリッとさせる。

❺ 酢，しょうゆ，砂糖を混ぜ，きゅうり，わかめ，しらすと和える。
　◀ しょうゆは，しらす干しの塩分を考えて，控えめにする。

❻ 好みで，針しょうがを上にのせる（天盛り）。

出来上がり

● **乾燥わかめ**
　水で戻すと約12倍の重量になる。

● **塩蔵わかめ**
　わかめを湯通しして塩をまぶし脱水したもの。使う際は，塩を洗い流してから，水に浸して塩分を抜いて用いる。
　戻すと約2～4倍の重量になる。

新鮮ないわしの見分け方

　いわしは鮮度が落ちやすいので，目が黒く透明感があり，身が硬くて腹が破れていない，体側の黒い点がはっきりしているものを選ぶ。

日本料理 3

副菜も兼ねる丼物，実だくさんの汁物と炒め煮を覚えよう

- 三色ごはん
- けんちん汁
- きんぴらごぼう
- 野菜の即席漬け

献立構成	料理	調理法	SV		応用
主　食	三色ごはん	炊く 炒める　焼く	主食　1.5	主菜　2	
汁	けんちん汁	汁物	副菜　1.5	主菜　0.5	沢煮椀
主　菜					
副　菜	きんぴらごぼう 野菜の即席漬け	炒める　煮る 漬ける	副菜　1 副菜　1.5		肉じゃが

● しょうゆ味ごはん（桜飯）の調味

＊塩味は米重量の 1.5％（＝加水量の 1％）にする。

　　70 (g) × 0.015 = 1.05 (g)

＊しょうゆは塩分濃度 14.5％なので
　しょうゆだけの場合
　　1.05 ÷ 0.145 ≒ 7.2 (g)
　塩としょうゆを併用する場合
　・塩分比 1：1 ならば
　　1.05 × 1/2 = 0.525（塩）
　　1.05 × 1/2 ÷ 0.145 = 3.6（しょうゆ）
　・塩分比 1：2 ならば
　　1.05 × 1/3 = 0.35（塩）
　　1.05 × 2/3 ÷ 0.145 = 4.8（しょうゆ）

● いり卵の火加減と撹拌速度

　細かいいり卵にするには，弱火または湯せんにかけて，卵がようやく固まりかけた時点で 4 ～ 6 本の箸でかき混ぜ，半熟程度で火から下ろし，さらにかき混ぜて余熱で火を通す。卵の凝固温度は約 65℃からであり，温度上昇は緩慢にしつつ，激しく撹拌することにより，粒度の細かいいり卵をつくれる。

● 丼物と実だくさんの汁物

　親子丼，カツ丼，牛丼，天丼，カレーライスなどごはんに具をのせた丼物は主食と副食（主菜・副菜）を兼ねている。これに汁物などを添えれば一食分として調う。しかし，野菜類の量が十分ではないことが多いので，それを補う副菜を加えると栄養バランスがよくなる。

　また，けんちん汁，豚汁などの野菜などの実だくさんの汁物は，副菜を兼ねている。けんちん汁は崩した豆腐と大根，にんじん，ごぼう，さといも，ねぎなどの野菜の入った汁物で，精進料理に由来している。豚汁は，豚肉と野菜などの入った汁物で，刻みねぎを添えて，吸い口にとうがらしを用いる。実だくさんの汁物はだし汁の割合が少ないので，調味パーセントはだし汁の 0.8％程度が好まれる。野菜に含まれる無機質やビタミン類などの水溶性成分は，野菜から流出しても汁に保持されている。

●三色ごはん

エネルギー ：401 kcal
たんぱく質 ：14.6 g
脂質   ：9.1 g
食塩相当量 ：2.8 g

材料名	1人分	（　）人分
米	70 g	
水 (米の重量の1.5倍－液体調味料)	100 g	
昆布	1.6 g	
酒	1 g	
塩	0.6 g	
しょうゆ	3 g	
《とりそぼろ》		
鶏ひき肉	40 g	
しょうゆ	6 g	
砂糖	3 g	
酒	3 g	
《いり卵》		
卵	36 g	
塩	0.3 g	
砂糖	2 g	
《青味》		
さやえんどう	20 g	
塩	0.2 g	

> しょうゆ味飯は，焦げやすいので白飯よりやや弱火で炊くとよい。

1. 米を洗い，分量の水と昆布を加えて30分間以上おき吸水させる。
2. 炊く直前に調味料を加えて混ぜ，沸騰直前に昆布を出し，炊飯する。
3. とりそぼろの材料を混ぜ，中火にかけ菜箸で撹拌しながら，全体がぱらぱらになるまで加熱する。
4. いり卵の材料を混ぜ，中火にかけて菜箸で撹拌しながらぽろぽろに煎りつける。

> いり卵は，菜箸を6本ぐらい束にして混ぜると細かく上手にできる。

5. さやえんどうはすじを取ってゆで，冷ましてからせん切りにし塩を混ぜる

> さやえんどうはゆですぎない。色が悪くなる。

> 1%の食塩水でゆで，いったんひき上げて両方60℃以下に冷ましてから再び食塩水に浸けて味をつけてもよい（青煮）。
> （付録⑳）

6. 丼ぶりにご飯を平らに盛り，とりそぼろといり卵，青味を彩りよく盛り付ける。

出来上がり

●野菜の即席漬け

エネルギー ：23 kcal
たんぱく質 ：1.0 g
脂質   ：0.7 g
食塩相当量 ：1.0 g

材料名	1人分	（　）人分
キャベツ	50 g	
きゅうり	50 g	
しょうが，青しそ等	少々	
塩	1 g	
いりごま	1 g	

1. キャベツの芯を取り1 cm幅に切る。芯は薄切りにする。

> キャベツの芯は甘味があるので廃棄しない。

2. きゅうりは小口切り，しょうが，青しそはせん切りにする。
3. ボウルに切った野菜を入れ，塩をふって5分間おく。
4. 水分を絞って，いりごまをふる。

出来上がり

野菜の脱水

野菜に1〜2％の塩をふってしばらくおくと，野菜は脱水してしんなりし，塩味がつく。野菜の細胞膜は半透性をもつため，食塩水のような高張液に接すると脱水し，水などの低張液に接すると吸水する。

（付録㉓）

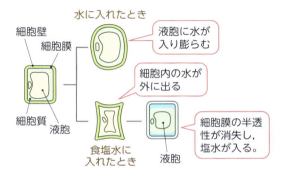

日本料理

●けんちん汁

エネルギー：61 kcal
たんぱく質：2.8 g
脂質　　　：2.9 g
食塩相当量：1.1 g

材料名	1人分	(　)人分
木綿豆腐	30 g	
にんじん	10 g	
大根	20 g	
ごぼう	15 g	
生しいたけ	1/4 枚	
ねぎ	6 g	
こんにゃく	10 g	
ごま油	1.4 g	
だし汁（昆布）*	150 g	
塩	0.3 g	
しょうゆ	3.6 g	

◆昆布だしのとり方は p.28 参照

1. 豆腐はキッチンペーパーで包み，30分ほど水を切る。
2. にんじんと大根は5 mmいちょう切り，ごぼうはささがきにし水にさらす。生しいたけは薄切りにする。ねぎは小口切り。
3. こんにゃくは短冊切りにして，さっと湯がいてアク抜きをする。
4. 鍋を熱してごま油を入れ，ねぎ以外の野菜とこんにゃくを入れて炒める。
5. 豆腐を一口大につぶして入れ，だしを入れて加熱する。
6. 大根，にんじんがやわらかくなったら調味料を入れる。
7. ねぎを入れてひと煮立ちさせて火を止め，椀に盛る。

出来上がり

応用・発展

●沢煮椀

エネルギー：143 kcal
たんぱく質：2.1 g
脂質　　　：12.8 g
食塩相当量：1.1 g

材料名	1人分	(　)人分
豚背脂	15 g	
（なければベーコン）	(30 g)	
ごぼう	10 g	
にんじん	15 g	
ゆでたけのこ	20 g	
生しいたけ	1 枚	
みつば	1/3 束	
ごま油	1.3 g	
だし汁	150 g	
塩	0.7 g	
酒	5 g	
しょうゆ	2 g	
黒こしょう	少々	

1. 背脂は横に薄く切って細切りにする。熱湯で透明になるまでゆで，ざるにあげて水けを切る。
2. ごぼうは汚れを落とし，皮をこそげてささがきにして，水に放つ。
3. にんじんは皮をむいて，せん切りにする。たけのこは5 cm長さの細切りにする。しいたけは軸を取り，細切りにする。
4. みつばはざく切りにする。
5. 鍋にごま油を中火で熱し，水けを切ったごぼうと❸を入れて炒める。
6. ❶を加えてしばらく炒めたら，だしを加える。ひと煮立ちしたらアクを取り，塩，酒を加えて弱火にし，野菜がやわらかくなるまで煮る。しょうゆ，みつばを加えて火を止めて器によそう。黒こしょうをふる。

●沢煮椀

　霜降りした豚肉の背脂と，たっぷりの野菜のせん切りを，だしでさっと煮てつくる吸い物のことで，「沢」とは「沢山の」という意味。

　脂肪の融点は牛脂が40～50℃，豚脂が33～46℃，馬脂が30～43℃，鶏脂が30～32℃で，豚脂の融点は牛脂に比べて低い。沢煮椀では豚の背脂を下ゆでして，脂を溶出させているため脂っこさは少ない。

38　第2部　実習編

●きんぴらごぼう

エネルギー：63 kcal
たんぱく質：1.3 g
脂質　　　：1.7 g
食塩相当量：0.9 g

材料名	1人分	（　）人分
ごぼう	40 g ⎤ 50 g	
にんじん	10 g ⎦	
ごま油	1.6 g	
だし汁	10 g	
酒	6 g	
砂糖	3 g	
しょうゆ	6 g	
いりごま	少々	
一味とうがらし	少々	

1. ごぼうは洗って皮をこそげとり，ななめせん切りにして水に浸ける。

　　ごぼうは，空気に触れると酸化して黒ずむので水に浸け，同時にアクを抜く。長時間浸けると香りがとぶので注意。

2. にんじんはせん切りにする。

3. フライパンを熱して，ごま油を入れ，水けを切ったごぼうとにんじんを強火で炒める。

4. だし汁と調味料を入れ，菜箸でかき混ぜながら煮汁がなくなるまで中火で炒め，いりごまと一味とうがらしをふる。

　　鍋底に調味料を入れると，水分が一気に蒸発するので，具の上にふり入れる。調味料がからまるよう絶えず菜箸で混ぜる。

出来上がり

応用・発展
●肉じゃが

エネルギー：237 kcal
たんぱく質：11.0 g
脂質　　　：11.9 g
食塩相当量：2.7 g

材料名	1人分	（　）人分
肩ロース （牛肉／豚肉）	40 g	
じゃがいも	100 g	
たまねぎ	50 g	
にんじん	30 g	
さやえんどう	5 g	
しらたき	25 g	
油	4 g	
水	100 g	
しょうゆ	18 g	
砂糖	9 g	
酒	5 g	

1. じゃがいもは皮をむき芽を取って四つ切り程度に切り，水に浸す。
2. たまねぎはくし形，にんじんは乱切りにする。
3. さやえんどうは，へたとすじを取り，ゆでておく。そのゆで汁でしらたきをゆで，アク抜きをしておく。
4. 肉を2 cm幅に切り，鍋を熱してから油を入れて肉を炒める。
5. 肉の色が変わったら，じゃがいも，にんじん，たまねぎを入れ，油がまわるまで炒める。
6. 材料の八分目まで水を入れ，しらたきを加える。煮立ったらアクを取る。
7. しょうゆ，砂糖，酒を入れてふたをずらし，落としぶたをし途中で混ぜながら中火で（15分間ほど）煮る。
8. じゃがいもがやわらかくなったら，ふたを取り，煮汁が少なくなるまで煮る。
9. 器によそい，さやえんどうを彩りよく盛り，出来上がり。

きんぴら

　ごぼう，れんこん，うどなどを油で炒め，しょうゆ，砂糖等で調味して煮詰めたもの。仕上げにとうがらしで辛味をつける。調味パーセントはしょうゆ（10％，塩分として1.5％），砂糖3％程度。

　きんぴらの名は，金平浄瑠璃の主人公，金平に由来するといわれている。

■ごぼうの褐変と水さらし

　ごぼうはクロロゲン酸などのポリフェノール類とその酸化酵素であるポリフェノールオキシダーゼを多く含むので，剥皮したり切断して空気に触れると褐変する。褐変を防ぐためには，水（または酢水）に浸けて空気を遮断するとともに，ポリフェノール類を流出させる。ポリフェノールは抗酸化物質としても注目されているので，さらす水は浸る程度とし，長時間の浸漬は避けるとよい。

日本料理 4

炊き込み飯，吸い物，天ぷらのポイントをつかもう

- たけのこごはん
- 菊花豆腐の吸い物
- 天ぷら
- あおやぎとわけぎのぬた

献立構成	料理	調理法	SV		応用
主　食	たけのこごはん	炊く	主食 1.5	主菜 0.5	五目ごはん
汁	菊花豆腐の吸い物	汁物	主菜 0.5		若竹汁
主　菜	天ぷら	揚げる	副菜 1	主菜 1.5	
副　菜	あおやぎとわけぎのぬた	和える	副菜 1	主菜 0.5	

たけのこのゆで方と部位による使い分け

(付録⑦・⑧)

掘りたての新鮮なものは，やわらかくてうま味があり，刺身で食べられる。
時間が経過するとえぐ味が出てくるため，下ゆでをして用いる。

■ ゆで方
① 皮の硬い部分を除き，先端を斜めに切り落として皮の部分に縦に包丁を入れる。
② 大きな鍋に皮が付いたままのたけのこを入れ，たけのこがかぶるくらいの水と，水の容量に対して10〜15％の米ぬかを入れてやわらかくなるまで1時間くらいゆでる。
③ 火を止めて自然に冷めるのを待ってたけのこを取り出し，皮をむいて水で洗う。

＊米ぬかを用いるのは，ぬかのでんぷん粒子がたけのこのえぐ味のひとつであるシュウ酸を吸着するとともに，たけのこの表面を包んで酸化を防止し，色よくゆで上げるためである。米のとぎ汁を使うこともある。でんぷん粒子はコロイド粒子に相当するため，吸着作用がある。

■ 部位に適した料理法
A 姫皮： 椀種，和え物など
　　　　最もやわらかく，香りがある。
B 穂先： 椀種，酢の物，和え物など
C 中央部・下部： 煮物，たけのこごはん，炒め物，揚げ物など
　　　　下部はかたいので，繊維に直角に切る。

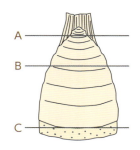

●たけのこごはん

エネルギー：255 kcal
たんぱく質：4.3 g
脂質　　　：0.6 g
食塩相当量：2.5 g

材料名	1人分	（　）人分
米	70 g	
水	96 g	
（米重量×1.5－液体調味料）		
a ┌ 酒	5 g	
├ 薄口しょうゆ ┐加水量の1％塩分	3.0 g	
├ 塩　　　　　┤塩分比	0.5 g	
└ みりん　　　┘しょうゆ：塩＝1：1	1.2 g	
たけのこ ┐米重量の50％	24 g	
鶏もも肉 ┘	12 g	
木の芽	1枚	

❶ 米は洗米し，分量の水に浸漬しておく。
❷ たけのこは2 mm厚さのいちょう切りにする。
❸ 鶏肉は1 cm角に切り，aの調味料をかけて混ぜる。
❹ たけのこ，aの調味料ごと鶏肉を加え，炊飯する。
❺ 炊き上がったら，全体を混ぜて茶碗に盛り，木の芽をのせる。

→ 出来上がり

応用・発展
●五目ごはん

エネルギー：276 kcal
たんぱく質：6.4 g
脂質　　　：2.3 g
食塩相当量：0.5 g

材料名	1人分	（　）人分
米	70 g	
水（米重量×1.5－液体調味料）	96 g	
塩	0.4 g	
薄口しょうゆ	4 g	
酒	5 g	
にんじん	5 g	
こんにゃく	10 g	
ごぼう	5 g	
鶏むね肉	10 g	
油揚げ	3 g	
干ししいたけ	0.5 g	
のり	0.1 g	

❶ 米は洗米し，分量の水に浸漬しておく。
❷ 油揚げは，油抜きして長さ2 cmのせん切りにする。こんにゃくは，幅1 cm，長さ2 cmの短冊切りにして下ゆでする。鶏肉は1 cm角に切る。
❸ ごぼうはたわしで表面をこすり，ささがきにして水にさらしておく。
❹ にんじんは長さ2 cmのせん切りにする。干ししいたけは水で戻し*，石づきを除いてせん切りにする。
❺ 具と調味料を加え炊飯する。
❻ 炊き上がったら，全体を混ぜて茶碗に盛り，好みで，せん切りののりをのせる。

※干ししいたけの戻し方はp.73参照　（付録⑭・⑮）

●揚げ物
＊食材を多量の油中で熱する調理法である。食材により適温，揚げ時間が異なる。
＊高温の油の中で，食材や衣の表面の水分が蒸発し，油が吸収され，歯もろい食感と油脂味を付与する。
＊揚げ物の種類として，食材をそのまま揚げる素揚げ，でんぷんや小麦粉を表面に付けて揚げる唐揚げ，小麦粉に水を加えた衣を付けて揚げる天ぷらなどがある。

■油温の目安
　少量の衣を入れたときの状態で判断することができる。

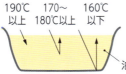

190℃以上　170～180℃以上　160℃以下　油

揚げ物の適温と時間

揚げ物	油温（℃）	揚げ時間の目安
ポテトチップス	130～140	8～10分
こいの唐揚げ	140～150	15分
二度揚げ	180	30秒
ドーナッツ	160	3分
青じその天ぷら	160	1～2分
フリッター	160～170	1～2分
いもの天ぷら	160～180	3分
鶏の唐揚げ	170～180	4～5分
魚介類の天ぷら	180	1～2分
クルトン	180～190	20～30秒
コロッケ	180～190	1～1.5分
かき揚げ	180～190	1～2分

●菊花豆腐の吸い物

エネルギー：35 kcal
たんぱく質：3.3 g
脂質　　　：1.8 g
食塩相当量：1.1 g

材料名	1人分	(　)人分
絹ごし豆腐 （3〜4 cmの立方体）	50 g	
だし汁	150 g	
塩	0.7 g	
しょうゆ	1.8 g	
春菊	12 g	
ゆず	少々	

1. 混合だしをとる。
2. 春菊をさっとゆでて水に取り、水けを絞って、一口大に切る。
3. 豆腐は底の方を5 mmくらい残して縦横に5 mm幅で切り目を入れる。

> 豆腐を挟むように割り箸を置いて切ると、底まで切れない。

4. ゆずの皮を直径1 cm程度の円形にそぎ取る（へぎゆず）。
5. 鍋にだし汁と塩、しょうゆを入れて調味する。
6. 豆腐を穴じゃくしにのせて吸い地で温めて広げ、椀に盛る。春菊を入れて吸い地を張り、吸い口としてゆずを添える。

出来上がり

応用・発展
●若竹汁

エネルギー：16 kcal
たんぱく質：0.7 g
脂質　　　：0.0 g
食塩相当量：1.3 g

材料名	1人分	(　)人分
たけのこ	10 g	
乾燥わかめ	0.5 g	
だし汁	150 g	
酒	7.5 g	
薄口しょうゆ〕だし汁の	1.5 g	
塩　　　　　0.6〜0.7%塩分	0.8 g	
木の芽	1枚	

1. 混合だしをとる。
2. たけのこは薄いくし形に切る。わかめは水で戻し、2 cm角に切る。
3. 鍋にだし汁、たけのこを入れて火にかける。わかめを入れて酒、薄口しょうゆ、塩で調味する。
4. ひと煮立ちしたら火を止め、椀に注ぎ、吸い口の木の芽をのせる。

●わかめの種類と吸水による重量変化
わかめは天然と養殖があり、2〜5月の旬の時期には生わかめが流通するが、それ以外は塩蔵品や乾物（素干し、灰干し）を利用することが多い。戻しすぎると歯ごたえが悪くなるので、戻し時間は5分間程度にする。

●わかめの色
わかめは褐藻類で、クロロフィルのほかにフコキサンチンというカロテノイドを含んでいる。この色素は、わかめが生のときはたんぱく質と結合して赤色になっているため、緑と赤が混ざった褐色を呈する。熱を通すとたんぱく質が変性するため、フコキサンチンが遊離して本来の橙黄色となり、クロロフィルによる色が強く表れて鮮やかな緑色になる。

吸い物の構成

■椀種
　汁の実のことをいい、一般的に魚介類、鶏肉、練り製品、卵類、豆腐、湯葉などがある。たんぱく質を多く含む材料が使われる。

■つま
　椀種のあしらいで、野菜、きのこ類、海藻類などの季節のもので椀種を引き立てる。

■吸い口
　木の芽・ゆずの皮・みつば・みょうがなど、汁に香りと季節感を添えるものが使われる。

■吸い地
　だし汁を調味した吸い物の汁のこと。

●天ぷら

エネルギー：261 kcal
たんぱく質：12.1 g
脂質　　　：13.2 g
食塩相当量：12.4 g

材料名	1人分	（　）人分
えび	20 g	
きす	30 g	
オクラ	20 g	
にんじん	10 g	
生しいたけ	10 g	
衣		
薄力粉（揚げ種の20％）	18 g	
卵　卵水の重量：粉の1.7〜2.0倍	9 g	
冷水　卵：水＝1：3（容量比）	27 g	
天つゆ		
だし汁	40 g	
しょうゆ	8 g	
みりん	8 g	
揚げ油	適量	
大根（おろし）	30 g	

① だしをとり，鍋に天つゆの調味料を入れて火にかけ，ひと煮立ちさせる。

② 揚げ種の下処理をする。
えび：　頭と背わたを取り，尾を残して殻を取る。尾先とけん先を切って水を出し，腹側に数か所切り込みを入れる。
きす：　うろこ，頭を取り，背開きにして内臓を取る。中骨は尾に近いところを残して切り取り，腹骨をすく。
オクラ：　枝付きの部分を切り落とし，がくをぐるりとむく。真ん中に包丁で切り込みを入れる。
にんじん，生しいたけ：にんじんは4cm長さの薄切りか短冊切りにする。生しいたけはかさを花切りにする（p.51参照）。

③ 衣を準備する。卵をときほぐして冷水を加え，ふるった粉を入れて軽く混ぜる。

④ 揚げ油を170℃に温める。

⑤ 揚げ種に衣を付けて野菜を揚げ，180℃に上げて魚介類を揚げる。

⑥ 皿に敷き紙を敷き立てるように盛り付け，大根おろしを手前に添える。

出来上がり

（付録㉑・㉒）

●敷き紙の折り方

慶事・日常

仏事

●あおやぎとわけぎのぬた

エネルギー：86 kcal
たんぱく質：3.9 g
脂質　　　：0.7 g
食塩相当量：1.5 g

材料名	1人分	（　）人分
あおやぎ	20 g	
わけぎ	40 g	
生わかめ	15 g	
からし酢みそ		
白みそ	18 g	
砂糖	5 g	
酢	6.5 g	
練りからし	少々	

① あおやぎはさっと熱湯に通してすぐ水に取って冷まし，水けを切る。

② わけぎはゆでて冷まし，3cmくらいに切る。

③ わかめは熱湯に通して水に取り，2〜3cm角に切る。

④ みそ，砂糖，酢を鍋に入れて弱火で練り，冷まして練りからしを混ぜる。

⑤ あおやぎ，わけぎ，わかめを④の酢みそで和える。

出来上がり

ぬ　た

みそのどろりとした様子が「沼田」を連想させることから，酢みそ和えを「ぬた」ともいう。ねぎやわけぎの野菜類のほか，まぐろ，いか，貝類，うどなども用いられる。

●からりとした天ぷらにするには

＊油温の管理とともに，衣に粘りを出さないことが重要である。グルテンの形成を抑えるために，衣の調製は揚げる直前に行い，薄力粉を用いて，粉と水分を合わせた後は混ぜすぎないようにする。また，15℃の冷水を使うとよい。

＊衣の薄力粉に，重曹（薄力粉重量の0.2％）やベーキングパウダー（2〜3％）を混ぜると，加熱中に二酸化炭素が発生し，水分が蒸発しやすくなり，時間経過に伴う吸湿を抑える。

＊油を適温に保つために，一度に材料を入れる量は，揚げ鍋の表面積の1/2〜1/3が隠れる程度にとどめる。

（付録㉝）

日本料理 5

もち米の調理，魚の姿焼きを祝い膳に活かしてみよう

- ● 赤飯（こわめし）
- ● 吉野鶏のすまし汁
- ● あじの塩焼き
- ● 柿の白和え

献立構成	料理	調理法	SV		応用
主 食	赤飯（こわめし）	炊く	主食 1		三色おはぎ
汁	吉野鶏のすまし汁	汁物	主菜 0.5		鶏の治部煮
主 菜	あじの塩焼き	焼く	主菜 5		
副 菜	柿の白和え	和える	果物 0.5		

● こわめし（強飯） (付録⑤・⑥)

- ＊もち米を蒸した飯をいう。
- ＊こわめしはもち米の1.6〜1.9倍重量に仕上げると，ちょうどよいかたさになる。したがって，もち米に必要な加水量は，もち米重量の約1.0倍でよい。この加水量では，水面から米が出ている状態であり均一に炊くことができないため，蒸すのが適する。
- ＊蒸す前に，もち米を十分に浸漬させる。もち米はうるち米よりも吸水性が大きく，2時間の浸漬で飽和状態（約40%）になる。浸漬米を蒸し，不足分の水は，加熱中のふり水で補う。
- ＊もち米にうるち米を加えると加水量が増えるので炊くことができる。25%程度をうるち米に置き換えるとよい。加水量は次式により求める。
  加水量＝もち米重量×1.0＋うるち米重量×1.5
- ＊電子レンジを用いても調理できる（p.45参照）。

● 混合だしのうま味 (付録⑫)

　すまし汁や吸い物には昆布とかつお節の混合だしがよく使われる。昆布の主なうま味成分はグルタミン酸ナトリウム，かつお節はイノシン酸ナトリウムである。アミノ酸系のグルタミン酸ナトリウムと核酸系のイノシン酸ナトリウムは同時に，または継続して味わうと，両者の和よりも著しく強いうま味を呈する。これを味の相乗効果という。

● 焼き物

- ＊高温乾式加熱であり，直火焼きと間接焼きに大別される。直火焼きは，熱源に直接食品をかざして加熱する方法であり，間接焼きは鍋やフライパンを媒介して加熱する方法と，オーブンを使用して焼く方法がある。
- ＊食品の表面は，150〜250℃程度の高温に接するので，水分が減少して味が濃縮され，アミノカルボニル反応が促進されて焦げ色や風味が生じる。一方で内部は表面部からの熱伝導により加熱され，水分が適度に保持されるのが望ましい。
- ＊直火焼きは「遠火の強火」がよいといわれる。火力の強い炭火焼きが理想とされ，輻射熱を利用して食品全体を均一に焼く。ガス火の場合は輻射熱が少ないため，焼き網を置き，焼き網からの輻射熱を利用する。

■ 魚介の塩焼き

- ＊一般には，魚重量の1〜2%の塩をふって焼く（ふり塩）。魚の表面が脱水され，肉が締まり，弾力が増す。また魚臭のもととなる水溶性トリメチルアミンも流れ出るため，脱臭効果もある。
- ＊魚の塩焼きを美しく仕上げるためにふる塩のことを「化粧塩」という。焼く直前に，魚の表面や尾ひれ，胸びれなどにまぶし付ける。また，ひれに念入りにすり込むと，焦がさないで仕上げることができる。

第2部　実習編

● 赤飯（こわめし）

エネルギー：231 kcal
たんぱく質：4.8 g
脂質　　　：1.0 g
食塩相当量：0.4 g

材料名	1人分	（　）人分
もち米	60 g	
ささげ（もち米の10〜20％）	8 g	
黒ごま	0.5 g	
塩	0.4 g	

1. もち米を洗米し，ざるにあげる。
2. 豆を煮る。洗った豆を鍋に入れ，水を入れて火にかける。沸騰したら渋切りをする。鍋に豆重量の6〜7倍の水を入れ，豆を20分ほど煮る。
3. 豆とゆで汁を分ける。ゆで汁に米を1時間以上浸ける。
4. 蒸し器の準備をする。強火で加熱し蒸気を出す。蒸し布を水でぬらして硬く絞り，蒸し器に敷く。
5. 米と浸け汁に分ける。
6. 米を蒸し布に広げ，蒸気が通るように真ん中にくぼみをつける。米の上に豆を散らし，40分程強火で蒸す。途中で2回ほど，浸け汁をふり水として，むらなく全体にかける。
7. 蒸し上がったら飯台に移し，少しあおいで余計な水分を取る。器に盛ってごま塩をふる。

→ 出来上がり

● 渋切り
小豆やささげ，いんげん豆を煮る際，色調や食味を損なうサポニンやタンニン系物質を除去するため，沸騰したらゆで水を一度取りかえる。

● 小豆とささげ
赤飯には小豆やささげが用いられるが，ささげの方が縁起がよいとされる。小豆はゆでるときに皮が裂けやすく，「腹切れ」した豆は切腹に通じるため，その昔，武士の間で嫌われた。

● 電子レンジで加熱する場合
もち米…320 g（2カップ），ささげ…50 g，ささげのゆで汁…320 g
① ささげは上記調理法と同様にゆでる。
② もち米は洗米後，耐熱容器に入れて豆のゆで汁に1時間程浸ける。
③ 豆を加え，600 Wでラップをしないで10分間加熱し，軽く混ぜてラップをして5分間加熱，最後に10分間蒸らす。

応用・発展

● 三色おはぎ

エネルギー：579 kcal
たんぱく質：9.5 g
脂質　　　：2.3 g
食塩相当量：0.5 g

材料名	1人分	（　）人分
もち米	40 g	
うるち米	16 g	
水	68 g	
小豆	30 g	
a 砂糖	ゆで小豆の40〜60％重量	
塩	0.13 g	
b 砂糖	生あんの60％重量	
塩	0.13 g	
c きな粉	2.5 g	
砂糖	2.5 g	
塩	0.03 g	

1. もち米とうるち米を洗米，浸漬し，炊飯する。容器に移し，先端をぬらしたすりこぎで軽く半つぶしにする。
2. 小豆をゆでる。鍋に洗った小豆と小豆重量の5倍程度の水を入れて加熱し，弱火で5分程度煮る。湯を捨て（渋切り），豆重量の5倍程度の新しい水を加えて，アクを取りながらやわらかくなるまで煮る（40〜60分程度）。ゆで小豆とゆで汁に分ける。
3. つぶあん衣（a）をつくる。ゆでた小豆の重さを量り，2/5の分量の豆を鍋に入れてすりこぎでつぶし，ゆで小豆の重量の40〜60％程度の砂糖をゆで汁とともに少しずつ加えて煮詰める。最後に塩を加える。
4. こしあん衣（b）をつくる。すり鉢に❷のゆで小豆の3/5を入れ，すりこぎですりつぶす。途中で水または残りのゆで汁を少量加えて，しっかりとすりつぶす。水をかけながらざるでこし，こされたあん粒子を布袋（またはクッキングペーパー）に入れて絞る。布の中の生こしあんの重量を量り，鍋に入れ，生こしあんの60％程度の砂糖を何回かに分けて入れて煮詰める。最後に塩を加える。
5. きなこ衣（c）をつくる。きな粉に砂糖，塩を混ぜる。
6. 飯をa，b，c用に3：3：5程度に分け，1個ずつ丸める。a，bは，ぬらして固く絞ったふきんを手のひらに広げ，あんを広げて飯を中央に置き，ふきんを利用してあんで飯を包む。あんの分量は飯重量と同量程度がよい。cはボウルに入れ，飯を転がしてまぶし，形を整える。

あんの種類
■ 粒あん　豆の形のままやわらかく煮上げ，砂糖を加えたもの。
■ こしあん　豆を煮てすりつぶし，ざるなどで種皮を除いたものをこし袋に入れて絞ったものを生こしあん，これに砂糖を加えたものをこしあんという。一般に生あんは，生こしあん。
■ さらしあん　生こしあんを水にさらしたあと，脱水して乾燥させたもの。

● 吉野鶏のすまし汁

エネルギー ： 28 kcal
たんぱく質 ： 4.3 g
脂質 ： 0.2 g
食塩相当量 ： 1.4 g

材料名	1人分	（　）人分
だし汁（混合だし）	150 g	
塩	0.8 g	
薄口しょうゆ	1.5 g	
鶏ささみ	20 g	
塩	0.2 g	
酒	1 g	
くず（片栗粉）	1 g	
みつば	3 g	
ゆず	少々	

❶ 混合だしをつくる。

❷ みつばの軸はさっと熱湯に通し，結びみつばにする。

❸ 鶏ささみはすじを取り，そぎ切りにする。塩，酒をふり，しばらく置いたのち，ペーパーで水けを取る。

❹ ささみの両面に片栗粉を薄くまぶし，すりこぎで軽くたたいて平らにのばす。熱湯でゆでざるにあげる。

❺ だし汁を塩，薄口しょうゆで調味する。

❻ 椀にささみ，みつばを盛り，熱い吸い地をはる。吸い口にゆずを添える。

→ 出来上がり

◆ 糊化でんぷんが鶏肉のまわりをおおうことにより，滑らかな舌触りになる。また，被膜となり食材の持ち味を保つ。本来はくず粉を用いることから，産地として有名な奈良県吉野の名前がついた。鶏肉に小麦粉をまぶす料理に「鶏の治部煮」もある。

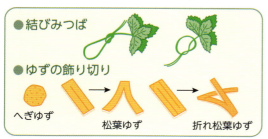

● 結びみつば
● ゆずの飾り切り
へぎゆず　→　松葉ゆず　→　折れ松葉ゆず

応用・発展

● 鶏の治部煮

エネルギー ： 107 kcal
たんぱく質 ： 13.2 g
脂質 ： 1.3 g
食塩相当量 ： 0.9 g

材料名	1人分	（　）人分
鶏むね肉またはもも肉	60 g	
小麦粉	2 g	
だし汁	40 g	
砂糖	0.3 g	
みりん	5 g	
酒	5 g	
薄口しょうゆ	5 g	
小松菜	15 g	
しめじ	15 g	
生麩（紅葉麩）	6 g	

❶ 鶏肉は繊維に直角になるようにそぎ切りにし，小麦粉を薄くまぶす。

❷ 鍋にだし汁，調味料を煮立たせる。

❸ 鶏肉を1枚ずつ重ならないように入れ，中火で煮る。

❹ 小松菜は長さ4 cmに切る。しめじは石づきを切り落とし，小房に分ける。
生麩は7 mm幅程度に切る。

❺ 鶏肉を鍋の片側に寄せ，空いたところに小松菜，しめじ，生麩を入れ，軽く煮る。

❻ 器に汁ごと盛る。

● 治部煮
　石川県金沢の郷土料理であり，本来はかも肉を使う。名前の由来は，煮るときの音，人名など諸説ある。

おどり串の打ち方

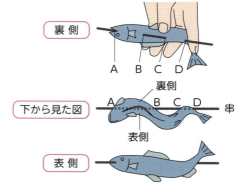

裏側
下から見た図
表側

魚の頭を右に，腹側を手前にして目の下Aに串を刺し，表に串が出ないようぬうようにすくい出し（B），再びすくい出して（C→D）串を裏に出す。

●あじの塩焼き

エネルギー：208 kcal
たんぱく質：27.0 g
脂質　　　：7.2 g
食塩相当量：3.1 g

材料名	1人分	(　)人分
あじ，あゆなど	1尾	
塩	魚の重量の1.5%	
《酢どりしょうが》		
葉しょうが	1本	
塩	0.2 g	
酢	10 g	
砂糖	6 g	

1. 酢どりしょうがをつくる。葉しょうがは茎を6～7 cm残して切り，根を筆，またはきねの形に整える。塩を加えた熱湯でさっとゆですぐに甘酢に漬ける（根しょうがの薄切りでも同様にできる）。

2. 魚のうろこ，えらを取り，裏身に切り込みを入れて内臓を取り出す。あじはぜいごも取る。

3. 水洗いして水けを拭き取り，分量の塩を魚の両面にふり，20分程おく。

4. さっと水洗いをして水けを拭き取り，「おどり串*」を刺し，胸びれと尾に化粧塩をふる。

5. 強火で上身の方から適度な焦げ目がつくまで焼き，下身の方は中火でゆっくり焼く。

6. 火から下ろして熱いうちに金串を回しておく。冷えてから串を静かに抜く。

7. 魚の頭を左側，腹を手前にして皿に盛り，酢どりしょうがを前盛りにする。

●しょうがの整え方

筆しょうが

きねしょうが

出来上がり

◆天然あゆは，岩石に付着した藻類を食べるため，内臓の独特の香気が賞味される。したがって，あゆの場合は内臓を取り出さず，塩は焼く直前にふる。

*「おどり串」の刺し方は左図参照。

(付録㉗・㉘)

●柿の白和え

エネルギー：159 kcal
たんぱく質：4.0 g
脂質　　　：2.7 g
食塩相当量：1.0 g

材料名	1人分	(　)人分
柿	30 g	
こんにゃく	20 g	
きくらげ（乾）	0.7 g	
a ┌ だし汁	20 g	
├ 薄口しょうゆ	2 g	
└ 砂糖	1 g	
木綿豆腐（具の約50％）	25 g	
白ごま	2 g	
白みそ	2 g	
b ┌ 塩	0.5 g	
├ 砂糖	1.6 g	
└ 煮切りみりん	3 g	

1. 豆腐を大きく割いて熱湯に入れ，約10秒間加熱し，ざるにあげて，ふきんで水けを絞る。

2. こんにゃく，戻したきくらげは，長さ3 cm，厚さ3 mm程度のせん切りにする。こんにゃくは下ゆでする。

3. こんにゃく，きくらげをaで煮て冷ましておく。

4. 柿は長さ3 cm，厚さ3 mm程度のせん切りにする。

5. 炒った白ごまをすり鉢に入れてする。

6. 白みそ，豆腐を入れてすり混ぜ，bの調味料を加えて混ぜる。

7. 和え衣にこんにゃく，きくらげ，柿を加えて和え，小鉢に盛る。

出来上がり

●豆腐の水切り
　生のままふきんで包んで重石をのせる方法や，電子レンジで加熱する方法もある。もとの重量の70％程度になるように水を切る。

●煮切りみりん
　みりんは40～50％程度の糖分と約14％のアルコールを含んでいる。加熱して鍋を傾けて火を入れ，アルコール分をとばしたものを煮切りみりんといい，アルコールが約0.3％まで減少し，うま味と甘味が残る。

●しょうがの色素
　しょうがに含まれるアントシアニン色素は酸性で赤くなるため，しょうがを甘酢に漬けると淡い桃色になる。

日本料理 6

ちらしずし，茶碗蒸しの基本を覚えて応用してみよう

- ● ちらしずし
- ● はまぐりの潮汁
- ● 炊き合わせ（高野豆腐・さやえんどう・梅花にんじん）
- ● 茶碗蒸し

献立構成	料理	調理法	SV			応用
主 食	ちらしずし	炊く	主食 1.5	副菜 0.5	主菜 1	しめさば
汁	はまぐりの潮汁	汁物				
主 菜	炊き合わせ（高野豆腐・さやえんどう・梅花にんじん）	煮る	副菜 0.5	主菜 0.5		
副 菜	茶碗蒸し	蒸す	主菜 1.5			土瓶蒸し

● 蒸し物

＊水を沸騰させて発生した水蒸気を熱媒体とする。水蒸気が食品に触れると，食品の表面で水に戻る。このときに発生する凝縮熱（100 ℃で 2.3 kJ/g）により食品が加熱される。

＊蒸気の上がった蒸し器に食品を入れ，食品の表面が 100 ℃になるまでは強火で加熱し，その後は調理に応じて火を調節する。いも類，穀類，まんじゅう，蒸しパンなどは強火で，茶碗蒸し，カスタードプディングなどの希釈卵液の調理品は 85 〜 90 ℃程度が適する。

＊蒸す道具として，金属製の蒸し器や，竹や木を編み込んだせいろ（蒸籠）が使われる。金属製の蒸し器は加熱中，蓋の裏側に付いた凝縮水が食品に落ちるので，ふきんをふたに挟む必要がある。せいろはふたの網目から蒸気が適度に抜けるため必要ない。

● 魚のおろし方

＊二枚おろしは，頭を切り落として中骨の上に包丁を当てて上身をはがし，中骨のついた下身と 2 枚に分ける。

＊三枚おろしは，二枚におろした魚の下身の中骨をはずし，上身，中骨，下身に分ける。

■ 希釈卵液の調理

＊卵のたんぱく質はだし汁や牛乳などで希釈しても加熱により凝固する。卵豆腐，カスタードプディング，茶碗蒸しなどはなめらかでやわらかい仕上がりにするため，静置加熱で主に蒸し加熱が行われる。

＊卵液の過熱は「すだち」の誘因となる。すだちは卵液の溶存気体が気泡化し，集まって水蒸気が入り込んで大きくなり，周囲のたんぱく質が凝固することにより形成されたものであり，外観や舌触りを悪くする。卵液を予備加熱する，温度上昇速度を緩慢にする，90 ℃以下で蒸す，などの方法で防ぐことができる。

料理例と卵の希釈割合

料理	希釈割合 卵：希釈液
オムレツ	1：0.1〜0.3（牛乳）
だし巻き卵	1：0.3〜0.4（だし汁）
卵豆腐	1：1〜2（だし汁）
カスタードプディング	1：2〜3（牛乳）
茶碗蒸し	1：3〜4（だし汁）

●ちらしずし

エネルギー：406 kcal
たんぱく質：11.1 g
脂質　　　：2.4 g
食塩相当量：3.1 g

材料名	1人分	(　)人分
米	80 g	
水	114 g	
昆布	1.2 g	
合わせ酢		
酢（米重量の15％）	12 g	
塩（米重量の1.5％）	1.2 g	
砂糖（米重量の5％）	4 g	
かんぴょう（ゆでると7倍）	2 g	
干ししいたけ（戻し率4〜5倍）	2 g	
a　だし汁	20 g	
砂糖	4 g	
しょうゆ	3 g	
にんじん	10 g	
b　だし汁	10 g	
砂糖	1 g	
塩	0.2 g	
れんこん	10 g	
c　だし汁	3 g	
砂糖	1 g	
塩	0.2 g	
酢	2 g	
卵	15 g	
d　砂糖	1 g	
塩	0.2 g	
さやえんどう	3枚	
白身魚（たら）	30 g	
e　塩	0.3 g	
砂糖	4 g	
食紅	少々	
のり	0.5 g	
紅しょうが	3 g	

① すし飯をつくる*。洗米後，切り目を入れた昆布とともに浸漬し，炊飯する。昆布は沸騰直前に取り出す。

② 合わせ酢をつくる。
＊p.52参照

⑪ 飯が炊けたら熱いうちに飯台に山形に取り出し，合わせ酢をかける。しゃもじで切るように混ぜ，うちわであおいで冷やす。

⑫ ④，⑤の具はすし飯に混ぜ合わせ，⑥〜⑩は上に彩りよく飾る。紅しょうがを添える。

→ 出来上がり

③ かんぴょうを塩もみして水洗い後，鍋にかんぴょう重量の約10倍の水を加えてやわらかくなるまでゆでる（爪でちぎれるようになるまで）。

④ 戻してせん切りにしたしいたけと1cm幅に切ったかんぴょうを鍋に入れ，aの調味料を加えて汁がなくなるまで煮る。

⑤ にんじんは長さ2cmのせん切りにし，bの調味料で煮る。

⑥ れんこんは花れんこんに切り，酢水にさらし，cの調味液でさっと煮て火から下ろし，そのまま浸けておく。

●花れんこんの切り方

⑦ 卵はdで調味して薄焼き卵をつくり，冷めたらせん切りにして錦糸卵にする。

⑧ さやえんどうはすじを取って塩ゆでにし，斜めせん切りにする。

⑨ 白身魚はゆでて皮や小骨を除き，ふきんに包んで流水でもみ，身をほぐす。4〜5本の箸を使ってeの調味料とともにごく弱火で炒り上げてそぼろにする。

⑩ のりは中表にしてあぶり，はさみでせん切りにする。

応用・発展
●しめさば

エネルギー：134 kcal
たんぱく質：10.7 g
脂質　　　：10.1 g
食塩相当量：3.2 g
（しょうゆは除く）

材料名	1人分	(　)人分
さば（正味）	60 g	
塩（魚重量の10〜15％）	6〜9 g	
酢（魚重量の30％）	18 g	
しょうが	2.5 g	
穂じそ	1本	
しょうゆ	3 g	

① 鮮度のよいさばを三枚におろし，腹骨を除く。

② さばの両面に塩をふり，ざるにのせ，冷蔵庫内で1〜2時間おく。

③ ②を水洗いして水けを拭き取り，分量外の酢に通す（酢洗い）。バットに分量の酢とさばを入れ，30分間以上漬ける。途中で表裏をひっくり返す。

④ さばの酢を切り，血合いの小骨を骨抜きで抜く。皮目を上にして，頭の方から皮をむく。

⑤ 厚さ5〜7mm幅の平作りや二枚包丁*にして，器に盛り付ける。

⑥ おろししょうがを添え，穂じそを飾る。小皿にしょうゆを入れる。

＊一度切り目を入れ，二度目に切り離す手法のこと。

●酢締め　　　　　　　　　　　（付録㉙）
魚に塩をふり，魚肉を締めてから酢に漬ける方法で，あじ，さばなどに用いられる。魚臭を消し，酸味を付与し，たんぱく質の凝集によりかたく締まった魚肉の食感を賞味する。

塩で締める方法として，ふり塩法（直接ふる），立て塩法（食塩水に漬ける），紙塩法（ぬらした和紙を魚肉の上に置いて塩をする）などがある。

刺身の盛り付け

刺身は，けん，つま，辛味などを一緒に盛り合わせて，つけしょうゆを添える。盛り付けに風味と彩りを添えるだけでなく，生魚の生臭みを消すはたらきもある。けん，つま，辛味を総称して「つま」ということもある。

■けん　白髪大根，きゅうり，にんじんのせん切りなどが用いられ，刺身の後ろに高く盛ったり，下に敷いたりする。

■つま　芽じそ，穂じそ，たで，青じそ，浜防風，水前寺のり，食用菊などが用いられ，刺身の横や手前に添える。

■辛味　わさび，しょうが，大根おろしなど。

日本料理 6

ちらしずし／はまぐりの潮汁／炊き合わせ（高野豆腐・さやえんどう・梅花にんじん）／茶碗蒸し

日本料理　49

● はまぐりの潮汁

エネルギー：18 kcal
たんぱく質：1.3 g
脂質　　：0.1 g
食塩相当量：1.6 g

材料名	1人分	(　)人分
はまぐり	2個	
水	150 g	
昆布	1.5 g	
酒	3 g	
塩	0.8 g	
みつば	3 g	
ゆず	少々	

1. はまぐりは2～3％の塩水に浸けて砂を吐かせたのち，貝同士をこすり合わせて洗う（砂出しは一晩冷暗所におくとよい）。
2. 鍋に分量の水，昆布，はまぐりを入れ，火にかける。沸騰直前に昆布を取り出し，貝の口が開いたらアクを取る。
3. 酒と塩を入れて調味し，椀に盛る（はまぐりは殻と身をはずしておくと食べやすい）。
4. 結びみつばとゆずを添える。

→ 出来上がり

潮 汁

新鮮な魚貝のうま味成分を賞味する汁物で，塩味だけで仕上げる。はまぐりはうま味を呈するコハク酸，グリシン，アラニン，グルタミン酸などを多く含む。

● **炊き合わせ**
別々に煮た食材を，1つの器に盛り合わせたもの。

● **青煮**　　　　　　　　　　　　（付録⑳）
食材の緑色をいかした煮物で，短時間加熱した後に塩とだし汁に漬けて味を含ませる。

● 炊き合わせ
（高野豆腐・さやえんどう・梅花にんじん）

エネルギー：131 kcal
たんぱく質：5.2 g
脂質　　：3.1 g
食塩相当量：1.7 g

材料名	1人分	(　)人分
《高野豆腐の含め煮》		
高野豆腐（戻し率6倍）(0.5枚)	9 g	
だし汁	80 g	
酒	6 g	
みりん	12 g	
砂糖	4 g	
塩	0.4 g	
薄口しょうゆ	1.7 g	
《さやえんどうの青煮》		
さやえんどう	8 g	
だし汁	10 g	
塩	0.2 g	
砂糖	0.4 g	
《梅花にんじんの煮物》		
にんじん	40 g	
だし汁	20 g	
砂糖	1.8 g	
みりん	3.6 g	
塩	0.6 g	

《高野豆腐の含め煮》
1. 高野豆腐に50～70℃の温湯を注ぎ，5分ほど戻す。その後，両手で押して汁けを絞り，半分に切る。
2. 鍋にだし汁と調味料を入れて火にかけ，高野豆腐を入れて落としぶたをし，中火で煮る。煮汁が少なくなったら火を止め，そのまま味を含ませる。

《さやえんどうの青煮》
1. さやえんどうのへたとすじを取る。沸騰した湯に1％程度の塩を入れ，歯ごたえが残る程度に短時間ゆでる。ざるにあげて，冷ます。
2. 調味しただし汁を煮立たせ，さやえんどうを入れてさっと煮て手早く冷ます。
3. 煮汁が冷めたらさやえんどうを漬け，中まで味を含ませる。

《梅花にんじんの煮物》
1. にんじんは約8 mmの輪切りにして，梅花にんじんの形に切る。
2. ❶にかぶるくらいの水を加えて2分ほどかために下ゆでする。
3. 鍋にだし汁，調味料，にんじんを入れ，落としぶたをして煮含める。

● それぞれの煮物を盛り合わせて → 出来上がり

●茶碗蒸し

エネルギー：74 kcal
たんぱく質：8.9 g
脂質　　　：2.8 g
食塩相当量：1.3 g

材料名	1人分	（　）人分
鶏ささみ	15 g	
a［薄口しょうゆ	0.8 g	
酒	0.8 g	
えび	1尾	
生しいたけ	小1/2枚	
ぎんなん	1個	
みつば	2 g	
かまぼこ（1枚）	10 g	
卵	25 g	
だし汁	75 g	
塩	0.5 g	
薄口しょうゆ	1 g	

●花えび
尾を残して背側を切り開く。背わたを取る。背側を外側にして，尾のけん先を頭部の方に突き刺す。

❶ 具の下ごしらえをする。
鶏ささみ：すじを取り，そぎ切りにしてaで下味をつける。
えび：尾を残して殻を取り，花えびにする。
生しいたけ：軸を取り，笠を花切りにする。
ぎんなん：殻をむき，鍋に入れて浸る程度の湯を沸かす。穴じゃくしを使って薄皮をむきながら2分程ゆでる。
みつば：長さ3 cmに切る。
かまぼこ：薄切りにする。

❷ だし汁に塩と薄口しょうゆを加える。

❸ ボウルに卵を割りほぐし，❷を加えて泡立てないように混ぜてこす。

❹ 茶碗に❶の具を入れ，❸を静かに注ぎ入れる。蒸気の上がった蒸し器に入れ，85～90℃で約15分間蒸す。蒸し上がりぎわにみつばを入れる。

●梅花にんじん

ねじり梅
＊p.129参照

●しいたけの花切り

出来上がり

応用・発展

●土瓶蒸し

エネルギー：50 kcal
たんぱく質：4.8 g
脂質　　　：0.9 g
食塩相当量：1.3 g

材料名	1人分	（　）人分
まつたけ（小1/2本）	13 g	
あまだい	20 g	
ぎんなん	2粒	
みつば	3 g	
生麩	8 g	
だし汁	150 g	
塩　　　　　［塩分	1 g	
薄口しょうゆ　汁の0.8%	1 g	
酒	4.5 g	
すだち	1/6個	

❶ 具の下ごしらえをする。
まつたけ：石づきを斜めに削り，ぬれふきんで傘を軽く拭く。小さいものは縦に四つ割りにし，大きいものは長さを2つに切ってから四～六つ割りにする。
たい：そぎ切りにして，さっと湯通しする。
ぎんなん：殻をむき，ゆでる。
みつば：長さ3 cmに切る。または結びみつばにする。
生麩：7 mm幅程度に切る。

❷ 土瓶に❶の具を入れる。

❸ 鍋にだし汁と調味料を入れて温める。

❹ 土瓶に吸い地をはる。

❺ 蒸気の上がった蒸し器にふたを少しずらした土瓶を並べ，10分間ほど加熱する。最後にみつばを入れてふたをして余熱で火を通す（網の上に置いて直火にかけてもよい）。

❻ ふたの上に杯をふせて置き，くし形に切ったすだちをのせる。

●土瓶蒸しの食べ方
杯とふたを取り，すだちのしぼり汁を土瓶の中に入れて再びふたをする。最初は汁を杯でいただく。あとは汁と具を交互に味わう。

応用・発展

小田巻き蒸し　うどんが入った茶碗蒸し料理。ゆでうどん（100～120 g）に温湯をかけてほぐし，水けを切って器に入れ，上記の具を適宜入れ，卵液を注いで同様に蒸す。消化がよいため，夜食や病人食にも適する。

空也蒸し　豆腐を入れた茶碗蒸し料理（p.138参照）。

日本料理　51

日本料理 7

のり巻き，いなりを行楽弁当やパーティにも活かしてみよう

- すし飯
  （太巻きずし・いなりずし）
- しめ卵のすまし汁
- 筑前煮（炒り鶏）

献立構成	料理	調理法	SV		応用
主　食	すし飯 （太巻きずし・いなりずし）	炊く	主食　2	主菜　0.5	四海巻きずし
汁	しめ卵のすまし汁	汁物	主菜　0.5		えびしんじょのすまし汁
主　菜	筑前煮（炒り鶏）	炒める　煮る	副菜　2	主菜　1	
副　菜					

●すし飯のつくり方 (湯炊き法の場合)

① 米は洗米し，ざるにあげておく。

② 昆布は切り込みを入れ，分量の水を入れた鍋に 30 分間以上浸漬しておく。

③ 鍋を火にかけ，沸騰直前に昆布を取り出す。

④ 完全に沸騰したら，①の米とみりんを加え，ふたをして 5 分間加熱する。その後 15 分間，中～弱火で加熱し，消火後 10 分間蒸らす。

⑤ 炊き上がったら，水でぬらしたふきんで拭いた飯台に飯を入れ，熱いうちに合わせ酢を加え，ふたなどで覆いをして 10 秒間程おいてから飯粒をつぶさないようにしゃもじで，切るように混ぜる。

⑥ 均一に混ざったら，すし飯を広げ，うちわであおいで冷ます。

● すし飯

エネルギー：465 kcal
たんぱく質：7.5 g
脂質　　　：1.1 g
食塩相当量：2.1 g

材料名	1 人分	（　）人分
米	120 g	
水	166 g	
（米重量の 1.3 倍＋昆布吸水量 10 g）		
昆布	1 g	
みりん		
合わせ酢		
┌ 米酢（米重量の 15%）	18 g	
├ 塩（酢の 10%）	1.8 g	
└ 砂糖（酢の 25%）	4.5 g	

●すし飯

＊ 炊き上がった飯は合わせ酢と合わせるため，炊飯時の加水量は米重量の 1.35 倍とし，合わせ酢の液体重量は米の 0.15 倍とする。昆布を加えて炊く場合は，昆布重量の約 5 倍を吸水量として加水する。

＊ 合わせ酢を混ぜ合わせるとき，うちわなどであおぐと余分な水分が蒸発して飯の表面が引き締まり，艶のあるすし飯に仕上がる。また木製の飯台は余分な水分を吸う効果もある。

＊ 合わせ酢はすしの種類により配合を調整する。酢は米重量に対して 13～15%，塩は 1.3～1.5%，砂糖は 5～7% である。関西風ちらしずしやいなりずしは砂糖が多めで，にぎりずしなど生魚を用いる場合は砂糖を控える。

●太巻きずし

エネルギー ：423 kcal
たんぱく質 ：11.1 g
脂質   ：4.1 g
食塩相当量 ：3.2 g

材料名	1人分	( )人分
すし飯	200 g	
焼きのり	1枚	
かんぴょう（乾物）	5 g	
干ししいたけ	2.5 g	
だし汁（＋干ししいたけ戻し汁）	40 g	
砂糖	8 g	
しょうゆ	8 g	
卵	30 g	
砂糖	2.5 g	
塩	0.25 g	
酒	1 g	
サラダ油	適量	
桜でんぶ	4 g	
さやいんげん	10 g	

【応用・発展】

●四海巻きずし

エネルギー ：1067 kcal
たんぱく質 ：28.5 g
脂質   ：32.6 g
食塩相当量 ：7.0 g
※栄養価計算は1本分の値

材料名	1人分	( )人分
すし飯	450 g	
青のり	2 g	
さけフレーク	12 g	
ゆかり	2 g	
ツナ（缶詰）	80 g	
マヨネーズ	15 g	
焼きのり	3枚と1/2枚	

❶ すし飯100 gに青のり，150 gにさけフレーク，200 gにゆかりを混ぜておく。ツナは油気を切ってからマヨネーズを加えて混ぜておく。
❷ のり1/2枚に青のりの飯をのせて細巻きをつくる。
❸ のり3/4枚にさけフレークのすし飯を広げ，真ん中に❷の細巻きをのせて巻く。
❹ のり1枚にゆかりのすし飯を広げ，真ん中に❸をのせて巻く。
❺ 巻き終わったらラップで巻いて10分間おき，包丁で縦に4等分に切る。
❻ 1と1/4枚ののりを広げ中心部が角，外周部が内側になるように並べ中央の隙間にツナを詰めて四角形になるようにのりで巻く。
❼ 10分くらいおいてから，包丁で切る。

---

❶ 干ししいたけは7～8倍量の水で戻し5 mm幅に切る。

❷ かんぴょうはさっと水洗いし，塩小さじ1/2（分量外）をふりかけてしなやかになるまでもみ，水で塩を洗い流す。かんぴょうがかぶるくらいの水に入れ，十分にやわらかくなるまでゆでる（約30分間）。

❸ だし汁と❶の戻し汁に調味料を加え，❶の干ししいたけと2のかんぴょうを入れて落としぶたをして煮る。かんぴょうは全体に色がついたら（沸騰から2～3分間）引きあげ，干ししいたけを煮汁がなくなるまでふたを取って煮詰める。

❹ いんげんはゆでておく。

❺ 卵は割りほぐし，砂糖，塩，酒を混ぜ厚焼き卵をつくる (p.30参照)。

❻ 中心部までしっかり火の通った卵焼きに仕上げ，卵焼きを冷まし，太巻きの芯になるように1 cm角の棒状に切る。

❼ 2枚ののりを中表に合わせ，強火の遠火であぶる。

●巻き方

❽ のりの表を下にして巻きすに置く。手を酢水で湿らせすし飯を取り，のりの手前1 cm，向こう側2～3 cm残して平らに広げる。

▷ のりの両端まですし飯を広げる。

❾ すし飯の手前1/3のところを少しくぼませ，卵焼き，いんげん，かんぴょう，桜でんぶ，しいたけの順に重ね合わせるように置く。
巻きすの手前をしっかり持ち，指で具を抑えながら手前から向こう側にすし飯の端と端を合わせるような感覚で一気に巻き込む。巻きすの手前を持って引き締め，巻く。

❿ 包丁をぬれふきんで拭きながら，7～8等分に切る。

【出来上がり】

●いなりずし

エネルギー：253 kcal
たんぱく質：9.2 g
脂質　　　：12.2 g
食塩相当量：1.3 g

材料名	1人分	(　)人分
すし飯	60 g	
油揚げ	1枚	
だし汁（＋干ししいたけ戻し汁）	30 g	
砂糖	7 g	
しょうゆ	5 g	
白ごま（いり）	3 g	
紅しょうが（せん切り）	2.5 g	

1. 油揚げはざるに広げて熱湯をかける，あるいは熱湯をくぐらせて油抜きをする。
2. ❶の油揚げを半分に切り，すりこぎをころがして表と裏をずらし，ずれた部分を開いて袋状にする。
3. 鍋にだし汁と砂糖，しょうゆを入れて加熱し，沸騰したら❷の油揚げを入れ表裏を返しながら煮汁を含ませ，落としぶたをして弱火で煮汁がなくなるまで煮含める。
4. すし飯にいり白ごまと5 mm長さに刻んだ紅しょうがのせん切りを混ぜ，1個あたり30～35 gの俵型のおにぎりをつくる。
5. ❸の油揚げの1枚は裏返して❹のすし飯を詰め，油揚げの端をもう片方の中に入れ込みかんぴょうで巻いてしばる。もう1枚の油揚げはそのままですし飯を詰めて油揚げの端をもう片方に入れ込み，形を整える。

出来上がり

●盛り付け
大皿に太巻きずしは少し立てかけるように，いなりずしは揃えて盛り付ける。

●ポイント
- すし飯は太巻きずしが200 g以上，いなりずしは1個あたり30～35 gが目安。
- 巻きすにのせるすし飯は左右の両端をほんの少し厚めにすると巻きやすい。
- 巻きすにのせる具材は大きくしっかりしたものを手前，ばらばらになるものは向こう側に置くと，巻くときに具材を指で押さえやすく崩れにくい。

●しめ卵のすまし汁

エネルギー：49 kcal
たんぱく質：4.0 g
脂質　　　：3.1 g
食塩相当量：1.4 g

材料名	1人分	(　)人分
卵	1/2個	
ゆで水	卵の10～20倍	
塩	ゆで水の0.8％	
春菊	10 g	
だし汁	150 g	
塩	1 g	
しょうゆ	1 g	
みつば	2 g	

1. 混合だしをとる。
2. たっぷりの熱湯に塩を入れ，沸騰したら溶いた卵を静かに回し入れる。
3. 再沸騰して卵がフワフワと浮いてきたら火を止め，ざるの上に広げたふきんにあける。
4. ふきんの両端を持って，円筒状になるように巻きすでさらにぐっと巻いて絞る。
5. ある程度水分を絞れたら，割り箸を3本用意し，巻きすの上から割り箸を当て，巻きすとともに輪ゴムで両端をしっかり止めて形をつける。
6. 冷めたら幅2～2.5 cmに切る。
7. 春菊は葉と茎に分けて1％の塩水でゆで，水に取って絞って3 cmくらいに切る。
8. 椀にしめ卵と結びみつばを盛り，だし汁に塩，しょうゆを加え温めて椀に注ぐ。

出来上がり

●しめ卵のつくり方
卵
割り箸

応用・発展

● えびしんじょの すまし汁

エネルギー：55 kcal
たんぱく質：7.7 g
脂質　　　：0.2 g
食塩相当量：1.9 g

材料名	1人分	（　）人分
芝えび	40 g	
塩（1%）	0.4 g	
卵白	5 g	
酒	4 g	
だし汁	10 g	
浮粉または片栗粉	2 g	
だし汁	150 g	
塩	0.8 g	
生しいたけ（1枚）	20 g	
しょうゆ	2 g	
みつば	2本	
ゆず	適量	

❶ えびの頭，殻と背わたを取り，身を包丁でたたく。
❷ えびと塩，卵白，酒，だし汁10 gと浮粉をフードプロセッサー（ミキサー）にかけてなめらかにする。
❸ ❷を団子状に丸め，塩を入れただし汁でゆでて沸騰したらアクを取り，椀種として椀に盛る。
❹ 飾り切りした生しいたけを❸のだし汁に入れて味を調え，煮立ったら，椀に盛り付ける。
❺ だし汁を注ぎ入れ，みつばとゆず（へぎゆずあるいは松葉ゆず）を飾る。

◆浮粉は小麦粉のでんぷん。片栗粉（じゃがいものでんぷん）でも代用できる。

しんじょ

　魚介類や鶏肉のすり身にやまのいも，卵白，塩，調味料などを加えてすり混ぜたもの（しんじょ地）を，ゆでたり蒸したり，揚げたりして加熱したもの。椀種にするほか，各種料理に用いられる。すり混ぜる操作はフードプロセッサーを用いると簡単にできるが，すり鉢を用いる場合は，あらかじめ包丁で細かく切っておくと操作しやすい。塩と片栗粉はすり身の粘りと弾力を高めるはたらきをしている。

● 筑前煮（炒り鶏）

エネルギー：251 kcal
たんぱく質：11.3 g
脂質　　　：11.5 g
食塩相当量：1.7 g

材料名	1人分	（　）人分
鶏もも肉	50 g	
ゆでたけのこ	30 g	
ごぼう	30 g	
れんこん	30 g	
にんじん	30 g	
干ししいたけ	2 g	
こんにゃく	35 g	
さやいんげん	10 g	
ごま油	4.2 g	
二番だし汁	42 g	
酒	3 g	
しょうゆ	10 g	
砂糖	6.4 g	
みりん	6.4 g	

❶ 鶏肉は一口大のそぎ切りにし，酒としょうゆの半量をもみ込んで下味をつける。

❷ ごぼう，にんじん，たけのこ，れんこんは一口大の乱切りにする。干ししいたけは水に浸けて戻しそぎ切りにする。こんにゃくは一口大にちぎり，ゆでておく。さやいんげんはすじを取り，さっとゆでておく。

❸ 鍋を熱し，ごま油を入れて鶏肉を色が変わるまで炒め，取り出しておく。

❹ ❸の鍋でごぼう，たけのこ，干ししいたけ，れんこん，にんじん，こんにゃくの順に炒める。全体に油が回ったら，だし汁を入れて煮立てる。アクを取り，野菜がやわらかくなるまで煮る。

❺ ❸の鶏肉を戻して残りの調味料を入れ，煮汁がなくなるまで煮て最後にさやいんげんを散らす。

● ポイント
・炒り鶏は炒めてから煮る炒り煮であるので，汁はなくなるまで加熱する。
・ごぼうやれんこんに含まれるポリフェノールの酸化により変色するので，切ったらすぐに水に浸けておく。

出来上がり

日本料理 8

米の炊き方やみそ汁の種類の応用範囲を広げよう

- 玄米ごはん
- 三州みそ汁
- ぶりの照り焼きと菊花かぶ
- ひじきの煮物

献立構成	料理	調理法	SV		応用
主　食	玄米ごはん	炊く（圧力鍋）	主食　0.5		
汁	三州みそ汁	汁物			
主　菜	ぶりの照り焼きと菊花かぶ	焼く漬ける	副菜　0.5	主菜　3	魚のホイル焼き
副　菜	ひじきの煮物	煮る	副菜　0.5		切干し大根の煮物

●みその種類と特徴（麹, 塩分濃度, 熟成期間）

　日本のみその原型は大和時代に朝鮮半島を経て，日本に伝来したとされる中国の「豉」であり，中国の古文書によると無塩もしくは有塩の発酵大豆食品とされている。

　日本におけるみそは米，麦あるいは大豆を蒸煮して麹菌を培養した米麹，麦麹，あるいは豆麹のいずれかを蒸し煮した大豆に食塩と混合し発酵および熟成させて半固体状にしたものである。千年以上の歴史の中で，各地の気候や風土に合わせたみそが発達してきた。「手前みそ」という言葉があるように，工業的にみそがつくられ，販売されるようになるまでは各家庭でつくることが一般的であった。

　みその種類は麹の種類と食塩濃度で分けられ，米麹を使用する米みそは食塩濃度で甘みそ，甘口みそ，辛口みその3種に分類される。麦麹を使用する麦みそは甘口と辛口がある。代表的な地域ごとのみそとして，仙台みそ，江戸甘みそ，信州みそ，などがある。

●圧力鍋
（付録④）

　鍋とふたを密封する構造になっている鍋で，水を入れて加熱すると鍋内の圧力が上がる。内部の水蒸気圧を上げて水の沸点を上げ，短時間で調理することが可能となり，圧力鍋の内部温度は2気圧で120℃，圧力の高いものは2.45気圧で128℃程度になる。鍋の圧力は蓋についたおもりで調節し，安全性を確保するために，内圧が下がらないとふたが開かない構造になっている。

　この高温や高圧により，組織を軟化するのに時間のかかる食品，たとえば玄米や豆類，結合組織の多い肉や魚の骨なども比較的短時間でよりおいしく調理することができる。加熱中に材料の動きが静かであり，大きな食材でも煮くずれが起きにくく，一般の鍋よりも少量の水で調理できるため，食材に含まれる水溶性の栄養成分を食材外に流出させにくい。米や豆を調理すると，一般の鍋よりも粘性が出るのが特徴である。

● 玄米ごはん

エネルギー：242 kcal
たんぱく質：4.2 g
脂質　　　：1.9 g
食塩相当量：0.0 g

材料名	1人分	(　　)人分
玄米	70 g	
水	105 g	
（米重量の1.5倍）		

1. 圧力鍋（高圧）に洗って十分に吸水させた玄米を入れ，分量の水を入れる。
2. 沸騰まで強火，沸騰したら加圧が継続できる程度の火加減で18分間加熱。
3. 消火して蒸らしは10分間。

出来上がり

● ポイント　（付録③・④）

- 玄米は十分に吸水させるため，できれば2時間以上浸漬する。
- 現在は炊飯器に玄米コースが準備されているものも多く，その指示に従えばやわらかく炊くことができる。

米の種類

■米の色々

米は搗精（とうせい）の度合いの違いで分けた場合は精白米のほか，胚芽米，玄米がある。その他，環境に配慮した無洗米，雑穀を混ぜて炊く"かて飯"があり，それぞれ利用されている。

無洗米ごはん

無洗米	70 g
水	105 g（米重量の1.5倍）

胚芽飯

胚芽米	70 g
水	105 g（米重量の1.5倍の加水量：炊飯器で炊く場合）

五穀飯

うるち米	66 g
五穀米	4 g
水	105 g（米重量の1.5倍）

● 三州みそ汁

エネルギー：40 kcal
たんぱく質：2.9 g
脂質　　　：1.4 g
食塩相当量：1.5 g

材料名	1人分	(　　)人分
三州みそ（八丁みそ）	12 g	
混合だし		
かつお節（仕上がり量の2％）	3 g	
昆布（仕上がり量の1％）	1.5 g	
水	180 g	
庄内麩（板麩）	1/5枚	
じゅんさい	15 g	
青しその葉	1/2枚	
粉からし	少々	

1. 庄内麩はぬれふきんに10分間包んでおいて，やわらかくしてから5 mm幅に切る。
2. 三州みそは少量のだし汁でのばしておく。
3. じゅんさいは水洗いしておく。青しその葉は洗って水けを拭き取り，せん切りにする。
4. 鍋にだし汁を入れ，その中に庄内麩を入れて沸騰させる。
5. 沸騰したら火を弱めてみそを溶かし入れ，じゅんさいを入れて火を止める。
6. 椀に庄内麩とじゅんさいと汁を盛り，❸の青しそと水で溶いた粉からしを適量加える。

出来上がり

● ポイント

- 三州みそとは八丁みその別名。豆麹を使用したみそであるため，色は非常に濃い黒赤色でうま味や酸味や渋みは濃厚で香りも強い。主に愛知県（三州），三重県と岐阜県でつくられている。
- じゅんさいは沼地や沢に自生する宿根多年草の芽や茎で，初夏に採取される。特徴として茎や葉はゼリー状粘質物でおおわれているので，それを残すように扱うことが重要である。秋田県や山形県が主産地。
- 庄内麩は山形県の庄内地方でつくられる板麩である。

日本料理　57

● ぶりの照り焼き と菊花かぶ

エネルギー：222 kcal
たんぱく質：15.5 g
脂質　　　：14.1 g
食塩相当量：2.3 g

材料名	1人分	(　)人分
《ぶりの照り焼き》		
ぶり（1切れ）	80～100 g	
しょうゆ（魚の10%）	8 g	
みりん（魚の10%）	8 g	
《菊花かぶ》		
小かぶ（1個）	30～40 gくらい	
塩（かぶの3%）	0.9 g	
甘酢		
┌酢（かぶの10%）	3 g	
│砂糖（かぶの10%）	3 g	
└塩（かぶの0.5%）	0.15 g	
赤とうがらし	0.1 g	

《ぶりの照り焼き》

❶ 調味液にぶりを10分間漬けておく。

❷ オーブンで焼く場合は180 ℃で15分間，途中で調味液をはけで塗る。

❸ 焦げ色が早めについた場合はアルミホイルをかけて加熱を継続する。

※ぶりに下味をつけず，フライパンで焼き，後にたれを加えて煮からめる方法もある。

《菊花かぶ》

❶ 甘酢を合わせ，赤とうがらしはぬるま湯に浸けてやわらかくしてから輪切りにし，種を除く。

❷ 小かぶの茎を切り落とし，皮をむく。

❸ まな板に小かぶの茎を切り落とした面を下にして置き，下まで切り込まないように小かぶの前後に割り箸を置いて，約2 mmの間隔に縦，横に切り込みを入れる。

❹ 茎を切り落とした面に包丁の刃元で十字にかくし包丁（切り込み）を入れ，材料の3％の塩をふり，しんなりしたら，水洗いする。

❺ 甘酢に漬け込む。

《盛り付け》

❶ 皿の中央にぶりの照り焼きをのせる。

❷ 小かぶを菊の花びらのように開かせ，ぶりの前盛りとして右手前に盛り付ける。彩りに赤とうがらしの輪切りをのせる。

出来上がり

応用・発展

● 魚のホイル焼き

エネルギー：76 kcal
たんぱく質：12.1 g
脂質　　　：0.2 g
食塩相当量：2.2 g

材料名	1人分	(　)人分
魚（生たら1切れ）	80 g	
塩（魚の0.8%）	0.6 g	
酒	2 g	
生しいたけ	1枚	
塩	0.1 g	
酒	0.6 g	
大根	20 g	
にんじん	10 g	
ポン酢		
┌酢	7 g	
│薄口しょうゆ	8 g	
└だし汁	3 g	
すだち	1/8個	

❶ 魚は塩，酒をふる。

❷ 生しいたけは，そぎ切りにして塩と酒で下味をつける。

❸ 大根，にんじんは短冊切り。

❹ アルミホイル（大体30×30 cm）に大根とにんじんを敷いて魚を置き，しいたけをのせる。

❺ 空気を抜くようにきれいに包む。

❻ 80 ℃のオーブンで10分間焼く。ポン酢の材料を合わせ，小皿に入れてすだちのくし形切りを添える。

● ポイント

- 大根とにんじんはいちょう切りあるいは，抜き型で桜や梅に抜いてもよいが，厚すぎると火が通りにくくなるので注意。飾り切りの場合は上に飾る。
- ポン酢は，ゆずやレモンの絞り汁を利用するとよい。

包み焼き

　アルミホイルや紙などで，魚，肉野菜などの材料を包み，オーブンやフライパンで加熱したもの。食材の水分で蒸し焼きにするため，香りと素材の味が保たれ水溶性成分の流出が少ない。加熱中に調味できないので，あらかじめ，下味をつけておくか，ソースやみそなどをかけて焼くか，加熱後に調味料を添える。包材により，ホイル焼き，紙焼き（奉書焼き，パピヨット），塩釜焼き（塩と卵白）などの種類がある。

●ひじきの煮物

エネルギー：73 kcal
たんぱく質：4.7 g
脂質　　　：2.8 g
食塩相当量：0.7 g

材料名	1人分	（　）人分
芽ひじき（乾物）	2 g	
	（水戻し後約10 g）	
にんじん	5 g	
さやいんげん	4 g	
こんにゃく（アク抜き）	12 g	
油揚げ	2 g	
大豆の水煮	30 g	
サラダ油	2 g	
だし汁	30 g	
砂糖	4 g	
しょうゆ	3 g	
酒	3 g	

❶ ひじきはたっぷりの水（10倍以上）で戻す。
にんじんは短冊切りにする。
さやいんげんはさっとゆでて斜め切りにする。
こんにゃくは短冊切りにしてゆでる。
油揚げは短冊に切り，油抜きをする。

❷ 熱した鍋に油を入れ，水を切ったひじきを炒める。

❸ 油がまわったら，にんじん，大豆，こんにゃく，油揚げを入れて混ぜ，だし汁を入れて煮る。

❹ 材料がやわらかくなったら，砂糖，しょうゆ，酒を入れ，煮詰める。

❺ 火を止めて，さやいんげんを混ぜて，盛り付ける。

出来上がり

応用・発展
●切干し大根の煮物

エネルギー：65 kcal
たんぱく質：1.4 g
脂質　　　：2.1 g
食塩相当量：0.8 g

材料名	1人分	（　）人分
切干し大根	12 g	
にんじん	5 g	
干ししいたけ	1 g	
サラダ油	2 g	
だし汁	30 g	
酒	1 g	
砂糖	1 g	
しょうゆ	5 g	

❶ 切干し大根はもみ洗いをしてからたっぷりの水に入れ，10分くらい戻す。

❷ にんじんは4 cmのせん切り，干ししいたけは戻してせん切りにしておく。あさりの水煮は汁と具を分けておく。

❸ 切干し大根を取り出し，固く絞る。

❹ 鍋にサラダ油を熱し，切干し大根，にんじん，干ししいたけを炒め，だし汁と酒と砂糖としょうゆを加えてやわらかくなるまで煮る。

●乾物の戻し
　乾物は水分を減少させて保存性を高めている。調理に際しては，水に浸けて十分に吸水させる必要があり，水戻し倍率は，切干し大根4〜5倍，乾燥ひじき8〜11倍，豆類2〜2.5倍，干ししいたけ4〜6倍である。調味するときは，戻し後の重量に対する割合で考える。

●ひじきの色
　褐藻類のひじきは，収穫前は濃い緑がかった褐色をしているが，渋みを取るため長時間ゆでると細胞内のタンニンが溶け出し，酸化して黒く変色する。ひじきは，カルシウム，食物繊維を豊富に含む。鉄分が多いとされていたが，2015年版食品成分表からはステンレス釜で煮熟後乾燥した値を収載しており，従来の鉄釜の約1/10の値となっている。

中国料理 1

基礎的な中国科理，湯菜，拌菜，炒飯をつくってみよう

- **涼拌三絲**（くらげの酢の物）
- **麻婆豆腐**（マーボー豆腐）
- **餛飩湯**（ワンタンスープ）
- **蟹粉蛋炒飯**（かにと卵の炒めごはん）

献立構成	料理	調理法	SV			応用
前 菜	涼拌三絲	拌菜（和える）	副菜 2	主菜 0.5		
大 菜	麻婆豆腐	煨菜（煮込む）	主菜 1.5			炒米粉
汁	餛飩湯	湯菜（スープ）	主菜 0.5			
点 心	蟹粉蛋炒飯	鹹点心（塩味系）	主食 1.5	主菜 0.5		五香茶葉蛋

（献立構成は p.8 参照）

◉中国のだし汁の種類と抽出方法の一例

湯菜［タンツァイ］

湯菜は汁物のことで，湯［タン］はスープストックのことも指す。湯は汁物料理だけでなく，煮物，蒸し物，あんかけなどにも使用され，料理の味を左右する。

＊魚翅［ユチ］（ふかひれ），燕窩［イェヌウォ］（海つばめの巣），海参［ハイシェヌ］（干しなまこ，きんこ），鮑魚［パオユ］（あわび）のような特殊食材の汁物は，主要料理大菜の最初に出されるが，一般的には，湯菜は，主要料理大菜の最後に出される料理である。特殊食材の時は，汁物が2度供されることになる。

湯の種類と主な材料

分 類	種 類	特 徴	使用する素材
材料による分類	葷湯［フンタン］	動物性食品からとる	鶏肉，豚肉，鶏骨，豚骨，ハム，干し貝柱，干しえび，するめなど
	素湯［スウタン］	精進材料である野菜，植物性の乾物類からとる	しいたけ，豆もやし，昆布，たけのこ，にんじんなど
清澄による分類	清湯［チンタン］	澄んだだし	材料は葷湯と同様
	奶湯［ナイタン］	白く濁っただし	鶏骨付き肉，豚骨
等級による分類	上湯［シャンタン］	一番だし	
	下湯［シャタン］	二番だし 上湯の残りの材料に半量の水を加えてとる	
	毛湯［マオタン］	普通のだし（家庭用）	

毛湯［マオタン］

材料名	仕上がり 1 L
水	1.5 L
鶏がら	2 羽分
長ねぎ	20 g
しょうが	20 g

鶏骨は肋骨の間にあるドリ（鶏類の肺臓）を取り除き，よく水で洗う。これを5〜6 cm のぶつ切りにし，深鍋に水とともに入れて強火にかける。沸騰したら火を弱め，アクをすくい取り，たたいた長ねぎとしょうがを加えて60〜90分間煮る。最後にふきんでこす。

60　第2部　実習編

●涼拌三絲（くらげの酢の物）
リャンパンサンスー

エネルギー：57 kcal
たんぱく質：3.6 g
脂質　　　：2.8 g
食塩相当量：1.4 g

材料名	1人分	(　)人分
塩くらげ	20 g	
a ┌ 酢	2 g	
├ しょうゆ	2 g	
└ 砂糖	0.6 g	
きゅうり	1/3本	
ロースハム	12 g	
b ┌ しょうゆ	5 g	
├ 酢	5 g	
├ 砂糖	1 g	
└ ごま油	1 g	
練りからし	少々	

❶ 塩くらげは30分間水に浸け塩抜きをする。

❷ 80℃くらいの湯をさっとかけ，ざるにあげて水を切り，合わせた調味料aをかけて下味をつける。

> くらげに湯をかけると身が締まる。透明感とつやも出て歯触りがよくなる。

❸ きゅうりは板ずりをし，4 cmのせん切りにする。

❹ ハムは4〜5 cmのせん切りにする。

❺ 器に材料を彩りよく盛り合わせる。

❻ 調味料bを合わせ，具にかける。練りからしを添える。

→ 出来上がり

●拌菜［パンツァイ］の特徴とポイント
- 涼拌は冷ました材料をソースで和えたもの。
- 拌菜とは，和え物，酢の物のことをいう。
- 材料は，生，加熱したもの，下味をつけたものなどである。
- 味や彩など，相性のよい材料を組み合わせる。
- かけ汁が材料に絡みやすいように，材料の切り方を考える。
- 材料の水分はよく切る。
- 食す直前にかけ汁をかけることが多い。

●蟹粉蛋炒飯（かにと卵の炒めごはん）
シェフェンタンチャオハン

エネルギー：369 kcal
たんぱく質：8.2 g
脂質　　　：12.2 g
食塩相当量：1.5 g

材料名	1人分	(　)人分
米	70 g	
水	95 g	
かに（缶詰）	12 g	
長ねぎ	3 g	
a ┌ 卵	20 g	
├ 塩	0.1 g	
└ 油	2.5 g	
グリンピース（冷凍）	5 g	
油（米重量の10%）	7 g	
b ┌ 塩	0.7 g	
└ 薄口しょうゆ	3 g	

❶ 米をかために炊いた後，軽くほぐして冷ます。

❷ 長ねぎを小口切りにする。

❸ 鍋に油とねぎを入れて香りを移し，水をよく絞ったかにを入れて火を通したら，❶の飯を入れて炒める。

❹ 冷凍グリンピースはさっとゆでておく。

> ❸の前に油ならしをする。フライパンを中火で2分間程度熱し，火を止めて0.5〜1カップの油を入れて弱火で3分間程加熱する。油煙が出てきたら火を止める。これを2〜3回繰り返す。

❺ 卵に塩を加えて，多めの油で半熟程度に炒め別の器に移し，粗くほぐしておく（a）。

❻ しょうゆと塩を合わせておく（b）。

❼ ❻を鍋肌から入れて大きくかき混ぜ，別器に移しておいた卵，グリンピースを入れて軽くかき混ぜて火を消す。

→ 出来上がり

●調理のポイント
- 冷飯を使うと炒めやすいが，炊飯直後に炒める場合にはかために炊き上げ，油脂量を米重量の15%程度（冷飯の場合は10%程度）にするとよい。
- 鉄製のフライパンは，炒める前に油ならしをすることで，フライパン表面に油の膜がつくられ，卵や飯が焦げつきにくくなる。

中国料理 61

麻婆豆腐（マーボー豆腐）

エネルギー ：197 kcal
たんぱく質 ：8.8 g
脂質 ：16.4 g
食塩相当量 ：1.4 g

材料名	1人分	(　)人分
豆腐	1/5 丁	
豚ひき肉	25 g	
長ねぎ	1/5 本	
にんにく	0.4 g	
油（炒め用）	8 g	
酒	3 g	
塩	0.3 g	
豆板醤	2 g	
甜麺醤	2 g	
湯 [タン]*	30 g	
しょうゆ	5 g	
片栗粉**	1 g	
油（仕上げ用）	1 g	

＊中華風だしの素を利用する場合は，水の0.6％程度を使用。
＊＊重量比で片栗粉1：水2の水溶き片栗粉にするとダマになりにくい。

① にんにくをみじん切りにする。
② 鍋を熱して炒め油を熱し，にんにくを炒めて，次にひき肉を加えてよく炒める。
③ 豆腐は約1cm角に切り，ざるに上げておく。
④ 酒，塩，豆板醤，甜麺醤を加えてよく混ぜ，湯，豆腐を入れて2～3分間煮込む。

> ひき肉を炒めたら，豆腐を加える前にしっかり肉に味をつけておくこと。スープの量は，豆腐の水分量に応じて加減する。

⑤ 長ねぎをみじん切りにする。
⑥ しょうゆを加えて味を調え，長ねぎをちらし，水溶き片栗粉でとろみをつける。
⑦ 最後に鍋の周りから油を加えて混ぜ，つやが出てきたら火を止める。

出来上がり

応用・発展

炒米粉（炒めビーフン）

エネルギー ：275 kcal
たんぱく質 ：5.5 g
脂質 ：15.8 g
食塩相当量 ：1.3 g

材料名	1人分	(　)人分
ビーフン	30 g	
豚肉	20 g	
a ┌ しょうが汁	0.5 g	
├ 酒	1.5 g	
└ 片栗粉	1 g	
たけのこ	15 g	
干ししいたけ	0.5 g	
しょうが	2 g	
さやえんどう	1.5 g	
長ねぎ	8 g	
油	8 g	
b ┌ 塩	0.5 g	
├ 砂糖	0.5 g	
├ しょうゆ	5 g	
├ 酒	5 g	
└ 湯（しいたけの戻し汁含む）	35 g	

① ビーフンはぬるま湯につけて戻す（温度によるがおよそ20分間程度）。
② 豚肉はせん切りにして，aのしょうが汁，酒をもみこみ，片栗粉を加える。
③ たけのこ，戻した干ししいたけ，しょうがをせん切りにする。長ねぎは小口切りにする。
④ さやえんどうはゆでてせん切り，または斜めに2つに切る。
⑤ 調味料と湯を合わせておく（b）。
⑥ 中華鍋に油を入れて熱し，長ねぎ，しょうがを炒めてから，豚肉を入れ色が変わる程度に炒めたら，しいたけ，たけのこを入れてさらに炒める。
⑦ ①のビーフン，⑤の調味料（b）の順に加え，中火程度で汁けがなくなるまで加熱する。
⑧ 皿に盛り付けて④を飾る。

豆板醤

そら豆を発酵させ，とうがらし，小麦粉，塩などを加えてねかせたとうがらしみそ。辛味が強く，四川料理でよく使われる。炒め物などで使うときは，はじめに弱火で炒めると香りと辛味が引きたつが，飛び散りやすいので注意する。にんにくやしょうがなども炒めるときは，一緒に加えて炒めるとはねない。

ビーフン

ビーフンは中国南部が発祥の地といわれ，インディカ米の米粉を麺に加工する。炒米粉は代表的な台湾料理である。そうめんやうどん，パスタなどの小麦麺が食べられない小麦アレルギーの人にとっては，米100％で製造されたビーフンはその代替となり，食事の選択の幅を広げ，栄養補給にも役立つ素材である。

62　第2部　実習編

餛飩湯（フントゥンタン）（ワンタンスープ）

エネルギー：104 kcal
たんぱく質：6.1 g
脂質　　　：4.4 g
食塩相当量：1.9 g

材料名	1人分	(　)人分
ワンタンの皮	3枚	
豚ひき肉	20 g	
長ねぎ	5 g	
しょうが	0.5 g	
塩	0.2 g	
しょうゆ	0.5 g	
酒	1 g	
ごま油	少々	
片栗粉	2 g	
毛湯（p.60参照）	200 g	
塩	1 g	
しょうゆ	3 g	
ごま油	1滴	
長ねぎ	8 g	

❶ 鶏骨から葷湯をとる。
❷ 長ねぎ，しょうがはみじん切りにし，肉をよくねり，調味料を合わせて混ぜる。
❸ 皮に肉をのせて包み，熱湯中でゆで，水を切る。
❹ 塩，しょうゆ，ごま油で湯の調味をする。
❺ ❸を器に入れて❹を注ぎ，小口切りの長ねぎをちらす。

→ 出来上がり

●ワンタンの包み方

(1)
肉を入れる。

(2)
三角に折って端をよく合わせる。

(3)
両端を合わせてひし形にする。

応用・発展

五香茶葉蛋（ウーシャンチャーイエタン）（卵のお茶煮）

エネルギー：77 kcal
たんぱく質：6.4 g
脂質　　　：5.6 g
食塩相当量：2.3 g

※栄養価計算は卵1個分の値

材料名	2～4人分	(　)人分
卵	2～4個	
水	800 g	
紅茶（番茶）	15 g	
しょうゆ	24 g	
塩	5 g	
五香粉	少々	

※鍋1つ分で記載。

❶ 卵は卵黄が中心になるように半熟程度にゆでる。
❷ 卵の殻をスプーンの裏でたたいて割れ目をつくる。
❸ 鍋に，水，お茶と全ての調味料とともに，卵を加えて，褐色になるまで煮る。
❹ 火を止め，冷めるまで汁に浸して味をしみこませる。

＊中国料理の香辛料①

五香粉［ウーシャンフェン］　中国を代表するミックススパイスで，一般的な配合では，さんしょう（または花椒），クローブ，シナモン（またはカシア）の3種類と，ダイウイキョウ，フェンネル，陳皮（みかんの皮を乾燥させたもの）のうちの2種類，計5種類のスパイスの粉末が混合されることが多い。香りが強いのでごく少量を肉料理などに用いる。

丁字［ティンツー］　丁香［ティンシャン］ともいう。チョウジの花のつぼみを乾燥したもの。つぼみの干したものをそのままか，粉末にして用いる。肉料理や加工食品の香りづけなどに使用される。

八角茴香［パーチャオホイシャン］　ダイウイキョウ。角［つの］を八つ出した形でヒシの実に似るが，特殊な強い香りがあり，肉，魚類の煮物や蒸し物に用いる。小茴香［ショウウイキョウ］は漬物に向く。芳香が強いので，使用量に注意。

ゆで卵の加熱方法

卵は，日数が経過するほど卵黄が偏って位置するため，卵黄を中心にしてゆで上げたい料理では，転がしながらゆでるとよい。水から卵を入れて沸騰するまで鍋の中で転がすと，卵黄が中心になり卵白の外側が先に凝固するため安定する。卵黄の中心がやわらかくなるようにゆでるためには，沸騰後5～7分間（半熟卵），完全に中心まで凝固させるには沸騰後12分間（固ゆで卵）加熱するとよい。

中国料理 2

片栗粉でとろみをつける溜菜と湯菜を習得しよう

- **辣白菜**（白菜の辛味酢油漬け）［ラバイツァイ］
- **古滷肉**（酢豚）［クルウロウ］
- **玉米湯**（とうもろこしスープ）［ユーミイタン］
- **蝦仁焼売**（えびしゅうまい）［シャーレンシャオマイ］

献立構成		料理	調理法	SV				応用
前 菜		辣白菜	拌菜（和える）	副菜	1			
大 菜		古滷肉	溜菜（あんかけ）	副菜	1	主菜	1.5	油淋鶏
汁		玉米湯	湯菜（スープ）	副菜	1			
点 心		蝦仁焼売	鹹点心（塩味系）	副菜	0.5	主菜	1.5	

◉ 湯菜の種類

種 類	性 状
清 湯	澄んだスープの総称
川 湯	実の多い澄んだスープ
奶 湯	濁ったスープのことで，濁っただしを仕立てたり，牛乳を加えてたりして白く仕上げる
会 湯	でんぷんを加えて薄くとろみをつけたスープ
羹 湯	濃度が濃く汁けが少なく，実が多いスープ

溜菜 [リュウツァイ]

　蒸したり，揚げたり，炒めたりした料理にでんぷんでとろみをつけたあんをかけたり，からめたりしたもの。口当たりがよくなり，冷めにくく，食欲をそそる。料理の汁もからめるので味や栄養分を逃がさない利点もある。

　あんは前もって調味料とでんぷんを合わせておく。でんぷんを別に入れる場合は2倍量の水で溶いておき，調味料の後から入れる。いずれも材料が煮立った状態のところに，でんぷんが固まらないようにかき混ぜながら流し入れる。

溜菜の種類

糖醋 [タンツウ]・醋溜 [ツウリュウ]
甘酢あん。しょうゆ，砂糖，酢にとろみをつけたもの。

醤汁 [チャンチー]
しょうゆあん。しょうゆ，酒を主とし，うす味に仕上げる。魚料理に向く。

玻璃 [ポーリー]・水晶 [シュイチン]・白汁 [パクチー]
しょうゆなどの有色調味料は使わずに，塩，酒などで調味し水晶のように仕上げる。

奶油 [ナイユウ]・奶汁 [ナイチー]
牛乳あん。

古滷肉（クルウロウ）（酢豚）

エネルギー：280 kcal
たんぱく質：10.2 g
脂質　　　：16.2 g
食塩相当量：2.7 g

材料名		1人分	（　）人分
豚もも肉		50 g	
a	しょうが汁	1 g	
	しょうゆ	3.5 g	
	酒	3 g	
	片栗粉	4本g	
	揚げ油	適量	
干ししいたけ		大1/2枚	
たまねぎ		30 g	
たけのこ		15 g	
にんじん		15 g	
ピーマン		6 g	
油（炒め用）		6 g	
b	しいたけの戻し汁	30 g	
	しょうゆ	9.5 g	
	塩	0.5 g	
	砂糖	8 g	
	ケチャップ	7 g	
	酢	6 g	
	片栗粉	2 g	

① 干ししいたけは水に戻し，石づきを取りいちょう切りにする。

② 豚もも肉は2 cm角に切り，aのしょうが汁，しょうゆ，酒に浸して下味をつけておく。

③ にんじんは乱切りにしてかためにゆで，たけのこは乱切りにして，臭みを取るために湯通しする。

④ たまねぎ，ピーマンは3 cm角に切る。

⑤ ❷の肉は揚げる直前に軽く水けを取り，片栗粉をつけて，160 ℃より揚げて180 ℃で仕上げる。

⑥ bの調味料を合わせておく。

⑦ 鍋に油を入れ，ピーマンを色よく炒めて別の器に取り出しておく。

⑧ 干ししいたけ，たけのこ，たまねぎを炒め，にんじん，❺の肉を入れて炒めたところへ，調味料bを加えて撹拌する。とろみがついてきたら，火からおろし，皿に盛り，❼のピーマンを散らす。

出来上がり

油淋鶏（ユーリンチー）（揚げ鶏の薬味ソースかけ）

応用・発展

エネルギー：317 kcal
たんぱく質：18.5 g
脂質　　　：18.5 g
食塩相当量：3.1 g

材料名		1人分	（　）人分
鶏むね肉		100 g	
a	塩	1 g	
	酒	3 g	
	しょうゆ	3.5 g	
	こしょう	少々	
片栗粉		適量	
揚げ油		適量	
長ねぎ		10 g	
にんにく*		1/5片	
しょうが		1 g	
b	しょうゆ	10 g	
	酢	6 g	
	砂糖	6 g	
	ごま油	2.5 g	
	湯[タン]	20 g	
レタス		1枚	

＊にんにくの代わりに香菜，パセリなどを利用してもよい。

① 鶏むね肉は余分な脂身を取り除き，合わせたaの調味料をかけ，下味をつける。

② 長ねぎ，にんにく，しょうがはみじん切りにする。

③ bの材料を合わせ，これに❷を加える。

④ ❶に片栗粉をたっぷりまぶす。油の量は肉が7～8割浸かる程度とし，上下を返しながら表面がカリカリになるまで160 ℃で揚げる（揚げ時間は，皮目7分間，返して3分間程度）。

⑤ レタスの水けを切って，長さ5 cm程度の太めのせん切りにする。

⑥ 揚げたての鶏肉❹を適当な大きさに切り分け，レタスを敷いた皿に盛り，❸の薬味ソースをかける。

油　淋

「油淋」とは，油を絶えずかけながら揚げるという意味である。

貧血食への展開

　鶏むね肉を，ヘム鉄を多く含む「鶏レバー」に置き換えることで，貧血食へと展開することができる。レバーは臭みが強いため，下処理として，薄い塩水に浸けて30分程度血抜きをする。油淋鶏では，揚げたときの香ばしさが付与されるだけでなく，香味野菜を多用するため，レバーをおいしくいただける調理のひとつである。

中国料理　65

● 辣白菜 (ラパイツァイ)
（白菜の辛味酢油漬け）

エネルギー：102 kcal
たんぱく質：0.5 g
脂質　　　：4.1 g
食塩相当量：0.5 g

材料名	1人分	(　)人分
白菜（茎）*	80 g	
にんじん	4 g	
しょうが	少々	
a ┌ 赤とうがらし	1/5 本	
│ 花椒（さんしょうの実）	少々	
│ ごま油	4 g	
│ 酢	20 g	
│ 砂糖	12 g	
└ 塩	0.5 g	

＊白菜の代わりにキャベツを用いてもよい。

1. 白菜は茎の部分を5 mmの幅で縦に切り，にんじんはマッチ棒くらいのせん切りにする。重量の1％程度の塩（分量外）をふり，しんなりしたら水けを切る。
2. しょうがはせん切りにして，❶に混ぜる。
3. 鍋にaのごま油を入れて，輪切りにした赤とうがらしとさんしょうの実を加えて熱し，酢，砂糖，塩を加えてひと煮立ちさせる。
4. ❸の調味料を❶の白菜にかけて，味を浸透させてから，皿に盛り付ける。

出来上がり

＊中国料理の香辛料②

花椒[ホワチャオ] さんしょう粒。粉末にしたものは花椒末[モー]（粉ざんしょう）。獣鳥肉の臭みを消し，また漬物，点心などに香味，風味をつけるのに用いる。山椒[シャンチャオ]は花椒と同じ。中国料理では葉は使わず，完熟果の果皮を粒のまま，または粉末にして用いる。
花椒塩[ホワチャオイエン] 食塩：粉ざんしょうを3：7の割で炒り混ぜ，うま味調味料少々を加える。炸菜[チャーツァイ]のふりかけや湯菜[タンツァイ]，炒菜[チャオツァイ]などに用いる。

● 玉米湯 (ユーミイタン)
（とうもろこしスープ）

エネルギー：80 kcal
たんぱく質：2.4 g
脂質　　　：1.9 g
食塩相当量：1.1 g

材料名	1人分	(　)人分
湯[タン]*	150 g	
とうもろこし	60 g	
（クリームスタイル）		
にんじん	5 g	
干ししいたけ	1 g	
油	1 g	
さやえんどう	5 g	
片栗粉	1.5 g	
塩	1 g (0.5 g)	

＊湯：市販だしの素を用いる場合は含まれる食塩量を考慮する。

1. にんじん，戻した干ししいたけはせん切りにする。
2. 鍋に油を入れ，❶を炒め，湯を加えて煮る。
3. ❷にとうもろこし(缶)を入れ，沸騰したところに水溶き片栗粉を加える。
4. さやえんどうはさっとゆでてせん切りにし，水をはったボウルに入れて種を除いておく。
5. 再沸騰してとろみがついたところで，塩味を調え，さやえんどうを加える。

出来上がり

市販だしの素

市販だしの素には，和風，中華風，洋風などがあり，形状にも粉末，顆粒，液体などの種類がある。これらには，調味料として糖類や食塩が添加されており，固形コンソメや中華風だしの素に含まれる食塩相当量は重量の40〜50％である。市販だしの素を利用してスープを調理する場合には，塩味が強くなりやすいため，その使用量に注意するほか，減塩や食塩不使用の商品なども利用するとよい。

蝦仁焼売（えびしゅうまい）
シャーレンシャオマイ

エネルギー ： 179 kcal
たんぱく質 ： 8.3 g
脂質 ： 9.2 g
食塩相当量 ： 1.2 g

材料名	1人分	（　）人分
《皮》		
薄力粉	10 g	
微温湯	6 g	
塩	少々	
打ち粉（片栗粉）	適量	
《具》		
豚ばらひき肉	25 g	
えび	25 g	
たまねぎ	30 g	
酒	2 g	
塩	0.5 g	
こしょう	少々	
片栗粉	5.5 g	
グリンピース	2 g	
a [練りからし	適量	
しょうゆ	適量	
サラダ菜	1 枚	

● 焼売のいろいろ

■ **炸焼売**［チャーシャオマイ］　揚げ焼売。焼売が残って冷えたときなど，中温の油に焼売を入れ，中心部まで加熱し最後に火力を強めてカリッと揚げる。蒸していない焼売も同じ要領で揚げる。

■ **即席焼売**　2枚の皿に小麦粉と片栗粉を入れ，最初に中身を小麦粉の中で転がし別の皿に取って霧をかけて湿らす。次に片栗粉の中に転がし手で形を整えて蒸す。皮がないときに便利で，咀嚼力が衰えた人にも向く。

■ **四喜焼売**［スーミーシャオマイ］　花焼売。直径15 cm くらいの丸い皮の中央に，普通の倍量の中身を入れて四隅を中央でしっかり張り合わせ，4枚の花弁をつくる。ゆで卵の黄身と白身，ハムとグリンピースのみじん切りを詰めて蒸す。

粉［フエン］

　粉［フエン］は麺［ミエン］，飯［ファン］とともに鹹点心に分類され，粉を原料として肉，野菜などを混ぜて包み，種々の形に成形して加熱し，軽食やおやつ代わりとする。餃子［チャオズ］，焼売［シャオマイ］，饅頭［マントウ］，餛飩［ワンタン］など。皮は強力粉を使うのが基本であるが，家庭向きには薄力粉を半量程度混ぜると作業しやすい。中身は，鳥獣肉，魚介類などに長ねぎ，たまねぎ，たけのこ，しいたけ，白菜，キャベツなどの野菜を取り合わせる。

《具》

② 殻と背わたを除いて洗ったえびをたたき，ひき肉とともにボウルに入れ，酒とこしょうを加えてよくこねる。

③ たまねぎをみじん切りにし，水けを絞り，肉に加え，塩，片栗粉を加えて混ぜる。

《皮》

① 微温湯に塩を加えて薄力粉と混ぜてこね，滑らかな生地になったらぬれふきんに包み，30分間放置する。

④ 片栗粉を打ち粉として使いながら，生地を長方形にのばす。

⑤ 二つ折りにして麺棒で対角線方向にのばし，逆の角度でも行い，広げて左右に平らにのばす。これを3回繰り返す。

⑥ 7～8 cm 幅のびょうぶだたみにして，7～8 cm 幅に切り，さらに四角になるように切る。

⑦ 皮に中身をナイフでのせ，左手の指を皮で中身を包むように回しながら右手のナイフで上部を押さえて形をつくる。中央にグリンピースをのせる。

⑧ 蒸し器に ⑦ を並べて強火で 10～13 分間蒸す。

⑨ サラダ菜を敷き，焼売を盛り，a のからしょうゆを添えて供する。

→ 出来上がり

● 焼売の包み方

(1) 指で輪をつくる。

(2) 皮をのせた上にピンポン玉くらいに丸めた具材をのせる。

(3) 丸めるように包む。

(4) 底を平らにする。

(5) 上を平らにならす。

中国料理 2
辣白菜／古滷肉／玉米湯／蝦仁焼売

中国料理

中国料理 3

前処理後に高温短時間加熱する炒菜のつくり方を学ぼう

- **熗黄瓜**（きゅうりの炒め物）
- **青椒牛肉絲**（牛肉とピーマンの細切り炒め）
- **西湖魚羹**（魚と卵白の薄くず汁）
- **奶豆腐**（牛乳かん）

献立構成	料理	調理法	SV			応用
前 菜	熗黄瓜	拌菜（和える）	副菜 0.5			
大 菜	青椒牛肉絲	炒菜（炒める）	副菜 1	主菜 1.5		回鍋肉
汁	西湖魚羹	湯菜（スープ）	主菜 0.5			
点 心	奶豆腐	甜点心（甘味系）				杏仁豆腐

◉炒菜［チャーツァイ］の特徴とポイント

- 材料を強火で高温短時間で加熱する調理法。
- 少量の油で直接炒める方法，油通しした後で炒める方法がある。
- 材料の栄養素の損失は少なく，材料の持ち味が生きる。
- 材料の切り方，大きさをそろえる。
- 材料は全部切って，材料ごとにまとめておく。
- 調味料は一般にあらかじめ合わせておく。
- 鍋を十分に熱する。
- 油を熱く加熱してから材料を入れる。
- 材料に九分通り火が通ったら火から下ろす。

寒天の特性

原料	海藻（紅藻類）
成分	炭水化物（アガロース，アガロペクチン）
種類	棒寒天，粉寒天，糸寒天など
ゲル化濃度	0.5〜2％
溶解温度	80℃以上（一般的に100℃で加熱）
凝固温度	30〜40℃
融解温度	85℃以上
離漿	しやすい
砂糖の影響	ゲル強度増加，透明度増加，離漿防止
牛乳の影響	ゲル強度低下
冷凍耐性	なし

◉魚臭を除く方法

魚臭成分：トリメチルアミン，ジメチルアミンなど

- 水で洗う。
- 魚に塩をして放置し，魚臭成分を溶出させる。
- 酢，梅干し，ワインなど酸性のものを加える。
- しょうゆ，みそ，牛乳などコロイド粒子に吸着させる。
- スパイス，しょうゆ，みそなど，においが強いものでマスキングする。

◉牛乳の調理性

- 奶豆腐，ブラマンジェ，ベシャメルソースなど，料理を白く仕上げることができる。
- 希釈卵液のゲル化を促進する。
- カラギーナンのゲル化を著しく促進する。
- 焼き菓子などでは，アミノカルボニル反応により，焼き色や香りを向上させる。
- コロイド粒子により，生臭み成分の吸着のほか，料理になめらかさやマイルド感を与える。
- 加熱により，膜形成，酸凝固物形成等が起こることがある。

熗黄瓜（チャンホウンクワ）
（きゅうりの炒め物）

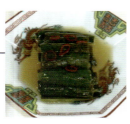

エネルギー：55 kcal
たんぱく質：0.4 g
脂質：3.5 g
食塩相当量：0.2 g

材料名	1人分	(　)人分
きゅうり	40 g	
油	2.5 g	
赤とうがらし	少々	
a ┌ しょうゆ	1.5 g	
├ 砂糖	4 g	
├ 酢	6 g	
└ ごま油	少々	

❶ 赤とうがらしはやわらかくなるまで水に浸け，半分に切って種を除き，薄い輪切りにする。
> 乾燥赤とうがらしは，水に浸けて戻してから輪切りにする。

❷ きゅうりは板ずりして洗い，拭く。長さ4〜5 cmに切り，縦に1/2〜1/4に切る。

❸ a の調味料を合わせる。

❹ 鍋に油と赤とうがらしを入れて熱する。

❺ きゅうりを入れてさっと炒める。

❻ a を入れさっと加熱して，ボウルに取り，時々混ぜ，冷めたら器に盛り付ける。

→ 出来上がり

●熗[チャン]
材料を熱湯または熱い泊の中に入れ，味付けする調理法である。

中国料理と生野菜
現在の中国料理は，圧倒的に加熱したものが多い。生野菜などの料理もないわけではないが，なんらかの形で加熱調理するのが常である。これは中医学では，生の野菜が陰陽のバランスを崩すと考えられているためであり，基本的には生野菜をとらない人が多い。

「羹」におけるでんぷんのはたらき
- 対流が起きにくくなるので，冷めにくい。
- 具が沈みにくく，具が全体に分散する。
- 味がマイルドに感じられる。
- 口当たりや喉越しがなめらかになる。

西湖魚羹（シイホウユイゴン）
（魚と卵白の薄くず汁）

エネルギー：39 kcal
たんぱく質：4.5 g
脂質：0.7 g
食塩相当量：1.5 g

材料名	1人分	(　)人分
白身魚	20 g	
a ┌ 塩	0.1 g	
└ 片栗粉	0.6 g	
ねぎ	4 g	
卵白	8 g	
湯 [タン]	150 g	
塩	1.2 g	
酒	2 g	
片栗粉	2 g	

❶ 魚はそぎ切りにし，a の塩をまぶしてしばらくおき，片栗粉をまぶし，熱湯でさっとゆでる。

❷ 卵白をよくほぐす。

❸ ねぎは縦半分に切って，斜め薄切りにする。

❹ 湯を火にかけ，塩，酒で調味し，沸騰させる。水溶き片栗粉を加えてとろみをつける。

❺ ❶の魚を入れる。

❻ ❷を細く流し入れる。

❼ ❸のねぎを入れて火を止める。

→ 出来上がり

●西湖
中国の杭州にある湖のこと。
●羹[ゴン]
片栗粉でとろみをつけた汁のこと。熗[ホエイ]よりとろみが強い。
糊化したでんぷんが網目構造を形成し，そこに細く線状になった卵白がからまり，汁全体に分散する。

片栗粉の調理への利用（とろみづけ）

料理		料理例	液体への添加割合(％)
湯菜[タンツァイ]	奶湯[ナイタン]	玉米湯	1
	熗[ホエイ]	酸辣湯	1〜1.5
	羹[ゴン]	西湖魚羹	1.5〜2
溜菜[リュウツァイ]	あんかけ	糖醋魚	2〜3
	からめる	軟溜丸子，古滷肉	6〜8

中国料理　69

青椒牛肉絲 (チンジャオニュウロースー)
（牛肉とピーマンの細切り炒め）

エネルギー：223 kcal
たんぱく質：9.0 g
脂質　　：18.4 g
食塩相当量：0.9 g

材料名		1人分	（　）人分
牛肉（厚さ5mm）		50 g	
a	酒	3 g	
	しょうゆ	2 g	
	水	3 g	
	片栗粉	2 g	
	油	2 g	
長ねぎ		2 g	
しょうが		1.5 g	
ピーマン		30 g	
たけのこ		20 g	
油		7 g	
b	しょうゆ	2 g	
	塩	0.3 g	
	砂糖	0.4 g	
	酒	1 g	

① 牛肉を繊維にそって約5cm長さの細切りにし，aの酒，しょうゆ，水の順にもみ込み，片栗粉をまぶし，油を混ぜる。

② ねぎ，しょうがをせん切りにする。ピーマンは縦2つに切り，種を取ってせん切りにする。たけのこを約5cm長さのせん切りにする。

③ bの調味料を合わせる。

④ 鍋を熱して炒め油の2/3を入れ，熱する。

⑤ 牛肉を入れ，広げるように焼きつけて裏返す。しばらく焼いてからほぐし，八分通り色が変わったら器に取り出す。

⑥ 鍋に残りの油を入れ，ねぎ，しょうがを炒め，香りがたったらたけのこを入れて炒め，ピーマンを入れて炒める。

⑦ bを加え，⑤の肉を戻し，手早く炒め合わせて仕上げる。

→ 出来上がり

＊できれば肉，ピーマン，たけのこを油通しして用いるとよい（p.72参照）。
＊肉は5mm程度の厚切り肉を使い，細切りにするか，塊を同様に切るとよい。

応用・発展

回鍋肉 (ホイグオーロー)
（ゆで豚とキャベツの炒め物）

エネルギー：303 kcal
たんぱく質：8.3 g
脂質　　：26.5 g
食塩相当量：1.2 g

材料名		1人分	（　）人分
豚ばら塊肉		50 g	
ねぎ		適量	
しょうが		1 g	
キャベツ		60 g	
ピーマン		15 g	
たけのこ		10 g	
油		8 g	
豆板醤		1 g	
しょうが		1 g	
にんにく		1 g	
ねぎ		5 g	
a	甜麺醤	8 g	
	しょうゆ	3 g	
	酒	3 g	
	片栗粉	0.2 g	

① 鍋に水を入れて沸騰させ，肉，包丁の腹でつぶしたねぎ，薄切りのしょうがを入れ，肉に火が通るまで30分間程度ゆでる。

② キャベツは5cm四方くらいに切り，芯は薄切りにする。かための部分とやわらかい部分に分けておく。ピーマンは乱切り，たけのこは4×2cmくらいの薄切り（先端は薄いくし形切り），しょうがはせん切り，ねぎは斜め薄切りにする。

③ ①の肉を取り出して粗熱を取り，厚さ5mm程度に切る。aの調味料を合わせる。

④ 鍋を熱し，油の半分を入れて熱し，キャベツのかたい部分を先に入れて炒め，やわらかい部分を加えて炒め，取り出す。

⑤ 鍋に残りの油を入れて熱し，豆板醤としょうが，にんにく，ねぎを炒め，ピーマンとたけのこを入れて炒める。③の肉を入れて炒め，aの調味料を加え，④のキャベツを戻して混ぜ合わせ，皿に盛る。

● 回鍋
　一度煮たものを再度鍋に戻して炒めること。

甜麺醤
　小麦粉に加水して蒸し，米麹，塩水を加えて湿所で発酵させた甘味の強いみそ。光沢のある赤褐色である。北京ダックのつけみそなどに使われる。

＊肉類は，水分を吸わせるとやわらかくなる。しょうが汁，酒などで肉臭を消し，しょうゆで味をつけ，水を吸わせ，でんぷんをまぶして加熱し，うま味を逃がさないようにする。卵や卵白をもみこむこともある。最後に油を加えるのは，炒めるときほぐれやすくするためである。

奶豆腐（牛乳かん）

エネルギー：92 kcal
たんぱく質：1.3 g
脂質　　　：1.6 g
食塩相当量：0.0 g

材料名	1人分	(　)人分
粉寒天	0.4 g	
水	60 g	
砂糖	6 g	
牛乳	40 g	
アーモンドエッセンス	少々	
シロップ		
a ─ 砂糖	9 g	
水	35 g	
レモン汁	2.5 g	
果物	適量	

＊ゲルの寒天（粉寒天）濃度は約0.4％。棒寒天を用いる場合は,粉寒天の2倍量用いる。また棒寒天を煮溶かすために水は多めに用い,煮詰めて粉寒天の場合と同じ分量（ここでは60 g/人）になるようにする。

❶ 水に寒天を入れて火にかけ,かき混ぜながら沸騰させ,火を弱めて2〜3分間加熱する。

❷ 砂糖を加え,溶けたら火を止め,牛乳,エッセンスを加えて混ぜ,器に入れ（泡があれば竹ぐしなどでつぶす）冷やし固める。

❸ aの水と砂糖を鍋に入れ沸騰させ,火から下ろして冷やし,レモン汁を入れ,シロップをつくる。

❹ 包丁で,❷をひし形に切る。

❺ ❸を❹に静かに流し込み,器を揺り動かすと,ゲルが浮かんでくる。果物を切って上にのせる。

＊果物は,キウイフルーツ,いちご,ぶどう,さくらんぼなど。

→ 出来上がり

応用・発展　杏仁豆腐（あんにん豆腐）

エネルギー：80 kcal
たんぱく質：1.3 g
脂質　　　：1.6 g
食塩相当量：0.0 g

材料名	1人分	(　)人分
粉寒天	0.4 g	
水	50 g	
砂糖	3 g	
杏仁霜	8 g	
牛乳	40 g	
シロップ		
a ─ 砂糖	9 g	
水	35 g	
レモン汁	2.5 g	
果物	適量	

❶ 鍋に杏仁霜を入れ,はじめは少しずつ牛乳を加える。

❷ ❶を火にかけ,かき混ぜながら沸騰させる（とろみがつく）。

❸ 水に寒天を入れて火にかけ,かき混ぜながら沸騰させ,火を弱めて2〜3分間加熱する。

❹ 砂糖を加え,溶けたら火を止める。

❺ ❷に❹を加えてよく混ぜ,器に入れ（泡があれば竹ぐしなどでつぶす）冷やし固める。

❻ 包丁で,❺をひし形に切る。

❼ 鍋にaの水と砂糖をいれて火にかけ,沸騰したら下ろし,冷ます。レモン汁を入れてシロップをつくる。

❽ ❻に❼を静かに流し込み,器を揺り動かすと,ゲルが浮かんでくる。果物を切って上にのせる。

杏仁豆腐

　本来,杏仁（あんずの種子の中の仁）を水に浸けておき,ブレンダーにかけて乳濁液を調製し,それを使ってゲルにしたもの。杏仁はかたく摩砕されにくい。そのため杏仁を粉末にし,水と混ざりやすいように糖類を加え,その他コーンスターチ等を加えた杏仁霜〔シンレンシャン〕が市販されている。

●杏仁霜の成分の一例

杏の仁……20％	コーンスターチ…19.9％
砂糖………25％	脱脂粉乳……………15％
ぶどう糖…20％	香料（杏仁油）……0.1％

ゲルとシロップの比重

★奶豆腐や杏仁豆腐は,ゲルとシロップの比重の差を利用したものである。シロップよりゲルの比重が小さいためゲルが浮く。またゲルが浮いて切り目に隙間ができ美しく見えるためには,器は朝顔型が適している。

★牛乳添加量が増加するほどゲルのかたさが低下する。これは,牛乳中の脂肪,カゼインなどが寒天ゲルの網目構造の形成を妨げるためである。

（付録㊽）

シロップの比重

砂糖濃度	10％	20％	30％	40％
比　重	1.039	1.082	1.129	1.178

中国料理3　熗黄瓜／青椒牛肉絲／西湖魚羹／奶豆腐

中国料理 4

中国の調味科，乾物，漬物を用いた料理をつくってみよう

- **涼拌茄子**（リャンバンチェズ）（なすの和え物）
- **干焼明蝦**（ガンシャオミンシア）（えびのチリソース炒め）
- **搾菜肉絲湯**（ザーサイロースータン）（ザーサイと豚肉のせん切りスープ）
- **八宝肉飯**（パアボウロウハン）（中華ちまき）

献立構成	料理	調理法	SV			応用
前 菜	涼拌茄子	拌菜（和える）	副菜 1	主菜 0.5		金茹貝丁
大 菜	干焼明蝦	炒菜（炒める）	主菜 2			
汁	搾菜肉絲湯	湯菜（スープ）	主菜 0.5			
点 心	八宝肉飯	鹹点心（塩味系）	主食 1.5	副菜 0.5	主菜 1	杏仁酥餅

◉ 油通し（泡油 [パオヨウ]）の特徴

- 高温で炒める前に 110～140 ℃の低温の油で食材を加熱すること。
- 肉類や魚介類は，加熱による脱水・収縮が防げ，やわらかさが保てる。でんぷんや卵などが肉などに付けられているといっそう効果が上がる。
- 野菜は色が鮮やかになり，テクスチャーがよくなる。
- 油通しで材料に火が通るので，その後の炒め加熱が短時間ですむ。

◉ 蒸籠 [チョンロン]

中華せいろのことで，中華鍋にのせて使う。ふたは網代編みになっているので蒸気が逃げることができ，しずくが落ちない。何段でも重ねられ，飲茶用または点心用には小型のものがある。蒸す際の火加減は，材料の種類によって加減し，中華まんじゅうは強火で，卵蒸しは弱火で蒸す。中華鍋の湯が不足すると温度が上がりすぎて，せいろが焦げてしまうので，必ず湯を使って鍋の縁から補充する。

◉ 中華ちまき

中華ちまきでは必要な水分を先に吸水させた後，半糊化状態の米を完全に糊化させるために蒸し加熱する。調味料もあらかじめ米に含ませることができる。

植物性食品の主な色

植物性食品の主な色		調理による色の変化	代表的な食品（色素名）
クロロフィル（脂溶性）		酸性で退色してフェオフィチンに，アルカリ性で鮮青緑のクロロフィリンになる。高温・短時間加熱で色よく仕上げる。ゆで加熱では，たっぷりの沸騰水に入れ短時間加熱し，すぐに冷水に取る。	ほうれん草，ブロッコリー，グリーンアスパラガス
カロテノイド（脂溶性）		調理による色の変化はほとんどみられない。	にんじん，トマト，かぼちゃ，パプリカ
ポリフェノール	フラボノイド（水溶性）	中性で淡黄色，酸性で白変，アルカリ性で黄変する。重曹を使った蒸しパンや中華麺が黄色いのは，小麦粉のフラボノイドがアルカリで黄変したため。れんこんやごぼう，うどなどを酢水に浸けると白くなる。	たまねぎ，たけのこ，小麦粉，さつまいも
	アントシアニン（水溶性）	中性で紫色，酸性で赤変，アルカリ性で青変する。赤変は，梅漬けに赤しそ，紫キャベツにドレッシングなどでみられる。金属イオンと錯体をつくり安定化する（なすの漬物にミョウバン，黒豆の煮豆に鉄くぎなど）。	なす（ナスニン），黒豆（クリサンテミン），しそ（シソニン），紫キャベツ，紫たまねぎ

72　第2部　実習編

涼拌茄子（リャンバンチェズ）（なすの和え物）

エネルギー：69 kcal
たんぱく質：4.2 g
脂質　　　：3.7 g
食塩相当量：0.8 g

材料名	1人分	(　)人分
なす	60 g	
鶏肉	20 g	
塩	0.1 g	
こしょう	少々	
油	適量	
水	5 g	
かけ汁		
溶きからし	少々	
砂糖	1 g	
酢	5 g	
しょうゆ	5 g	
ごま油	1.5 g	

❶ なすはへたを取り、丸のまま蒸し器で約10分間蒸す（または縦半分に切り、沸騰水に入れ、10～13分間ゆでる）。冷まし、手で縦に細く裂く。

> なすは蒸すほうが風味が残り水っぽくならないが、ゆでるとアクは除かれる。

❷ 鶏肉に塩、こしょうをする。鍋に油を敷いて、肉の両面を焼き、水を加えてふたをし、蒸し焼きにする。冷まし、手で繊維に沿って細く裂く。

❸ ❶と❷を皿に盛り付け、合わせたかけ汁を添える。

出来上がり

応用・発展
金茹貝丁（チンクウペイティン）（きのこと貝柱の和え物）

エネルギー：92 kcal
たんぱく質：5.6 g
脂質　　　：5.3 g
食塩相当量：0.7 g

材料名	1人分	(　)人分
ほたて貝柱（さしみ用）	40 g	
しめじ	20 g	
グリーンアスパラガス	15 g	
プチトマト	5 g (1個)	
クレソン	3 g	
しょうが	1 g	
a　塩	0.6 g	
砂糖	0.6 g	
酒	3 g	
ごま油	2.5 g	
サラダ油	2.5 g	

❶ 貝柱は4つに切る。アスパラガスはかたい根元を切り落とし、下の部分の皮をむき、5～6 cm長さの斜め切りにする。しめじは石づきを取ってほぐす。

❷ しょうがをみじん切りし、aの調味料と合わせる。

❸ 水を沸騰させ、しめじをさっとゆで、ざるに広げて急冷する。続けてアスパラガスを加えて色よくゆで、冷水に取る。最後に貝柱を少しずつ、さっとゆで（表面だけ加熱）、冷水に取る。

❹ ❷に、水を切った❸を入れ混ぜる。（冷蔵庫で）20分間程度冷やしながら味を含ませ、器に盛って、半分に切ったプチトマトとクレソンを飾る。

* 酒の代わりに酢を用いてもよい。ただし、アスパラガスの色は悪くなる。
* きのこ類はゆで過ぎると脱水が大きいので、さっとゆでる。

干ししいたけのうま味・香りと水戻し・加熱方法　（付録⑭・⑮）

- 生や干ししいたけにはほとんどうま味成分や香り成分は含まれない。水戻しや加熱を経て生成される。

①うま味成分の生成

RNA（核酸） ─ヌクレアーゼ→ 5'-グアニル酸（うま味物質） ─ホスファターゼ→ グアノシン（うま味なし）

・ヌクレアーゼをはたらかせ、ホスファターゼをできるだけはたらかせない調理条件が重要。

②香り成分の生成

レンチニン酸 ─γ-グルタミルトランスフェラーゼ／システインスルホシドリアーゼ→ レンチオニン

③水戻し

40℃以上ではふっくらとしたしいたけに戻らない。水戻し温度が高いほど、また長いほどうま味物質の生成量は少なく、苦味アミノ酸が増加し、味も香りも低下する。水戻し条件は、25℃以下で2～3時間、できれば5℃（冷蔵庫）で5～10時間がよい。

④加熱条件

50～70℃の温度域を5℃/分前後、沸騰継続時間は10分間程度が望ましい。

● 干焼明蝦 (ガンシャオミンシア)
（えびのチリソース炒め）

エネルギー：180 kcal
たんぱく質：11.8 g
脂質　　　：9.3 g
食塩相当量：1.4 g

材料名		1人分	(　) 人分
大正えび		60 g (5尾)	
a	塩	0.1 g	
	酒	2 g	
	卵白	6 g	
	片栗粉	3 g	
揚げ油		適量	
しょうが		1 g	
にんにく		1 g	
豆板醤		0.7 g	
油		5 g	
b	湯 [タン]	20 g	
	砂糖	2 g	
	塩	0.5 g	
	酒	4 g	
	トマトケチャップ	10 g	
	片栗粉	0.8 g	
ねぎ		10 g	
ラー油		少々	

❶ えびは殻，背わたを取り，よく洗って拭く。塩，酒，卵白を加えてよくもみ込む。

❷ しょうが，にんにくはみじん切り，ねぎは粗みじんに切る。bを合わせておく。

> えびは，はじめに塩と片栗粉（分量外）を加えてよくもんでから洗うとよい。ぬめりや汚れが取れる。洗った後は十分に拭いて水けを取る。

❸ ❶に片栗粉を加え110〜130℃の油に入れ，菜箸でできるだけ触らないようにして油通しする。

> えびを油通ししないときは，低めの温度の油で炒め，取り出してから，❹の操作をする。

❹ 鍋を熱し，油を入れ，しょうが，にんにく，豆板醤を炒め，bを加えてあんにし，❸のえびとねぎを加えて手早く混ぜ，ラー油を加えて仕上げる。

出来上がり

蝦米 [シアミイ]（むき干しえび）

特殊材料のひとつで，むきえびを乾燥したもの。うま味が強いのでだしに広く使われる。水でさっと洗って汚れを落とし，ぬるま湯につけて戻した後，殻や足があれば除いて，戻し汁とともに用いる。

● 搾菜肉絲湯 (ザーサイロースータン)
（ザーサイと豚肉のせん切りスープ）

エネルギー：59 kcal
たんぱく質：4.7 g
脂質　　　：2.3 g
食塩相当量：1.2 g

材料名	1人分	(　) 人分
ザーサイ	6 g	
豚もも肉スライス	15 g	
しょうゆ	1 g	
酒	1 g	
たけのこ	8 g	
干ししいたけ	2 g	
春雨	2 g	
ねぎ	8 g	
湯 [タン]	170 g	
酒	2 g	
塩	少々	

❶ 豚肉は繊維にそって，せん切りにする。しょうゆと酒をもみ込む。

❷ ザーサイはせん切りにする。水に浸けて，適度に塩出しする。

❸ たけのこ，戻した干ししいたけはせん切り。春雨は熱湯に浸けて戻す。ねぎは縦半分に切って斜め薄切りにする。

> ザーサイの塩抜きは適度にする。完全に塩抜きすると風味が失われる。汁中に入れてからの時間が長いほど塩が出て，ザーサイは味がなくなり，汁の味は濃くなるので注意する。

❹ 湯を沸騰させ，❶の豚肉を入れてほぐし，❷と❸を入れる。アクを取り，酒を入れ塩味を調える。

出来上がり

搾菜（ザーサイ）

四川省の漬物で，からし菜の変種の茎のこぶのように膨らんでいる肥大部を漬けたもの。一度塩漬けしてから絞って塩を抜き，調味料（塩，とうがらし，さんしょう，酒など）とともに本漬けする。

■明蝦　車えびなどの大型のえびのことをいう。大蝦 [ダァシア] ともいう。
■蝦仁　芝えびなど中・小型のむきえびのことをいう。
★えび特有のうま味は，ベタイン類など。えびはうま味の低下や腐敗が起こりやすいので，できるだけ新鮮なものを使用する。えびは筋肉組織が緻密で味がしみ込みにくいので，衣をつけたりあんかけにしたりするとよい。

八宝肉飯（中華ちまき）
パアポウローハン

エネルギー：408 kcal
たんぱく質：12.0 g
脂質　　　：9.3 g
食塩相当量：1.6 g

材料名	1人分	（　）人分
もち米	75 g	
水*	75 g	
干ししいたけ	5 g	
にんじん	10 g	
たけのこ	10 g	
干しえび（蝦米）	4 g	
焼き豚	25 g	
a しょうゆ	6 g	
酒	12 g	
ごま油	6 g	
ぎんなん	2個	
甘栗	1個	
アルミカップ	2個	

＊干ししいたけと干しえびの戻し汁を含む。

① 干ししいたけ，干しえびはそれぞれ水に浸けて戻す。

② もち米は洗ってざるに上げ水を切ってからボウルに米と水を加えて1～3時間浸漬する。

③ しいたけ，にんじん，たけのこ，焼き豚は7mm角に切る。えびは残っている殻や足を取る。

④ 吸水した米をざるに上げ，浸漬水はとっておく。

⑤ 鍋にごま油を入れて熱し，③を順に炒め，④の米を入れて炒め，aと④の浸漬水を加え，ふたをして弱火で水気がなくなるまで加熱する。時々上下を返す。

⑥ アルミカップに⑤を小分けし，ぎんなんと甘栗をのせる。蒸し器で10分間程度蒸す。

出来上がり

> これを竹の皮または笹の葉で三角に包み，たこ糸で縛り蒸したものを粽子[ツォンツ]（ちまき）という。
> 中国の行事が日本にも伝わり，5月5日の端午の節句に，邪気をはらうために供え，食べる。本来は竹の皮であるが，防腐作用のある笹の葉を使うこともある。

八　宝
8種の材料が入っているから転じて，いろいろな食材が入っているという意味。什錦[シイチン]も，いろいろな材料が入っているという意味で，10種類の材料が入っているというわけではない。

応用・発展

杏仁酥餅（アーモンドクッキー）
シンレンスービン

エネルギー：100 kcal
たんぱく質：1.3 g
脂質　　　：5.3 g
食塩相当量：0.0 g

材料名	1人分	（　）人分
薄力粉	10 g	
ベーキングパウダー	0.2 g	
ラード	4 g	
砂糖	4 g	
卵	2 g	
アーモンド	1個	
ドリュール	少々	
打ち粉	少々	

① 薄力粉とベーキングパウダーを合わせて2回ふるう。砂糖は1回ふるう。

② ボウルにラードを入れ，泡立て器でよくすり混ぜる。

③ ②に砂糖を加えてよくすり混ぜ，卵を加えてよくかき混ぜる。①を加え，ゴムべらに持ち替え押し付けるようにして8割方まとめる。打ち粉をふった台に出し，折り畳むようにしてまとめ，棒状にして個数分に切る。軽く押さえて平らにする。真ん中をくぼませ，ドリュールを塗り，アーモンドをのせる。

④ 160℃のオーブンで約17分間焼く。

酥餅
酥は，サクサクとしてもろいテクスチャーを与えるという意味。酥餅には，パイのような層状の生地と，層にならずバタークッキーのような生地の2通りがある。

ラード
豚脂。豚の脂肪組織を小さく切って水とともに鍋に入れて加熱し，分離してきたものを冷ますとラードができる。中華料理らしい風味を与える。牛脂より不飽和脂肪酸が多いため，融点は27～40℃と低い。揚げ油，炒め油，点心類の生地やあんに練りこむなど広く利用されている。

八宝肉飯を電子レンジで調理する方法
●総量で米250～400 g（3～5人分）の場合

材料の変更（1人分）：ごま油3 g,
追加（1人分）：湯[タン]10 g

① ～ ③ まで同じ，④ はしない。

⑤ 鍋にごま油を入れて熱し，③を順に炒め，aの調味料の2/3と湯を加えて汁がなくなるまで煮る。

⑥ ②の米と水の入った耐熱ガラスのボウルに，aの調味料の残り（1/3）を加えて600 Wの電子レンジで10分間加熱する。取り出して⑤を加え，全体を混ぜ，ラップをして3分間加熱し，そのまま10分間おく。盛り付けてからぎんなんと甘栗をのせる。

中国料理 5

蒸籠を使った蒸菜と甜菜のあめかけを上手につくってみよう

- **拌墨魚**（いかの和え物）
- **珍珠丸子**（もち米団子の蒸し物）
- **豆腐蛤仔湯**（豆腐とあさりのスープ）
- **抜絲地瓜**（揚げさつまいものあめからめ）

献立構成	料理	調理法	SV			応用
前 菜	拌墨魚	拌菜（和える）	副菜 0.5	主菜 1		
大 菜	珍珠丸子	蒸菜（蒸す）	主食 0.5	主菜 2		
汁	豆腐蛤仔湯	湯菜（スープ）	主菜 0.5			
点 心	抜絲地瓜	甜点心（甘味系）				芒果布丁，水果西米露

◉蒸菜の特徴とポイント

- 凝縮熱（水蒸気が水になるときに出す熱量）を利用した加熱調理。同じ温度ならオーブン加熱より与えられる熱量は多い。
- 器に入れれば，固体・液体ともに，そのまま動かず，形が崩れることなく加熱でき，成分の流出も少ない。

蒸菜の種類

清蒸［チンチョン］
材料を器に入れ蒸籠に置いて蒸す方法。清蒸魚など。

粉蒸［フエンチョン］
下味をつけた材料に米の粉をまぶして蒸す方法。粉蒸牛肉など。

燉［トン］・**清燉**［チントン］
材料を器に入れてたっぷりの汁をはり，蒸籠に入れて蒸す方法。長い時間をかけてゆっくり味を含ませながらやわらかくする。清燉全鶏［チントンチョワンチー］，清燉鴨子［チントンヤーズ］のように丸のままの鶏や鴨をスープ蒸し煮する。燉冬瓜盅［トントンクワチョン］（冬瓜のつぼ蒸し）は来客料理に利用する。

扣蒸［コウチョン］
材料を湯碗に詰めて蒸し，供するときに上下を返して，山形に盛り付ける。扣肉［コウロウ］など。

ゼラチンの特性

原料	動物の骨や皮
成分	たんぱく質（コラーゲンの分解物）
種類	粉ゼラチン，粒状ゼラチン，板ゼラチンなど
ゲル化濃度	2〜4%
溶解温度	40〜50℃
凝固温度	10℃以下
融解温度	20〜25℃
離漿	しにくい
砂糖の影響	ゲル強度増加，透明度増加，離漿防止
牛乳の影響	ゲル強度増加
冷凍耐性	なし

● 拌墨魚（バンモウユイ）
（いかの和え物）

エネルギー：74 kcal
たんぱく質：6.2 g
脂質　　　：3.5 g
食塩相当量：0.8 g

材料名		1人分	（　）人分
いか（胴）		35 g	
a	しょうが汁	1 g	
	酒	1 g	
ブロッコリー		35 g	
塩，ごま油		少々	
b	しょうゆ	3.5 g	
	砂糖	0.7 g	
	酢	3.5 g	
	ごま油	2 g	
	練りからし	少々	

❶ いかは表の皮をむく。縦4 cm，横3 cm位に切り，縦に切り込みを入れ，仏手切りにする。aの調味料で下味をつける。

❷ ❶を熱湯にさっと通し，すぐに冷水に取り，水から取り出して水をきる。

❸ ブロッコリーを房に分け，沸騰水中でゆでる。かためで取り出してざるに広げ，急冷する。塩とごま油で下味をつける。

❹ 器に❷と❸を盛り付け，bの調味料を合わせてつくったかけ汁を添える。

→ 出来上がり

● 珍珠丸子（ツェンツウワンズ）
（もち米団子の蒸し物）

エネルギー：223 kcal
たんぱく質：11.2 g
脂質　　　：10.6 g
食塩相当量：0.9 g

材料名		1人分	（　）人分
もち米		25 g	
豚ひき肉		60 g	
a	塩	0.5 g	
	しょうゆ	2 g	
	しょうが汁	1 g	
	酒	3 g	
	水	10 g	
	砂糖	1 g	
	でんぷん	1 g	
	ねぎ	3 g	
練りからし		少々	
しょうゆ		少々	

❶ もち米は洗い，水に浸漬し（1～2時間），ざるにあげて水けを拭いておく。ねぎはみじん切りにする。

❷ ボウルにひき肉を入れ，塩としょうゆを加えてよく練る。しょうが汁，酒，水を順に加えてよくもみ込み，砂糖，でんぷん，ねぎを加えて混ぜ，1人当たり3～4個の団子をつくる。

❸ キッチンペーパーにもち米を広げ，❷の団子を転がして米を表面に付ける。手で軽く押さえつける。

❹ 蒸し器に油を塗って❸を並べ，強火で20分間程度蒸す。からししょうゆを添える。

＊米は，浸漬後表面の水けがなくなってサラサラしているほうが団子に付きやすい。水けを取るため強く押し米を割らないこと。

＊お祝い用に，米の浸漬時に食紅を少量加えてピンクの珍珠丸子にするのもよい。

→ 出来上がり

いかの調理

いかの表皮は，コラーゲンからなる皮が4層からなっている。色素細胞を含む外側の1，2層はむけるが，3・4層目は筋肉に密着して取りにくい。加熱すると4層目の強靭なコラーゲンが強く収縮する。それを利用し，切り込みを入れて，さまざまな飾り切りをする。

● 鹿の子いか

縦・横に大きめに，包丁は立てて。
→四角に切る。

● 布目いか

縦・横に細かく，包丁は立てて。
→四角に切る。

● 松笠いか

斜めに，包丁を寝かせて。
→四角に切る。

● 仏手 [フォショウ]

半分だけ縦に
細かく切り離す。

● 花切り

縦5 mm間隔に切る。横は包丁を斜めにして2回は途中まで。3回目は切り離す（4～5 cm長さで）。

● 豆腐蛤仔湯（ドウフウコウズタン）
（豆腐とあさりのスープ）

エネルギー：55 kcal
たんぱく質：4.0 g
脂質　　　：3.8 g
食塩相当量：1.0 g

材料名	1人分	(　)人分
あさり（殻付き）	50 g	
豆腐	30 g	
わかめ（乾）	0.5 g	
しょうが	1.5 g	
ねぎ（7 cm長さ）	5 g	
湯 [タン]	170 g	
ごま油	2 g	
塩	少々	

1. あさりは貝同士をこすり合わせてよく洗う。わかめは水に浸けて戻す。豆腐は1.5 cm角に切る。しょうがはせん切り，ねぎは白髪ねぎにして水にさらす。

2. 鍋にごま油としょうがを入れて炒める。香りがでたらあさりを入れて軽く炒め，熱く熱した湯を加える。

3. あさりの口が開いたら，アクを取り，豆腐とわかめを加え，塩で味を整える。

4. 器に盛り，白髪ねぎをのせる。

出来上がり

● あさり（蛤仔 [コウズ]，蛤蜊 [コウリイ]）
通年あるが，2〜4月が旬。暗所で1〜2%の食塩水に数時間以上浸けて砂を吐かせる。あさりの廃棄率は60%であるが，むき身は殻付きの20〜30%程度と考えたほうがよい。諸説ある。

冷たい湯[タン]を入れると汁が濁り，望ましくない。

● 抜絲地瓜（バアスウチゴワ）
（揚げさつまいものあめからめ）

エネルギー：136 kcal
たんぱく質：0.5 g
脂質　　　：2.6 g
食塩相当量：0.0 g

材料名	1人分	(　)人分
さつまいも	50 g	
揚げ油	適量	
あめ		
a ┌ 砂糖	13 g	
├ 酢	1 g	
└ 水	5 g	

1. さつまいもは皮を厚くむき，長めの乱切りにし，水にさらした後，水けを拭く。

2. さつまいもは160℃位の油に入れ，最後は180℃位でからりと色よく仕上げる。

3. 鍋にaを入れ火にかける。140〜160℃になったら火を止め，ただちに❷を入れてからめ，油（分量外）を塗った皿に素早く盛り，水を入れた碗とともに供す。

4. 熱いうちに箸でつまみ，あめが糸を引くのを水に浸け，冷やして食べる。

さつまいもが揚がったときに，あめもちょうど出来上がって，すぐに熱いさつまいもを入れるようにする。

ただちに食べられないときは，油を塗ったバットに離しておき，表面がかたいあめになったら皿に盛り付ける。

出来上がり

抜　絲

砂糖の濃厚な液体が材料に衣がけされ，衣が80〜100℃になったとき糸を引くので抜絲という。透明な衣になるよう，結晶化をさせないことが重要である。

結晶化を防ぐ方法
- 菜箸などで撹拌しない。撹拌すると鍋肌に飛んだ糖液が乾いて液中に落ち，核となって結晶化しやすい。
- 砂糖液には熱い材料を入れる。
- 最初から食酢など酸を加える。酸によりしょ糖が分解して転化糖になり，結晶化しにくくなる。
- 水あめを加える。
- 油を加えることもある。

● さつまいもの調理

■甘み　β-アミラーゼによりでんぷんが分解してマルトースができ，甘味を呈する。β-アミラーゼはほぼ40〜80℃ではたらく。この温度帯を通過する時間が長いほど甘くなる。

■色　維管束付近にポリフェノールが多く，褐変しやすい。きんとんなどでは皮を厚くむく。くちなしの実を入れることもある。

■ヤラピン　切り口から出る白い乳状のもの。乾燥すると黒くなる。手や衣類に付くと取れにくい。

応用・発展
芒果布丁（マンゴープリン）

エネルギー：132 kcal
たんぱく質：2.7 g
脂質　　　：7.7 g
食塩相当量：0.1 g

材料名	1人分	（　）人分
フィリピンマンゴー（1/2個）	45 g ┐計60 g	
┌水		
└粉ゼラチン	1.5 g	
水	15 g	
砂糖	4 g	
無糖練乳（エバミルク）	15 g	
生クリーム	15 g	

❶ マンゴーは皮と種を取り，1.5 cm角5個程度を飾り用として取っておく。残りをミキサーにかけ，ミキサーに残った分を少量の水で洗いこみ，合計約60 gにする。裏ごしを通す。
❷ 残りの水にゼラチンをふり入れて15分間程度膨潤させる。
❸ ❷を50℃程度の湯せんにかけて溶かし，砂糖を加えて溶かす。
❹ ❶に❸を加え，練乳と生クリームを加えて混ぜ，器に入れ，氷水中で冷やす。
❺ 飾り用のマンゴーを上に飾って供する。

応用・発展
水果西米露（タピオカ入りココナッツミルク）

エネルギー：133 kcal
たんぱく質：1.9 g
脂質　　　：6.4 g
食塩相当量：0.0 g

材料名	1人分	（　）人分
タピオカ	7 g	
ココナッツミルク	30 g	
牛乳	40 g	
シロップ		
┌砂糖	8 g	
└水	8 g	
バニラエッセンス	少々	
果物2～3種	約15 g	

❶ 鍋に砂糖と水を入れて煮溶かしシロップをつくり，冷ます。ココナッツミルク，牛乳と合わせる。
❷ タピオカは，たっぷりの沸騰水に入れ，指示された時間ゆでる。芯が少し残る程度になったら，ゆで水より多めの水を用意し，加熱中の鍋に入れると，さっと芯が消える。
水に取って冷やす。
❸ ❶に❷を加え，あられ切りにした果物，バニラエッセンスを加え，冷やす。

● **マンゴープリン**
　中国料理では「空を飛ぶものでは飛行機，四足のものでは机以外はすべて食す」といわれている。マンゴーを使ったマンゴープリンは香港発祥の洋生菓子である。プリンという名が付いているが，蒸す工程も，鶏卵の使用もないものが多く，実際は乳製品の風味を加えゼラチンで固めた不透明なフルーツゼリーの一種である。

● **タピオカ**
　熱帯地域で栽培されているキャッサバ（cassava）といういもから取り出したでんぷんである。キャッサバには青酸が含まれているが，水浸漬，煮沸で除かれる。料理に用いるものはタピオカ・パールといい，造粒したもので，いろいろな大きさがある。実習で用いるには20，30分間で加熱できる直径5 mm位のものがよい。加熱して芯が少し残る程度になったら，その鍋の中にたっぷり準備した水を入れていく。ある瞬間に，さっと芯が消える。それを水に取って冷やす。

● **ココナッツミルク**
　ココヤシの実の胚乳部から搾り取った白色の液体。

砂糖の加熱変化

最終加熱温度	料理	備考
102～103℃	シロップ	砂糖濃度50～60%。
106～110℃	フォンダン	約40℃で過飽和となり結晶析出。静置して40℃になったら激しく撹拌すると，シロップの中に微細な結晶が析出する。
115～120℃	砂糖衣	約90℃で過飽和となり結晶析出。材料を入れて火を止め撹拌すると，材料に砂糖が衣がけされる。
130℃～	あめ	冷めるとかたくなる。
140～160℃	抜絲	冷める途中の100～80℃でひっぱると糸を引く。結晶化を防ぐため酢などを加える。最終加熱温度により色がついていないものを銀絲，色がついたものを金絲という。
170～190℃	カラメル	カラメルに湯を加えてのばしたものがカラメルソース。カスタードプディングなどに使われる。

中国料理 6

餃子のつくり方と皮の包み方を覚えよう

- 糖醋魚（魚の丸揚げ甘酢あんかけ）
- 蕃茄蛋花湯（トマトと卵のスープ）
- 鍋貼餃子（焼き餃子）
- 豆沙麻球（あん入り揚げ団子）

献立構成	料理	調理法	SV			応用
前 菜						
大 菜	糖醋魚	溜菜（あんかけ）	副菜 1	主菜 1.5		芙蓉蟹
汁	蕃茄蛋花湯	湯菜（スープ）	副菜 1	主菜 0.5		
点 心	鍋貼餃子，豆沙麻球	鹹点心（塩味系），甜点心（甘味系）	副菜 0.5	主菜 0.5		炸春捲

● 餃子

＊小麦粉生地を丸くのばし，肉や野菜などの具を包んで加熱したもので鹹点心のひとつである。

＊水餃（子）は，ゆでた餃子であり，中国では，餃子といえば水餃子を指す。中国北方では，春節の旧正月に餃子を食べる。

＊蒸したものは蒸餃子，焼いたものは鍋貼餃子と呼ばれる。

＊加熱法の違いにより餃子の皮の調製方法や包み方が異なる。

＊焼き餃子や蒸し餃子の皮は，熱湯で生地を調製し，水餃子では水や微温湯で生地を調製する。

＊日本の餃子は，にんにくを具に加えることが多いが，中国では具には加えず，つけ汁にスライスにんにくを入れて餃子と一緒に食べる。

● 二度揚げ

こいやたいなどのような大きな一尾の魚を揚げる場合は，火が通りにくいので，二度揚げにする。まず140～150℃の低温の油でゆっくり揚げて，中心まで十分に火を通す。二度目は，いったん取り出した材料を180℃の高温の油で，適度な揚げ色がつくまで揚げ，取り出す際は，油切れをよくし，カラッとした外観とテクスチャーに仕上げる。

■ 餃子の皮をつくる

皮［ピ］は，ドウを薄くのばしたものである。生地ののばしやすさは，水量と水温が影響する。水温40～60℃では，水量50%程度の生地がのばしやすい。水温80～95℃では，水量60～70%の生地がのばしやすい。焼き餃子，蒸し餃子，春餅の生地をつくるときは，小麦粉に熱湯を加えて生地をつくる。加熱時に水分の補充が十分でない場合は，仕上がりをやわらかくするために，生地調製時に加水量を多くする必要がある。熱湯を加えると水の一部がでんぷんの糊化に利用されるので同じやわらかさの生地を調製する場合には，水で生地を調製するより多くの水量が必要となる。

● 粉食

中国北方は小麦の産地であり，包子，餅，饅頭，麺などの粉食が発達し，主食としている。餃子は主食を兼ねるもので日本の餃子よりも皮が厚く，ご飯と一緒に食べることはない。

● 糖醋魚（タンツーユイ）
（魚の丸揚げ甘酢あんかけ）

エネルギー：252 kcal
たんぱく質：9.6 g
脂質：9.4 g
食塩相当量：2.4 g

材料名	1人分	（　）人分
あじ（1尾）	100 g	
（たい, いさき, いしもち, こい等）		
酒	5 g	
しょうが	5 g	
ねぎ（青い部分）	5 g	
片栗粉	10 g	
揚げ油	適量	
たまねぎ	15 g	
たけのこ	10 g	
にんじん	10 g	
ピーマン	5 g	
干ししいたけ	1.5 g	
しょうが	1 g	
炒め油	3 g	
甘酢あん		
湯［タン］	50 g	
砂糖	13 g	
しょうゆ	13 g	
塩	0.3 g	
酢	12 g	
片栗粉	3 g	
白ねぎ（長さ5cm）	10 g	

1 魚はうろこ，えら，内臓を除き，水洗いしてよく水けを拭き取り，両面に切り込みを入れ，酒をふりかけ，切り込んだ腹腔に薄切りしょうがやたたいたねぎ（青い部分）を挟み20～30分間おく。

2 たまねぎ，たけのこ，にんじん，ピーマン，戻したしいたけを長さ4～5cmのせん切りにする。しょうがもせん切りあるいはみじん切りにする。白ねぎは，せん切りにして水にさらして白髪ねぎにする。

3 甘酢あんの材料を混ぜ合わせておき，片栗粉は同量の水と合わせておく。

4 **1**の魚の水けを拭き取り，片栗粉を腹部，切れ目の間と魚の全面にまぶし，余分な粉を落とし，170～180℃の油に入れて，衣がカリッとするまでじっくり揚げ，引き上げる。

5 鍋に油を熱し，しょうが，しいたけ，にんじん，たまねぎ，たけのこ，ピーマンの順に炒め，甘酢あんの調味液を加え，沸騰したら水溶き片栗粉でとろみをつける。

6 **4**を皿に盛り，**5**の熱いあんをかけ，白髪ねぎを飾る。

●魚の切り目の入れ方
上から見た図　　　　背骨

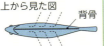

背骨に当たるまでは包丁を斜めに入れる。背骨に当たったら背骨から肉をはがすように切る。

出来上がり

（付録㉚）

● 鍋貼餃子（グオティエチャオズ）
（焼き餃子）

エネルギー：329 kcal
たんぱく質：10.7 g
脂質：13.0 g
食塩相当量：0.9 g

材料名	1人分	（　）人分
餃子の皮	6枚	
白菜またはキャベツ	40 g	
塩（白菜の1%）	0.4 g	
にら	10 g	
にんにく	1 g	
しょうが汁	2 g	
豚ひき肉	30 g	
卵	5 g	
しょうゆ	3 g	
ごま油	0.5 g	
こしょう	少々	
焼き油	2+2 g	
つけ汁		
しょうゆ	適量	
酢	適量	
ラー油	適量	

1 白菜を細かく刻み，分量の塩でよくもみ，水けが出てきたら両手でしっかり絞る。

2 にらを5mm長さに切り，にんにくをみじん切りにし，しょうがをすりおろして搾り汁をつくる。

3 ひき肉にしょうゆを加えてよく混ぜ合わせる。粘りがでたら，卵，ごま油，こしょうを加えてさらに混ぜ合わせる。

4 白菜，にら，にんにく，しょうが汁を加えて全体をよく混ぜたものを餃子の皮で包む。

5 フライパンに焼き油を入れ，油がなじんだら，餃子を並べて焼く。餃子の底に薄い焦げ色がついたら，餃子の高さの1/3の熱湯を入れ，ふたをして弱火で水分がほぼなくなるまで蒸し焼きにする。

6 水がなくなったら，周りから油を入れ焼き目をつける。焼き上がったら，焼き目を上にして盛り付ける。

●餃子の包み方
下の図のように片側にひだを取りながら包む。

または半分に折りたたみ，縁の真ん中をつまんで閉じ，両端からひだを中央に寄せながら包む。
（焼き餃子の場合は，鍋に接する底面ができるように餃子を成形する）

出来上がり

中国料理6

糖醋魚／蕃茄蛋花湯／鍋貼餃子／豆沙麻球

● 蕃茄蛋花湯（パンチェタンホアタン）
（トマトと卵のスープ）

エネルギー：60 kcal
たんぱく質：3.8 g
脂質　　　：3.2 g
食塩相当量：1.1 g

材料名	1人分	(　)人分
完熟トマト	50 g	
たまねぎ	20 g	
干しえび	1 g	
炒め油	1 g	
湯［タン］・干しえびの戻し汁	150 g	
酒	1 g	
塩	0.9 g	
こしょう	少々	
卵	15 g	
みつば	少々	

1. トマトは細めのくし形に，たまねぎは5mm幅に切る。干しえびはひたひたのぬるま湯に浸して戻し，刻む。卵はときほぐす。
2. 鍋に油を熱し，干しえびをよく炒め，ついで，たまねぎ，トマトの順に炒める。
3. 湯，干しえびの戻し汁，酒を加え，沸騰したら，火を弱めアクを取り除き，2～3分間煮る。
4. 塩とこしょうで味を調え，卵を流し入れ，ふわっと卵が浮き上がってきたら火を止める。
5. 好みで，みつばをちらす。

出来上がり

● **トマトについて**
* トマトの中国語の表記は，南方では蕃茄，北方では西紅柿となる。
* トマトの原産地はアンデス山地で，東洋へはヨーロッパを経由して17世紀中ごろに伝来した。
* トマトの甘みは，グルコースやフルクトースである。遊離グルタミン酸が豊富に存在するので，トマトを煮たり，炒めたりすると，トマトが調味料の役割を果たし，料理の風味が向上する。
* トマトの赤色は，カロテノイド系のリコピンが主たる成分である。リコピンは，プロビタミンA効力をもたないが，強い抗酸化作用があり，がん予防効果が期待されている。

卵の加熱凝固について
- 蛋花湯や芙蓉蟹の卵は，ふんわりとやわらかく凝固させる。そのためには，鍋に入れた卵を撹拌しすぎないことが重要である。
- 撹拌が過度になると，凝固物がちぎれてふんわりとした感じが損なわれる。

応用・発展

● 芙蓉蟹（フゥロンシェ）
（かにたま）

エネルギー：186 kcal
たんぱく質：9.5 g
脂質　　　：12.4 g
食塩相当量：1.4 g

材料名	1人分	(　)人分
かに	25 g	
卵	50 g	
砂糖	1 g	
塩	0.3 g	
酒	5 g	
干ししいたけ	1 g	
たけのこ	10 g	
ねぎ	8 g	
油（野菜用）	2 g	
油（卵用）	5 g	
あん		
湯［タン］	40 g	
砂糖	1 g	
薄口しょうゆ	4 g	
酢	4 g	
酒	1 g	
しょうが汁	1 g	
片栗粉	2 g	
グリンピース	3 g	

1. 戻したしいたけ，たけのこ，ねぎはせん切りにして，油で軽く炒めて冷ましておく。
2. グリンピースはゆでておく。あんの材料は混ぜておく。

> あんの湯［タン］はしいたけの戻し汁も使用可能。

3. 卵をほぐし，かに，❶，砂糖，塩，酒を加えて混ぜ合わせる。

> かには生でも冷凍でも可能。

4. 鍋を熱し，油を入れて煙が出る位まで熱し，❸を入れ，卵が固まり始めたら，固まりと卵液を入れかえるように大きく混ぜる。全体が半熟状態になったら手早く裏返しもう片面も焼き，皿に盛る。
5. 合わせておいたあんの材料を鍋に入れて加熱し，水溶き片栗粉でとろみをつけ，❹にかけ，グリンピースを散らす。

● **かにやえびの赤色**
* かにやえびの色素は，カロテノイド系色素のアスタキサンチンがたんぱく質と結合したものであり，加熱前は青黒色を呈する。
* 加熱すると，たんぱく質が熱変性して遊離するとともに，アスタキサンチンが酸化されてアスタシンに変わり，鮮やかな赤色を呈する。

豆沙麻球（トウシャマーチュウ）
（あん入り揚げ団子）

エネルギー：213 kcal
たんぱく質：3.4 g
脂質　　　：11.9 g
食塩相当量：0.0 g

材料名	1人分	(　)人分
白玉粉	18 g	
小麦粉	2 g	
砂糖	2 g	
水	14～16 g	
練りあん	20 g	
白ごま	3～4 g	
揚げ油	適量	

❶ あんを2個に丸めておく。

❷ ボウルに白玉粉，小麦粉，砂糖を入れ，水を少しずつ加えよくこね，耳たぶ位のやわらかさにする。

❸ ❷の生地を2等分し，椀状にのばし，そのくぼみにあんをのせ，空気を押し出すように包む。

> あんを包むとき，生地の厚さを均一にして真ん中に入れないと，揚げているときに割れてあんが出てきやすい。

❹ 球状に整え，水にさっとくぐらせ，ごまをまんべんなくしっかりまぶす。

❺ 150℃の油に団子を入れ，鍋底に接している部分が焦げないように，やさしく団子を動かす。130～140℃で5～6分かけ，団子が浮き上がってくるまで揚げる。

> 揚げすぎると，生地がのびて皮が破裂する。団子表面のごまの間隔が広がってきたら取り出す。

出来上がり

白玉粉の利用

- もち米を水に浸漬させて吸水させてから磨砕後，水さらしを経て，脱水・乾燥させた米粉である。寒さらし粉ともいう。
- 白玉粉は，水を加えて生地を調製するので，小麦粉や上新粉の生地のような粘弾性がない。
- 白玉生地に粘弾性を与え，成形しやすくするために，白玉粉の10％前後を小麦粉や浮粉で代替するとよい。浮粉は，小麦粉でんぷんであり，熱湯を加えて生地を調製する。
- 白玉粉のみの場合は，生地の5％を熱湯でゆでて糊化させ粘りを出し，元の生地に戻し，均質に混ぜ込むことで，成形しやすくなる。

元宵［ユアヌシャオ］

中国では，正月の上元15日の夜に，白玉団子を食べる習慣がある。この団子のことを元宵という。食べ方はいろいろで，ゆでたり，揚げたりする。

応用・発展

炸春捲（ヂァチュヌチャヌ）
（春巻き）

エネルギー：281 kcal
たんぱく質：6.9 g
脂質　　　：18.6 g
食塩相当量：0.6 g

材料名	1人分	(　)人分
春巻きの皮	2枚	
豚もも肉	20 g	
酒	1 g	
たけのこ	20 g	
干ししいたけ	1 g	
キャベツ	30 g	
ピーマン	10 g	
しょうが	3 g	
ねぎ	5 g	
油	3 g	
しょうゆ	4 g	
砂糖	0.5 g	
酒	3 g	
ごま油	2 g	
片栗粉	1 g	
皮接着用のり		
小麦粉	2 g	
水	2 g	
揚げ油	適量	
つけ汁		
しょうゆ	適量	
酢	適量	
練りからし	適量	

❶ 豚肉はせん切りにし，酒で下味をつける。
❷ たけのこ，戻したしいたけ，キャベツ，ピーマン，しょうが，ねぎはせん切りにする。
❸ しょうゆ，砂糖，酒，ごま油，片栗粉を合わせる。
❹ 小麦粉は水とよく混ぜてのりをつくる。
❺ 鍋に油を熱し，しょうがを弱火で香りがでるまで炒め，ついで肉を炒める。
❻ 鍋に，たけのこ，しいたけ，キャベツ，ピーマン，ねぎを順次入れさらに炒め，❸をよく混ぜてから入れ，とろみがつくまで加熱し，広げて冷ます。
❼ 春巻きの皮を広げ，巻き終わりの縁に❹をつけ，❻の半量を皮の手前にのせ，折りたたんで巻く。
❽ 揚げ油を170℃に熱し，春巻きを入れ，きつね色になりカラリとするまで揚げる。

● 春巻きの包み方

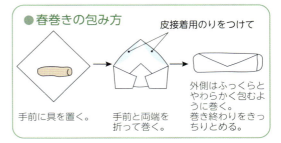

手前に具を置く。　手前と両端を折って巻く。　外側はふっくらとやわらかく包むように巻く。巻き終わりをきっちりとめる。

中国料理 6

糖醋魚／蕃茄蛋花湯／鍋貼餃子／豆沙麻球

中国料理 7

中国の衣揚げと包子のつくり方を比べてみよう

- 棒棒鶏〔バンバンヂィ〕（鶏肉のごまだれ和え）
- 高麗魚条〔ガオリイユイティヤオ〕（蝦仁〔シャレン〕）・高麗香蕉〔ガオリイシャンヂャオ〕（魚やえび・バナナの卵白衣揚げ）
- 酸辣湯〔スヮヌラァタン〕（酸味と辛味のスープ）
- 肉包子〔ロウパオズ〕・豆沙包子〔トウシャパオズ〕（肉まん・あんまん）

献立構成	料理	調理法	SV		応用
前 菜	棒棒鶏	拌菜（和える）	副菜 1	主菜 1.5	
大 菜	高麗魚条（蝦仁）	炸菜（揚げる）	主菜 2		八宝菜
汁	酸辣湯	湯菜（スープ）	主菜 0.5		
点 心	高麗香蕉， 肉包子・豆沙包子	甜点心（甘味系） 鹹点心・甜点心（塩・甘味系）	果物 0.5 主食 0.5	主菜 0.5	肉包子

● 炸菜〔ヂアツァイ〕：揚げ物料理

* 揚げる前には，塩味調味料で下味をつけることが多い。酒，しょうが，ねぎなどを用いて，肉や魚の臭みを抑制する。
* 揚げ油には，ラードが用いられてきたが，健康への配慮から大豆油のような植物性油脂が多く用いられるようになっている。
* 油の比熱は水のおよそ1/2であり，油量が少なかったら，材料を一度に揚げると温度低下が著しいので，温度管理に気をつける。
* 多量の油を用い，材料は少量ずつ入れると油の温度を一定に保ちやすい。

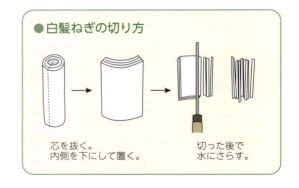

● 白髪ねぎの切り方

芯を抜く。内側を下にして置く。→ 切った後で水にさらす。

揚げ物の種類

種 類	方 法
清炸〔チンヂア〕：素揚げ	衣なしでそのまま揚げる
乾炸〔カンヂア〕：から揚げ	小麦粉や片栗粉をまぶして揚げる
軟炸〔ロワヌデア〕：衣揚げ	衣を付けて揚げる
脆炸〔ツェンヂア〕	あめをかけて揚げる
包炸〔パオヂア〕	包んで揚げる

軟炸の衣の種類

衣	特 徴
高麗（北方） 蛋泡糊（南方）	泡立てた卵白にでんぷんを加えた衣を付けて白く仕上げる揚げ物。
酥炸糊	ベーキングパウダーと油を入れた衣を付けて揚げる。酥は，サクサクした歯ざわりを意味する。

棒棒鶏（バンバンチィ）
（鶏肉のごまだれ和え）

エネルギー ：141 kcal
たんぱく質 ：7.9 g
脂質 ：4.9 g
食塩相当量 ：0.8 g

材料名	1人分	（　）人分
鶏むね肉	40 g	
酒	3 g	
ねぎ（青い部分）	4 g	
しょうが	2 g	
きゅうり	40 g	
トマト	40 g	
ごまだれ		
芝麻醤	4 g	
ごま油	1.6 g	
砂糖	0.6 g	
しょうゆ	5 g	
酢	2 g	
ねぎ	1 g	
しょうが	1 g	
にんにく	0.6 g	
ラー油	0.8 g	

① 鶏肉に酒をふりかけ，青ねぎとしょうが薄切りをのせ，強火で20分間ほど蒸し，そのまま冷ます。
② きゅうりはせん切り，トマトは薄切りにする。
③ ごまだれ用のねぎ，しょうが，にんにくをみじん切りにする。
④ 芝麻醤にごま油，砂糖，しょうゆ，酢の順に加え，よく混ぜる。③の薬味を加える。
⑤ ほぐした鶏肉を④のごまだれで和え，トマト，きゅうりと一緒に皿に盛り付ける。

> たれのかたさは，鶏肉の蒸し汁で調整する。にんにくやラー油は好みで調整する。

→ 出来上がり

きゅうりのせん切り2種

■**方法1**　きゅうりを長さ6 cm，厚さ2～3 mm程に斜め薄切りにし，これをせん切りとする。この方法は，せん切りの長さは不ぞろいになるが，両端に皮の緑が付いている。

■**方法2**　きゅうりをまず6 cm幅に切り，その後2～3 mmの薄切りにして，これをせん切りとする。この方法は，せん切りの長さはそろうが，緑の皮が付いているせん切りと白い果肉ややわらかい種子の部分のせん切りができる。

応用・発展

高麗魚条（ガオリイユイティヤオ）（蝦仁 シャレン）・
高麗香蕉（ガオリイシャンチャオ）

エネルギー ：250 kcal
たんぱく質 ：10.3 g
脂質 ：11.0 g
食塩相当量 ：0.2 g

材料名	1人分	（　）人分
白身魚またはえび	50 gまたは2尾	
（かじきまぐろなど）		
酒（魚介の5%）	2.5 g	
しょうが汁	2.5 g	
片栗粉	3 g	
バナナ（完熟でないほうがよい）	40 g	
練りあん	7 g	
片栗粉	3 g	
衣		
卵白	14 g	
水	10 g	
片栗粉	6 g	
上新粉	6 g	
揚げ油	適量	
サラダ菜	1枚	
花椒塩	適量	

① 片栗粉と上新粉を合わせて，ふるっておく。
② 魚は1 cm角の棒状に切る。えびは背わたと殻を取る。酒，しょうが汁をふりかける。
③ バナナは厚さ7 mm位の斜め薄切りにし，2枚ひと組で練りあんをはさむ。
④ 水気を拭き取った②と③に片栗粉をまぶす。
⑤ 卵白をしっかり泡立て，水と粉類を順次加え手早く泡立て器で混ぜて適度なやわらかさの衣をつくる。
⑥ ④に⑤の衣を付けて，150 ℃で揚げる。
⑦ 魚介はサラダ菜を敷いた皿に盛り付け，花椒塩を添える。バナナはそのまま皿に盛り付ける。粉糖をふりかけてもよい。

> 卵白の泡立ち具合により衣のやわらかさは異なるので，加水量で調整する。

> 泡立った卵白は粉を加えると崩壊の一途なので，揚げる直前に卵白を泡立てる。

> 衣をふんわり付けるために，魚は串に刺して衣を付けるとよい。えびは尾をもって衣を付ける。

→ 出来上がり

● 酸辣湯（スワヌラァタン）
（酸味と辛味のスープ）

エネルギー ：88 kcal
たんぱく質 ：3.8 g
脂質 ：6.4 g
食塩相当量 ：1.3 g

材料名	1人分	( )人分
豆腐	15 g	
干ししいたけ	1 g	
たけのこ	8 g	
きくらげ	0.5 g	
卵	10 g	
湯 [タン]	150 g	
塩	1 g	
薄口しょうゆ	1 g	
酒	2 g	
こしょう	少々	
片栗粉	2 g	
ごま油	2 g	
ラー油	2 g	
酢	3 g	
みつばまたは香菜	2 g	

❶ 豆腐は太めのせん切り，戻したしいたけときくらげ，たけのこもせん切り。

　豆腐をあらかじめゆでてもよい。

❷ 片栗粉を水でとく。

❸ 卵をほぐす。

❹ みつばを長さ3 cmに切る。

❺ 鍋に湯を入れ，❶の材料を入れて1～2分間弱火で煮る。

❻ 塩，薄口しょうゆ，酒，こしょうで調味する。

❼ 汁にとろみをつける。

❽ 卵を糸状に流し入れ，卵が浮き上がってきたら，手早くごま油，ラー油，酢を加え，みつばを散らし，すぐに火を止める。

出来上がり

● ラー油
ごま油に赤とうがらしを入れて，徐々に油の温度を上げていき，とうがらしの辛味成分のカプサイシンやジヒドロカプサイシンと赤色色素のカプサンチンやβ-カロテンなどを油抽出したものである。

鶏の皮を用いて湯を調製する
水に市販スープの素，棒棒鶏のむね肉の皮20 g，しょうが3 g，ねぎの青い部分5 gを入れ，30分程加熱して湯を調製する。鶏皮のコラーゲンが可溶化し，湯のこくや風味向上が期待される。残った鶏皮の一部はせん切りにして，酸辣湯の具として利用できる。

応用・発展

● 八宝菜（パアパオツァイ）
（五目炒め）

エネルギー ：222 kcal
たんぱく質 ：12.9 g
脂質 ：13.0 g
食塩相当量 ：2.0 g

材料名	1人分	( )人分
豚薄切り肉	20 g	
しょうゆ	1 g	
酒	1 g	
片栗粉	2 g	
えび	1尾	
いか	30 g	
うずら卵	1個	
白菜	80 g	
干ししいたけ	2 g	
たけのこ	20 g	
ふくろたけ（半分）	2個	
ねぎ	10 g	
にんじん	10 g	
さやえんどう	10 g	
しょうが	2 g	
炒め油	8 g	
調味液		
湯 [タン]	50 g	
しょうゆ	4 g	
砂糖	1 g	
塩	1 g	
酒	3 g	
片栗粉	3 g	

❶ 豚肉は2 cm幅に切り，しょうゆと酒で下味をつけ，片栗粉をまぶす。

❷ えびは背わたを取り，さっとゆでて殻をむく。いかは内側に松笠に切れ目を入れ，3×4 cmに切り，さっとゆでる。うずら卵は水からゆで，沸騰水中で6～7分間加熱後，水に取り殻をむく。

❸ 白菜は4 cm角のそぎ切り，たけのことにんじんは2×4 cmの短冊切り，しいたけはいちょう切り，ねぎは斜め薄切り，しょうがはみじん切りにする。

❹ にんじんはさっとゆで，さやえんどうもすじを取り，色よくゆでる。

❺ 湯，しょうゆ，砂糖，塩，酒を混ぜて調味液をつくる。片栗粉に水を加える。

❻ 中華鍋をよく熱して油を入れ，弱火でしょうがとねぎを炒めて香りがたってきたら，❶の肉を炒める。肉の色が変わったら，白菜，しいたけ，たけのこ，ふくろたけ，にんじんを加えて炒める。❺の調味液を入れ，さやえんどうを加えて片栗粉でとろみをつける。

● ふくろたけ：草菇
中国原産のきのこで，小さなきのこが笠をつぼめた形で袋状をしている。中国では，しいたけのような乾燥品が多いが，広東などの南方ではふくろたけが生のきのことして販売されている。日本では，缶詰で購入できる。

● 肉包子（肉まん）・豆沙包子（あんまん）
ロウパオズ　トウシャパオズ

エネルギー：373 kcal
たんぱく質：12.6 g
脂質　　　：10.0 g
食塩相当量：0.7 g

材料名	1人分	（　）人分
《皮》		
強力粉	30 g	
薄力粉	30 g	
ドライイースト	1.2 g	
微温湯（40℃）	34 g	
砂糖	3 g	
塩	0.3 g	
ラード	2 g	
《肉あん》		
豚ひき肉	20 g	
たまねぎ	10 g	
たけのこ	10 g	
干ししいたけ	1 g	
しょうが	2 g	
しょうゆ	2.5 g	
砂糖	0.5 g	
ごま油	1 g	
片栗粉	1.5 g	
《小豆あん》		
練りあん	30 g	
ラード	4 g	
黒ごま	3 g	

❹ たまねぎ，たけのこ，戻したしいたけ，しょうがはみじん切り。

❺ 肉にしょうゆを加え粘りがでるまでよく混ぜる。

❻ ❺に砂糖，ごま油，野菜類，片栗粉を加えよく混ぜ，肉あんを丸めておく。

片栗粉は，肉あんからの離水を抑えるために加えるが，肉の1/3をあらかじめ炒め，たまねぎ，たけのこ，しいたけも順に炒め，冷ましてから，調味し，しょうがを加えた粘りのある残り2/3の肉と混ぜて肉あんを調製する場合は，片栗粉は不要。

❶ ボウルにふるった小麦粉，砂糖，塩，イーストを入れ混ぜてから，微温湯を入れこねてまとめる。

❷ ラードを加えて生地がなめらかになるまでこねる。

❸ ボウルに入れラップをして，30℃で30分〜1時間ほど一次発酵する。

❾ ❸が2倍位になったら，麺板に取り出してこねてガス抜きして，2等分に丸め，❻の肉あん，❽の小豆あんを包み，底にパラフィン紙を当てる。

❿ 50〜60℃の湯を入れた鍋に蒸し器をのせ，ふきんを敷いて❾を並べ，30〜35℃で20〜30分間二次発酵。

⓫ ❿を沸騰している鍋にかけ，肉まん20分間，あんまん15分間程強火で蒸す。

❼ ごまを煎ってすっておく。

❽ 鍋にラードを入れ溶かし，あん，❼のごまを入れてよく練り，冷めたら丸めておく。

出来上がり

応用・発展

● 肉包子（ベーキングパウダー使用）
ロウパオズ

エネルギー：399 kcal
たんぱく質：12.0 g
脂質　　　：11.6 g
食塩相当量：1.2 g

材料名	1人分	（　）人分
《皮》		
強力粉	30 g	
薄力粉	50 g	
ベーキングパウダー	2.5 g	
砂糖	6 g	
微温湯（40℃）	44 g	
塩	0.4 g	
《肉あん》（同左）		
《小豆あん》（同左）		

❶ 小麦粉とベーキングパウダーを合わせてふるったものに，微温湯，砂糖，塩を入れてこね，かたく絞ったふきんに包んで30分間程ねかせておく。

❷ 肉あんと小豆あんを用意する。

❸ 生地を2等分し，皮を丸く広げて，中央にあんをのせ，包む。

❹ クッキングシートにのせ，蒸し器に入れ，強火で10分間程蒸す。

包子と饅頭

- 三国時代，戦での無事を祈るために人の首を神に祀る風習があったが，諸葛孔明は人命を惜しみ，羊や豚の肉を小麦粉生地で包んで人の頭として祀った。これが饅頭の始まりといわれる。
- 今日では，発酵した生地を丸めて蒸したものを饅頭，あんの入った饅頭を包子と分けている。

● 肉まんの包み方

右手の親指を支点に，人差し指で細かくひだをとる。

右手の親指と人差し指でつまんでしっかりと閉じる。

イースト発酵について

イースト菌は，糖質を分解してアルコールと二酸化炭素を生成する。小麦粉生地のイースト発酵は，イースト菌により生成された二酸化炭素を利用して小麦粉生地を膨化させることである。生地を30〜35℃程度に保つと，イースト菌の活性が最も活発になる。50℃を超えるとイースト菌が死滅するので，生地発酵温度に気をつける。

中国料理 8

やわらかい肉団子の湯菜と面白い形の甜点心をつくってみよう

- 腰果鶏丁（鶏肉とカシューナッツ炒め）
  （ヤオグオチーティン）
- 玻璃青梗菜（チンゲンサイのあんかけ）
  （ブオリチンゲンツァイ）
- 白菜肉丸子湯（白菜と肉団子のスープ）
  （パイツァイロウワンヅタン）
- 花捲児（花形の蒸しパン）
  （ホアジュアンル）

献立構成	料理	調理法	SV			応用
前 菜						
大 菜	腰果鶏丁 玻璃青梗菜	炒菜（炒める） 溜菜（あんかけ）	副菜 0.5 副菜 1	主菜 1.5		
汁	白菜肉丸子湯	湯菜（スープ）	副菜 1	主菜 1		奶羹蝦丸子
点 心	花捲児	甜点心（甘味系）				開口笑

◉点心：軽食および菓子類

　塩味系の料理は鹹点心，甘味系の料理は甜点心に分類される。果物なども広義では点心に分類される。

◉飲茶

　飲茶とは，本来はお茶を飲むことであるが，お茶を飲みながら，いろいろな点心を食べることである。

◉中国茶

　中国茶は，発酵の程度により不発酵茶（緑茶）微発酵茶（白茶），半発酵茶（青茶），発酵茶（紅茶）に分類される。その他，酵素発酵を止めた後で菌類により酸化させた後発酵茶（黄茶・黒茶），葉を固めた緊圧茶，花の香りを付与した花茶がある。発酵の進行度合いにより，水色が濃くなり，味も濃厚になる。いわゆる中国の六大銘茶は，緑茶（龍井茶など）・白茶（白牡丹など）・黄茶（君山銀針など）・青茶（凍頂烏龍茶，鉄観音など）・黒茶（普洱茶など）・紅茶（キーマンなど）である。

鹹点心の種類

主材料	料理
米	炒飯，粥，粽子
小麦粉	麺，餃子，焼売，餛飩，包子，春餅

甜点心の種類

	料理
菓子類	元宵，鶏蛋糕，月餅，酥餅
甜菜	八宝飯，豆沙包子，杏仁豆腐，高麗香蕉，抜絲白薯

● 腰果鶏丁（ヤオクオチーティン）
（鶏肉とカシューナッツ炒め）

エネルギー：238 kcal
たんぱく質：11.0 g
脂質　　　：16.8 g
食塩相当量：1.1 g

材料名	1人分	（　）人分
鶏むね肉	40 g	
塩	0.3 g	
酒	2 g	
しょうが汁	1 g	
卵	2 g	
片栗粉	1.5 g	
揚げ油（油通し用）	適量	
カシューナッツ	15 g	
赤パプリカまたはピーマン	10 g	
干ししいたけ	1.5 g	
たけのこ	10 g	
ねぎ	10 g	
しょうが	1 g	
赤とうがらし	1/5 本	
炒め油	3 g	
調味液		
しょうゆ	4.8 g	
酢	2 g	
酒	3 g	
砂糖	0.6 g	
片栗粉	0.4 g	

ピーマンの場合は，クロロフィルの退色を防ぐために150℃で数秒油通しをする。

❶ パプリカ，しいたけ，たけのこは1.5 cmの角切り，ねぎは1.5 cmの斜めぶつ切り，しょうがはみじん切りにする。

❷ カシューナッツを150～160℃で色づくまで揚げる。

❸ 鶏肉は1.5 cmの角切りにし，塩，酒，しょうが汁で下味をつける。

❹ ❸に卵と片栗粉を加え，よく混ぜ込む。

❺ ❹の肉を130℃で，肉表面の色が変わるまで油通しする。

❻ しょうゆ，酢，酒，砂糖，片栗粉を混ぜ合わせておく。

❼ 中華鍋を熱し，熱くなったら炒め油を入れ，弱火でとうがらしを炒め香りをたたせてから取り出す。

❽ ❶のしょうがを炒め，香りをだす。

❾ ❶のパプリカ，しいたけ，たけのこ，ねぎを加えて，炒める。

❿ ❺の鶏肉，❻の調味料を加えて手早くかき混ぜる。

⓫ とろみがついたら，❷のカシューナッツを加え混ぜる

出来上がり

● 玻璃青梗菜（ポーリチンゲンツァイ）
（チンゲンサイのあんかけ）

エネルギー：49 kcal
たんぱく質：1.3 g
脂質　　　：3.4 g
食塩相当量：0.5 g

材料名	1人分	（　）人分
チンゲンサイ	80 g	
炒め油	3 g	
にんにく	1 g	
湯 [タン]	80 g	
塩	0.3 g	
酒	5 g	
片栗粉（4％）	1 g	

❶ チンゲンサイは外側のかたい葉を取り除き，根元に切れ目を入れて，縦に6等分または8等分にする。

❷ 中華鍋を熱し，熱くなったら炒め油を入れ，弱火でにんにくを炒め香りをたたせてから取り出す。

❸ チンゲンサイを茎の方から入れて軽く炒めてから，塩，酒，湯を加えて3～4分間煮る。

❺ 汁の液量を25 gとし，水溶き片栗粉でとろみをつける。

● チンゲンサイの切り方

根が付いていた方向から包丁を入れ，大きさに合わせて縦6～8等分に切る。

❹ チンゲンサイの汁けを切り，皿に盛り付ける。

❻ ❺の透明なあんをチンゲンサイの上にかける。

出来上がり

● チンゲンサイ

1972年の日中国交回復以降に日本に導入され，中国野菜の中では最も普及し，定着している。葉柄は幅広く緑色をしている。カロテンやビタミンCが豊富な緑黄色野菜である。風味に癖がないので，炒め物，煮物，汁物などに幅広く用いられる。

● 白菜肉丸子湯
（パイツァイワンツタン）
（白菜と肉団子のスープ）

エネルギー：147 kcal
たんぱく質：8.2 g
脂質：8.6 g
食塩相当量：1.0 g

材料名	1人分	(　)人分
豚ひき肉	40 g	
塩	0.4 g	
酒	4 g	
しょうが汁	1.6 g	
水	8 g	
ねぎ	4 g	
片栗粉	1.6 g	
春雨	5 g	
白菜	80 g	
湯 [タン]	160 g	
酒	4 g	
塩	(0.4 g)	
こしょう	少々	
ごま油	1 g	

❶ ねぎはみじん切りにする。
❷ ひき肉に塩を入れて粘りがでるまでよく混ぜ，酒，しょうが汁，水，❶のねぎ，片栗粉を加えて混ぜる。
❸ 白菜は，軸と葉に分け，軸は縦半分に切り，4 cm位のそぎ切り，葉は5 cm幅に切る。
❹ 春雨は4 cm長さに切る。
❺ 鍋に湯を煮立てる。
❻ ❷を1人3個に丸めながら入れ，浮いてきたら火を弱めてアクをすくい，2〜3分間静かに煮る。
❼ 肉団子を寄せ，白菜の軸を入れ，団子を上にのせ，ふたをして5分間程煮る。ついで，白菜の葉を入れ団子を上にのせ，さらに15分間程煮る。
❽ 春雨，酒を入れ5分間程煮る。
❾ 塩，こしょう，ごま油で味を調える。

出来上がり

咀嚼力の低下した人への対応

塩を加えて粘りをだしたひき肉ペーストに水を徐々に加えていくと，水を抱き込んだペーストとなる。水を加えて肉たんぱく質の割合が低下すると，加熱後の肉団子はやわらかく，咀嚼しやすくなる。

応用・発展

● 奶羹蝦丸子
（ナイゴンシャワンツ）
（えび団子の牛乳スープ）

エネルギー：124 kcal
たんぱく質：10.7 g
脂質：3.6 g
食塩相当量：1.1 g

材料名	1人分	(　)人分
むき芝えび	40 g	
塩	0.4 g	
酒	4 g	
卵	5 g	
しょうが汁	1 g	
白ねぎ	2 g	
片栗粉	2 g	
カリフラワー	50 g	
湯 [タン]	120 g (75 g)	
酒	4 g	
エバミルク（牛乳）	30 g (75 g)	
塩	(0.2 g)	
こしょう	少々	
片栗粉	2 g	

❶ えびは背わたを取り除き，出刃包丁のはら（p.23参照）を利用して1尾ずつたたき潰し，さらに包丁で刻んだり，はらでこねるようにしたりして粘りをだす。
❷ ❶をすり鉢に入れ，塩を加えてよくすり粘りがでたら，酒，卵，しょうが汁，ねぎのみじん切り，片栗粉を加え混ぜ合わせる。
❸ ❷を1人3個に丸め，沸騰水中でゆで，浮き上がったら取り出す。
❹ カリフラワーは小房に切り分ける。
❺ 鍋に湯，酒，❹のカリフラワーを入れ，沸騰してから2〜3分間煮る。
❻ エバミルク，❸のえび団子を加え，塩とこしょうで味を調え，水溶き片栗粉でとろみをつける。

● エバミルク
＊ 全乳あるいは脱脂乳を減圧下で濃縮したもの。
＊ エバミルクは無糖練乳であり，コンデンスミルクは加糖練乳である。
＊ 薄いクリーム色で，特有の風味がある。

ひき肉の結着性について

- ひき肉は，そのまままとめて加熱すると肉が収縮し，形が崩れやすい。
- ひき肉に塩味調味料を加えて，よくすり混ぜると，ミオシンとアクチンが塩に溶解して，粘着性の強いアクトミオシンを形成する。
- これを加熱すると保水性が高く，弾力のある肉団子になる。
- 卵液を加えると材料間の隙間を埋め，加熱凝固により材料をまとめるので，肉団子が崩れにくい。つなぎとしての役割がある。

●花捲児（ホアジュアンル）（花形の蒸しパン）

エネルギー：250 kcal
たんぱく質：4.0 g
脂質　　　：2.8 g
食塩相当量：0.3 g

材料名	1人分	(　)人分
薄力粉	50 g	
ベーキングパウダー (4%)	2 g	
水	23 g	
砂糖	10 g	
干しぶどう	5 g	
ラード	2 g	

1. 干しぶどうは粗みじんに切る。
2. 薄力粉とベーキングパウダーを合わせてふるっておく。
3. 砂糖を水に溶かしておく。
4. ❷の粉類に❸を加えて混ぜ合わせ、生地を調製する。
5. 生地を厚さ7 mm程の長方形に薄くのばし、巻き終わり1 cmを残して、表面にラードを均一に塗り、❶の干しぶどうをその上に散らす。
6. 手前から生地を巻き、巻き終わりをしっかり押さえてから、1人1個に切り分け、切り口を上にしてパラフィン紙の上に置き、高さの1/3程度まで放射状の切り込みを4～6か所に入れる。
7. 蒸し器に入れ、強火で12～15分間蒸す。
8. 蒸し上がったら、うちわであおいでつやをだす。

→ 出来上がり

●花捲児の形成

約20 cm　ラードを塗らない部分。
約1 cm
約30 cm　薄く表面にラードを塗る
厚さ7 mmくらいにのばす。

↓

くるくる筒状に巻く。とじめをしっかりつける。 → 4～6か所切り込みを入れる。 → 外側へ広げる。

応用・発展
●開口笑（カイコウシャウ）（揚げ菓子）

エネルギー：181 kcal
たんぱく質：2.5 g
脂質　　　：6.1 g
食塩相当量：0.2 g

材料名	1人分	(　)人分
薄力粉	25 g	
ベーキングパウダー	0.8 g	
ラード	1.5 g	
砂糖	10 g	
卵	5 g	
水	4 g	
打ち粉	適量	
揚げ油	適量	

1. 薄力粉とベーキングパウダーを混ぜ合わせて、2～3回ふるいにかける。
2. ボウルにラードを入れ、砂糖を加えて練り混ぜ、さらに卵と水を順に加えてよく混ぜて均一にする。
3. ❶の粉類を加え、木じゃくしでさっくり混ぜ、ひとまとめにする。
4. 揚げるときに、生地を2等分して球状に丸める。生地がやわらかい場合は、打ち粉をした上に❸を取り出し、2等分にして球状に丸める。
5. 120℃の油に入れ、ときどき箸で返しながら（6～8分間）徐々に油の温度を150℃まで上げる。ぱっくりと口が開いたようになり、きれいな焦げ色がついたら引き上げる。

●開口笑
膨化する生地を揚げると、表面に亀裂が入り、「口を開けて笑っている」形状になることがその名の由来である。
沖縄には、同様の菓子としてサーターアンダーギーがある。

油脂の疎水性の利用
- 油脂は水に溶けず、水と混ざり合わない。
- 薄くのばした小麦生地に油を塗ってから、生地を巻くと、油脂の疎水性により、生地同士が付着するのを防ぐ。そこで、切り込みを入れてから加熱すると、生地が膨化し、切り込みを入れた個所がばらばらに開く。

牛乳の酸凝固
- 牛乳は、野菜と一緒に加熱しすぎたり、長時間放置すると、分離したり、たんぱく質が凝固したりして、見た目が悪くなり、なめらかな口触りが損なわれる。これは、野菜に存在する有機酸によりカゼインたんぱく質が酸凝固するからである。
- キャベツ、ほうれん草、カリフラワーなどではあまり凝固しないが、アスパラガス、いんげん、にんじん、えんどうなどでは凝固しやすい。

西洋料理 1

西洋のスープの基本とハンバーグを覚えよう

- ● ピラフ
- ● コンソメスープ
- ● ハンバーグ（にんじんのグラッセ・いんげんのソテー添え）
- ● ババロア

献立構成	料理	調理法	SV			応用
主　食	ピラフ	炊く	主食 1	副菜 0.5	主菜 1	
スープ	コンソメスープ	汁物				
主　菜	ハンバーグ にんじんのグラッセ, いんげんのソテー	焼く	主菜 3 副菜 1			
デザート	ババロア	固める				ゼリー

◉ だし汁 (Bouillon，Soup Stock)

　牛肉ブイヨン，鶏肉ブイヨン，魚のブイヨンなどがある。主材料のうま味や骨髄などに含まれるゼラチン質を抽出するため，骨付き肉，魚のアラなどを使用する。副材料としてたまねぎ，にんじんなどの野菜類やローリエなどの香草を加え，アクや脂を取りながら弱火で加熱し，濁らないようにする。スープのベースとして利用する。

■ ブーケガルニ

　肉や魚の臭みを消し，香りをつけるためにローリエ，タイム，パセリ，セロリなどの香草をタコ糸で束ねたり，ガーゼで包んだりして使う。調理の途中で取り出せるようにしておく。

■ スープの浮き実

　食感と盛り付けを美しくするために，スープには浮き実を入れる。スープの名前は浮き実の種類でつけられることが多い。

だし汁の種類

種　類	材料 (出来上がり 1 kg)
鶏肉ブイヨン	水 2 kg，鶏肉 300 g，鶏骨 300 g，たまねぎ 100 g，にんじん 50 g，ブーケガルニ
魚のブイヨン	水 1 kg，魚のアラ 1000 g，たまねぎ 100 g，白ワイン 200 g，ブーケガルニ
牛肉ブイヨン	p.94 参照

浮き実の種類

名　称	材料・つくり方
ジュリエンヌ	野菜，ハムなどをせん切りにし，炒めるか煮る
ペイザンヌ	野菜をひし形切りにし，煮る
クルトン	パンを 7 mm 角に切り，油で揚げるか焼く
クルート	食パンを 3 mm の厚さにし，三角形や星形に切り，焼く
クレープ	小麦粉，卵，牛乳を混ぜたものを薄く焼いて切る
ヌイユ	マカロニ，スパゲッティ，ヌードルなどをゆでる
ベルミセル	バーミセル (そうめん状の麺) を切ってゆでる
ロワイヤル	卵，牛乳，ブイヨンで卵豆腐をつくり，あられやひし形に切る
タピオカ	タピオカをゆで用いる

92　第2部　実習編

●ハンバーグ
（にんじんのグラッセ・いんげんのソテー添え）

エネルギー ： 394 kcal
たんぱく質 ： 18.2 g
脂質 ： 29.1 g
食塩相当量 ： 2.5 g

材料名	1人分	（　）人分
牛豚ひき肉	100 g	
塩	1 g	
こしょう	少々	
ナツメグ	少々	
たまねぎ	30 g	
油	2 g	
生パン粉*	10 g	
牛乳	10 g	
卵	10 g	
油	2 g	
ソース		
トマトケチャップ	12 g	
ウスターソース	3 g	
赤ワイン	3 g	
《にんじんのグラッセ》		
にんじん	40 g	
水	35 g	
塩	0.3 g	
砂糖	1 g	
バター	4 g	
《いんげんのソテー》		
さやいんげん	20 g	
バター	1 g	
塩	0.1 g	
こしょう	少々	

＊乾燥パン粉ならば 7.5 g

グラッセ

フランス語で「氷のようにつやがある料理」のことを指す。にんじんなどを砂糖，バター，塩とともにつやがでるまで煮る。

大量調理への応用

ハンバーグ生地をかまぼこ型やローフ型に入れてオーブンで焼くとミートローフになる。中央にゆで卵を入れるとボリュームがでる。

---

1. たまねぎはみじん切りにし，フライパンに油を入れ炒め，冷ます。
2. パン粉を牛乳に浸す。
3. ひき肉と塩をよく混ぜたのち，たまねぎ，パン粉，卵，こしょう，ナツメグを加え混ぜる。
4. 生地を1つ分取り，両手で交互に打ちつけるようにし小判型にし，中央をへこませる。
5. フライパンに油を入れ強火で焦げ目をつけ，火を弱めて周囲の色が変わったら裏返して同様にし，蒸し焼きにする。
6. ソースの材料を混ぜ，ひと煮立ちさせる。

《にんじんのグラッセ》

7. にんじんは皮をむき，8 mmの輪切りまたはシャトー切りにする。
8. 調味料，水を入れ，やわらかくなるまで煮る。（付録㉕）
9. 最後に鍋をゆり動かして，つやよく煮詰める。

《いんげんのソテー》

10. さやいんげんはゆでて4 cmくらいに切る。
11. バターで手早く炒め，塩，こしょうをふる。
12. 皿に盛り付け，ソースをかける。

出来上がり

●ハンバーグの注意点
- ひき肉は塊肉に比べ表面積が大きいため，脂肪の酸化や細菌汚染されやすく，鮮度の低下が早いので，冷蔵保存し，早めに使い切る。
- ハンバーグは内部まで十分に火が通るようにする。大量調理の場合は肉の中心の温度が75℃以上になっていることを確認する。

西洋料理1　ピラフ／コンソメスープ／ハンバーグ（にんじんのグラッセ・いんげんのソテー添え）／ババロア

● ピラフ

エネルギー：353 kcal
たんぱく質：8.2 g
脂質　　　：9.9 g
食塩相当量：1.4 g

材料名	1人分	(　)人分
米	70 g	
バター	5 g	
ブイヨン	90 g	
鶏むね肉	20 g	
たまねぎ	15 g	
にんじん	8 g	
マッシュルーム	7 g	
油	4 g	
塩	0.8 g	
こしょう	少々	
グリンピース	3 g	

● コンソメスープ

エネルギー：82 kcal
たんぱく質：9.0 g
脂質　　　：2.7 g
食塩相当量：1.8 g

材料名	1人分	(　)人分
牛すね（粗びき肉）	40 g	
卵白	6 g	
たまねぎ	15 g	
にんじん	10 g	
セロリ	4 g	
ローリエ	1/4 枚	
ブイヨン	200 g	
浮き実		
たまねぎ	5 g	
にんじん	5 g	
セロリ	5 g	
塩（できあがり0.6％）	0.7 g	
粒こしょう	1/4 粒	

ピラフ 手順

❶ 米は洗い，ざるにあげ水を切っておく。

> 米を油で炒めてから炊くと米粒表面の組織が壊れ，表面の糊化が進み，米の表面に油の皮膜ができる。そのため，米の中心部は吸水されにくくなる。浸水時間を長めにするか，熱いブイヨンを加えて炊くと芯ができない。

❷ 鶏肉は1 cm角，たまねぎ，にんじん，マッシュルームは0.7 cm角に切る。

❸ フライパンに油をひき，鶏肉を炒め，たまねぎ，にんじん，マッシュルームを炒め，塩，こしょうし，ボウルに移す。

❹ フライパンにバターを入れ，2〜3分炒める。米は透明感がでて，貼り付くようになる。

❺ ❸の具材，熱いブイヨンを加え炊く。

❻ グリンピースは塩ゆでしておく。

❼ 炊き上がったピラフを混ぜ，グリンピースを加え盛り付ける。

出来上がり

コンソメスープ 手順

❶ たまねぎ，にんじん，セロリは1 cm角にし，粒こしょうはつぶす。

❷ 深鍋にひき肉と❶，卵白を加え，卵白がからむように木べらでよく混ぜる。

❸ 40 ℃くらいのブイヨンを注ぎ，さらによく混ぜる。

❹ 中火にかけ木べらでゆっくり鍋底をこそぐように混ぜる。

❺ 80 ℃くらいになり，材料が固まってきたらローリエを入れ，極弱火で1時間加熱する。

❻ 冷めないうちにこし，塩，こしょうで味を調える。

❼ 浮き実の野菜は長さ4 cmのせん切りにする。

❽ 少量のコンソメで煮る。

❾ 器を温め，温かいコンソメを注ぎ，浮き実を散らす。

出来上がり

●牛肉ブイヨンの取り方　(付録㉟)

材料名	出来上がり1kg	(　)人分
牛すね肉	200 g	
鶏骨	150 g	
たまねぎ	100 g	
にんじん	50 g	
ブーケガルニ		
セロリ	20 g	
ローリエ	1 枚	
パセリの茎	1 枝	
クローブ	1 粒	
粒こしょう	3 粒	
水	2.5 kg	
塩	2 g	

●ババロア

エネルギー：176 kcal
たんぱく質：3.9 g
脂質　　　：12.6 g
食塩相当量：0.1 g

材料名	1人分	(　)人分
粉ゼラチン	1.5 g	
砂糖	10 g	
卵黄	6 g	
牛乳	50 g	
生クリーム	20 g	
バニラエッセンス	少々	

❶ 牛乳を温める。

❷ 鍋に砂糖と卵黄を入れ，白っぽくなるまでよく混ぜ，温めた牛乳を加える。

❸ 弱火にかけ，かき混ぜながら80℃くらいまで温度を上げる。

❹ ゼラチンをふり入れる。

❺ 生クリームをとろみがつくまで泡立て，バニラエッセンスを1～2滴入れる。

❻ 氷水にあて，とろみがつくまで冷やす。

❼ ❻に❺を加え混ぜる。

❽ 30℃くらいになったらゼリー型に入れ，氷水または冷蔵庫で冷やす。

❾ ぬるま湯にゼリー型を入れ，型から出し盛り付ける(40℃の湯で10～30秒間くらい)。

生クリームは比重が小さいため，分離しやすい。そのため，生クリームをとろみがでてきた状態にし，泡立て過ぎないよう気をつける。また，ゼリー液と混ぜるときは，温度に気をつけ，氷水で速やかに冷却する。

出来上がり

(付録㊷)

応用・発展

●ゼリー

エネルギー：63 kcal
たんぱく質：1.6 g
脂質　　　：0.0 g
食塩相当量：0.0 g

材料名	1人分	(　)人分
粉ゼラチン	1.5 g	
オレンジジュース	60 g	
水	20 g	
砂糖	8 g	

❶ 水と砂糖，オレンジジュースを加え80℃くらいにする。

❷ 火からおろし，ゼラチンをふり入れ，溶かす。

❸ 粗熱をとりゼリー型に入れ，氷水または冷蔵庫で冷やす。

❹ ぬるま湯にゼリー型を入れ，型から出し盛り付ける (40℃の湯で10～30秒くらい)。

●ポイント

- 生フルーツは風味があり，おいしく出来上がる。生オレンジを使用するときは，1人分1/2個程度，用意する。
- ゼラチンは豚などの皮や骨を原料としてつくるコラーゲンの分解物であるが，高温で長時間加熱すると凝固力が落ちる。
- ゼリーにたんぱく質分解酵素を含む果物 (パインアップル，キウイフルーツ，パパイヤ等) を使用する際は，生のままではゼリーが凝固しないため，加熱して使用する。
- ゼリーは，夏期には融けて崩れやすいため，ゼラチン濃度を高めにする。ゼラチン濃度のめやすは2～4％である。

スープの種類

スープ類の総称はPotage (ポタージュ) である。澄んだスープ (いわゆるコンソメ) をPotage Clair (ポタージュクレール)，濁ったスープをPotage lié (ポタージュリエ) という。日本では一般に，とろみのある濁ったスープをポタージュという。

Potage liéには，いもや野菜でとろみをつけたPotage purée (ポタージュピューレ)，肉や魚のピューレとソースでとろみをつけたPotage crème (ポタージュクレーム) がある。

そのほかに，チャウダー，ブイヤベース，ボルシチなど実だくさんのスープがある。

---

❶ すね肉は脂を除き，3 cm角に切る。鶏骨は熱湯をかけた後，流水で洗う。
❷ 水を加え強火にかける。沸騰後，火を弱めアクを取る。
❸ 弱火で1時間ほど煮る。
❹ たまねぎは4つ割りにしクローブを刺す。にんじんは皮付きのまま5 cmに切る。
❺ セロリ，ローリエ，パセリの茎をタコ糸で結び，ブーケガルニをつくる。
❻ 野菜，ブーケガルニ，塩，こしょうを加え，さらに1～2時間煮る。
❼ 冷めないうちにこす。

西洋料理 2

サラダとドレッシング，香辛科と香草の種類を学ぼう

- ● いわしの香草焼き
- ● キャロットスープ
- ● トマトサラダ
- ● ドーナッツ

献立構成	料理	調理法	SV			応用
主　食	いわしの香草焼き	焼く	主菜　3			鶏肉の香草焼き
スープ	キャロットスープ	汁物	副菜　1	牛乳・乳製品　0.5		
副　菜	トマトサラダ		副菜　1.5			ほうれん草サラダ
デザート	ドーナッツ	揚げる				

● サラダ

　サラダはコース料理や，前菜などに単独または，魚料理肉料理の付け合わせとして用いられている。

　材料は生野菜，ゆでた野菜，パスタ，果物，いも類さらに卵，魚介類，肉類などさまざまな材料の組み合わせ，ソースで変化をつけることができる。冷たいサラダと，温かいサラダに大別され，生野菜の場合は，水分を十分除き，材料，皿も冷たくして供する。ドレッシングは野菜から水分が出ないよう，供する直前か，各自食べるときにかける。

● 緑黄色野菜

　緑黄色野菜とは，ほうれん草やにんじんなど可食部 100 g 当たりのカロテン含量（β-カロテン当量）が 600 µg 以上のものをいう。トマトやピーマンなどの一部の野菜はカロテン含量が 600 µg 未満であるが，使用頻度を考慮して緑黄色野菜として扱っている。成人の場合，野菜は 1 日に 350 g 以上，そのうち緑黄色野菜は 120 g 以上摂取することが推奨されている。

サラダの種類と特徴

サラダ	特　徴
グリーンサラダ	レタスなどのリーフ類を中心に使用したサラダである
コンビネーションサラダ	じゃがいも，きゅうり，トマトなどにハム，ゆで卵，えびなどを彩りよく盛り付けたサラダである
コールスローサラダ	キャベツ，にんじんなどをせん切りにして，ビネグレットソースで和えたものである
マセドアンサラダ	じゃがいも，にんじん，きゅうり，セロリ，りんごなどをさいの目切りにし，マヨネーズソースで和えたものである
ミモザ風サラダ	カリフラワー，セロリ，きゅうりなどをビネグレットソースで和え，ゆで卵の卵黄をうらごしして散らしたものである

96　第2部　実習編

●トマトサラダ

エネルギー：135 kcal
たんぱく質：0.6 g
脂質　　　：12.1 g
食塩相当量：0.5 g

材料名	1人分	(　)人分
トマト	100 g (1/2個)	
たまねぎ	15 g	
バジル	1 枚	
ビネグレットソース		
オリーブ油	12 g	
果実酢	5 g	
塩	0.5 g	
こしょう	少々	

1. トマトはへたを取り，熱湯に10～15秒間くぐらせて，すぐに冷水に取り，皮をむく（湯むき）。厚さ5 mm程度の輪切りにする。
2. たまねぎはみじん切りにし，水にさらし，水を切る。
3. バジルを刻む。
4. オリーブ油，酢，塩，こしょうを混ぜビネグレットソースをつくる。
5. トマトの上に❷をのせ，❸のバジルを飾り，食べる直前にビネグレットソースをかける。

出来上がり

ビネグレットソース（フレンチドレッシング）

　ビネグレットソースはサラダ材料重量の15～20％を用意する。酢と油の割合は容積比で，1：1～3が目安となり，マスタード，砂糖を加える場合もある。ビネグレットソースはベースソースのひとつで，酢をバルサミコ酢，ワインビネガー，レモン汁にし，油をごま油などに変えるなどバリエーションを増やすことができる。また，ピクルス，おろしたまねぎ，トマト，ピーマン等を加えることもある。

生野菜の洗浄と吸水

　サラダに用いる生野菜は，水を替えながらきれいに洗う。その後，水に浸漬しておけば水は野菜よりも低張なので野菜が吸水してパリッとする。一方，水浸漬によって水溶性のビタミン類や無機質は一部溶出するので，長い時間の浸漬は好ましくない。なお，生の葉物野菜は加熱したものよりもかさ高く，見た目よりも重量が少ないことにも留意したい。

●ほうれん草サラダ

応用・発展

エネルギー：93 kcal
たんぱく質：1.7 g
脂質　　　：8.0 g
食塩相当量：0.3 g

材料名	1人分	(　)人分
ほうれん草（葉のみ）	30 g	
ベーコン	10 g	
オリーブ油	4 g	
ワインビネガー	10 g	
こしょう	少々	
塩	少々	

1. ほうれん草は，一口大に切る。
2. ベーコンは7 mmに切る。
3. フライパンにベーコンを入れ，弱火で焼く。色がついたらこしょう，オリーブ油を入れ，強火にする。ワインビネガーを加えひと煮立ちさせ，❶に熱いうちにかける。
4. 塩で味を調える。

●食酢（ビネガー）

醸造酢　原料の違いによって穀物酢と果実酢に大別される。

ワインビネガー（ぶどう酢）　ぶどう果汁を乳酸菌で発酵させた果実酢で，赤と白の2種類がある。レッドワインビネガーは赤紫色の皮ごと使用するため渋味がある重い味になり，ホワイトビネガーは軽い舌ざわりでサラダのドレッシングに適している。

バルサミコ酢　ワインビネガーの一種で熟成期間が長いため，黒みを帯びている。イタリア語でかぐわしい，芳香という意味であり，肉料理のソースをはじめ，デザートなど幅広く料理に利用されている。

シダービネガー（アップルビネガー，リンゴ酢）
りんご果汁をアルコール発酵させた後，酢酸発酵させたもので，アメリカで最も一般的な酢。

モルトビネガー（麦芽酢）　麦芽汁等をアルコール発酵させた後，酢酸発酵させたもので，イギリスで一般的。

穀物酢　米，麦，とうもろこしなどの穀物を原料として醸造した酢であり，わが国の酢の代表である。

米酢　原料に米のみを用いた醸造酢である。

西洋料理

●いわしの香草焼き

エネルギー：281 kcal
たんぱく質：16.2 g
脂質　　　：17.9 g
食塩相当量：1.3 g

材料名	1人分	(　)人分
いわし	80 g	
塩	0.9 g	
こしょう	少々	
パン粉	12 g	
ローズマリー（生）	0.6 g	
薄力粉	5 g	
卵	8 g	
オリーブ油	8 g	
にんにく	少々	
《アスパラのソテー》		
グリーンアスパラガス	20 g	
バター	1 g	
塩	0.1 g	
レモン	1/8個	

❶ いわしは頭と内臓を取って手開きにして，塩，こしょうをする。
❷ パン粉と刻んだローズマリーを混ぜる。
❸ いわしに，薄力粉，溶き卵，パン粉を付ける。
❹ フライパンにオリーブ油，スライスしたにんにくを入れ，いわしの両面を焼く。
❺ グリーンアスパラガスは根元のすじを取り，1分間ゆで4 cmに切り，バターで炒め，塩で味を調える。
❻ レモンをくし切りにする。
❼ 盛り付ける。

出来上がり

大量調理への応用

いわしを天板に並べ，上に香草入りのパン粉をかけ，油をスプレーし，オーブンで焼く。

応用・発展
●鶏肉の香草焼き

エネルギー：350 kcal
たんぱく質：14.3 g
脂質　　　：31.5 g
食塩相当量：1.8 g

材料名	1人分	(　)人分
鶏もも肉	80 g	
マリネ液		
オリーブ油	12 g	
塩	1.6 g	
バジル（乾燥）	0.3 g	
オレガノ（乾燥）	0.1 g	
オリーブ油	8 g	
赤パプリカ	25 g	
黄パプリカ	25 g	
さやいんげん	20 g	
塩	少々	
こしょう	少々	

❶ オリーブ油，塩，香辛料を混ぜ，マリネ液をつくる。
❷ 鶏肉をマリネ液に30分間漬ける。
❸ いんげんはゆで，1.5 cmに切る。
❹ パプリカは1.5 cm四方に切る。
❺ フライパンにオリーブ油を入れ，鶏肉の皮側から焼き，両面を焼き，火を通す。
❻ 肉を取り出し，残った油にパプリカ，いんげん，残ったマリネ液を加えて炒め，塩，こしょうで味を調える。
❼ 野菜を盛り付け，上に❺の鶏肉を置く。

香辛料

香辛料は，スパイス，ハーブ，薬味，香料と呼ばれ，植物の種子，花，葉，根，樹皮，果皮などの芳香と辛味を有するものを，生または乾燥させて使用する。香草とは葉の部分を用いるものをいう。香辛料は消臭作用，芳香作用や辛味，着色などを付与し，食欲増進作用などがある。

香草の種類

名　称	特　徴
ローリエ	月桂樹の葉で，消臭性と芳香性がある。煮込み料理，ピクルスなどに使用する
バジル	シソ科の葉で，芳香性がある。サラダ，ソーセージ，ピッツァなどに使用する
ローズマリー	消臭性があり，豚，鶏肉の臭みを取るのに用いる。ソース，ドレッシングなどに使用する
タイム	消臭性があり，煮込み料理に用いる。スープ，ハム，ソーセージに使用する
オレガノ	シソ科の葉で，消臭性がある。トマトを用いた料理，メキシコ料理に使用する
ペパーミント	シソ科の葉でハッカともいわれる。魚料理，ラム料理，菓子類，リキュールなどに使用される
タラゴン	キク科の葉で，芳香性がある。酢に合うので，ピクルス，サラダなどに使用される

● キャロットスープ

エネルギー：150 kcal
たんぱく質：2.5 g
脂質：11.3 g
食塩相当量：1.8 g

材料名	1人分	（　）人分
にんじん	40 g	
たまねぎ	25 g	
バター	4 g	
米	4 g	
ブイヨン	120 g	
ローリエ	1枚	
牛乳	30 g	
生クリーム	12 g	
バター	2 g	
塩	1 g	
こしょう	少々	
食パン	少々	
パセリ	少々	

1. にんじん、たまねぎを薄切りにする。
2. 鍋にバターを入れ、たまねぎをしんなりするまで炒める。
3. にんじんを加えて弱火で2分間炒める。
4. 米を加え、弱火で1分間炒める。
5. ブイヨン、ローリエを加え、10分間煮る。
6. ローリエを除き5をミキサーにかける。
7. 鍋に戻し、牛乳を加え沸騰させる。
8. 生クリームを加え、バター、塩、こしょうで味を調える。
9. 食パンは7mm角に切り、150℃のオーブンで焼き目が均等につくよう焼く。
10. 温めておいた皿に盛り付け、9のクルトンとパセリを散らす。

出来上がり

●ポイント
- にんじんのほか、とうもろこし、じゃがいも、かぼちゃ、ほうれん草などの野菜を使用する。でんぷんを含まない野菜の場合は米、薄力粉で粘度をつける。
- 塩味は、温度が低いと薄く感じるので、温スープと冷製スープでは塩分量を調整する。

● ドーナッツ

エネルギー：241 kcal
たんぱく質：2.9 g
脂質：11.1 g
食塩相当量：0.3 g

※栄養価計算は1人分の値

材料名	4人分（8個）	（　）人分
薄力粉	100 g	
ベーキングパウダー	4 g	
卵	35 g	
バター	25 g	
砂糖	25 g	
水	9 g	
揚げ油	適量	
まぶし用		
グラニュー糖	30 g	
シナモンパウダー	少々	

1. 薄力粉とベーキングパウダーをふるっておく。
2. バターを練ってクリーム状にし、砂糖を加えて混ぜる。続いて卵、水も加えてよく混ぜる。
3. 粉を入れて、こねる。生地がまとまったら、麺板、麺棒に打ち粉をし、生地を置いて、麺棒で厚さ約7mmにのばす。ドーナッツ型で型抜きをする。
4. 揚げ油を160℃にし、生地を入れ、15秒ごとに裏返しながら3分間揚げる。取り出すときは180℃になるようにする。
5. 皿に砂糖とシナモンパウダーを合わせておき、揚げたてのドーナッツの表面にまぶす。

出来上がり

ベーキングパウダー

ベーキングパウダーは重曹（炭酸水素ナトリウム）に、酸性剤（酒石酸など）と緩和剤（でんぷんなど）を加えたものであり、重曹よりもガスの発生を促進し、アルカリによる黄化を防いでいる。

$$NaHCO_3 + HX \rightarrow NaX + H_2O + CO_2$$
　　　　酸性剤　中性塩

重曹単独の場合

$$2NaHCO_3 \rightarrow Na_2CO_3 + H_2O + CO_2$$

CO_2による膨化力は弱いので、小麦粉は薄力粉を用い、生地をこねすぎないようにする。

西洋料理 99

西洋料理 3

ルウとソース，卵料理の種類とつくり方を覚えよう

- マカロニグラタン
- ポーチドエッグ
- グリーンサラダ
- クッキー

献立構成	料理	調理法	SV			応用
主 食	マカロニグラタン	焼く	主菜　0.5	牛乳・乳製品 2		クリームコロッケ
主 菜	ポーチドエッグ	ゆでる	副菜　1.5	主菜　1		オムレツ スクランブルエッグ
副 菜	グリーンサラダ		副菜　1			
デザート	クッキー	オーブン加熱				

◉ ルウ (Roux)

　ルウは小麦粉をバターで炒めた炒り粉のことで，ソースに適度な濃度をつけるために用いられる。炒め方によってホワイトルウ（120〜130℃），ブルーテルウ（140〜150℃），ブラウンルウ（170〜180℃）がある。炒め時間は約10分間。

◉ ソース (Sauce)

　西洋料理に風味や彩りを与え，多くの種類がある。温かいソースと冷たいソースに大別される。

(付録㊴〜㊶)

ソースの種類と料理

	種　類	特徴・用途
温ソース	ベシャメルソース Sauce bechamel	ホワイトルウと牛乳または白色のフォンを加えてつくる白いソースである。鶏肉，魚介類，卵，野菜に広く使用する。代表的な料理はクリーム煮，グラタンなどである
	ブルーテソース Sauce veloutée	ホワイトルウまたはブルーテルウと白色のフォンでつくる。魚用ソースは魚のフォンで，肉用ソースには肉のフォンを用いる
	ドミグラスソース Sauce demi-glace	ブラウンルウと褐色のフォンでつくるソースで，主に肉類に使用される。代表的な料理は，ビーフシチュー，欧風カレーなどである
	トマトソース Sauce tomate	ブルーテルウと白色のフォンとトマトピューレでつくる赤いソースである。スパゲッティ，コロッケなどに使用する
冷ソース	マヨネーズソース Sauce mayonnaise	卵黄と油と酢を撹拌してつくる。サラダ，揚げ物など温かい料理に使用することもある
	ビネグレットソース Sauce vinaigrette	油と酢でつくる。サラダやマリネに使用する
	ショーフロアソース Sauce chaud-froid	温かいソースをゼラチンで固めた冷製料理用ソースで，料理の上にかけ，つやをだす

100　第2部　実習編

● マカロニグラタン

- エネルギー：405 kcal
- たんぱく質：13.0 g
- 脂質　　　：26.1 g
- 食塩相当量：1.7 g

材料名	1人分	（　）人分
マカロニ	20 g	
鶏もも肉	20 g	
塩	0.1 g	
こしょう	少々	
ベーコン	5 g	
たまねぎ	20 g	
マッシュルーム	8 g	
バター	4 g	
塩	0.2 g	
こしょう	少々	
《ベシャメルソース》		
バター	11 g	
薄力粉	11 g	
牛乳	160 g	
塩	0.8 g	
こしょう	少々	
生クリーム	5 g	
粉チーズ	1 g	
パン粉（乾燥）	1 g	

《ベシャメルソース》
7. 牛乳を温める。
8. 鍋にバターを溶かす。
9. 薄力粉を入れ，色がつかないように炒める。
10. だまができないように牛乳を少しずつ加え混ぜ，とろみがでるまで中火で煮る。
11. 生クリームを加え，塩，こしょうで味を調える。

1. 鶏肉，ベーコンは1 cmに切る。たまねぎ，マッシュルームはスライスする。
2. 鶏肉は塩，こしょうで下味をする。
3. フライパンにバターを溶かし，ベーコン，鶏肉，たまねぎを炒める。
4. マッシュルームを加え，炒め，塩，こしょうで味をつける。
5. マカロニをゆでる。
6. グラタン皿にバター（分量外）を塗る。
12. ボウルに❹，❺，⓫の1/2量を入れて混ぜ，グラタン皿に入れる。
13. 残りのソースをかけ，粉チーズ，パン粉をふりかける。
14. あらかじめ210～230 ℃に温めたオーブンの上段に入れ，焦げ目をつける。

出来上がり

応用・発展
● クリームコロッケ

- エネルギー：437 kcal
- たんぱく質：11.7 g
- 脂質　　　：33.0 g
- 食塩相当量：1.7 g

材料名	1人分	（　）人分
薄力粉	12 g	
バター	15 g	
牛乳	100 g	
塩	0.5 g	
こしょう	少々	
かにの身（缶）	40 g	
薄力粉	5 g	
溶き卵	10 g	
パン粉	8 g	
揚げ油	適量	
《付け合わせ》		
キャベツ	30 g	
サニーレタス	10 g	
レモン	1/8個	

1. ベシャメルソースをつくる。鍋にバターを弱火で溶かし，薄力粉を入れふつふつとしてきたら温めた牛乳を3回に分けて入れ，なめらかになるよう手早く混ぜる。
2. ほぐしたかにの身を加え，塩，こしょうで味を調える。
3. バットに流し入れ，よく冷ましてから俵型にまとめる。　◀ 生地が温かいと成形しにくいので冷蔵庫で冷やしておく。
4. 薄力粉，溶き卵，パン粉を付ける。
5. 170 ℃の油で揚げる。　◀ 揚げる際，衣が均一に付いていないと破裂しやすい。
6. 盛り付け，サニーレタス，せん切りキャベツ，レモンを添える。　◀ せん切りキャベツを水に浸けると無機成分が溶出するので，短時間で行う。（付録⑲）

（付録㉜）

ベシャメルソースの薄力粉濃度別用途

濃　度	薄　い	中　間	濃　い
用　途	スープ，煮込み	ソース，グラタン	コロッケ
材料(g) 薄力粉	4 (4～8)	10 (10～15)	20 (20～30)
材料(g) バター	4 (4～8)	10 (10～15)	30 (25～30)
材料(g) 牛乳	200	200	200
材料(g) 食塩	1	1	1.3
材料(g) こしょう	少々	少々	少々
仕上がり量 (g)	160	180	200
薄力粉/牛乳 (%)	2 (2～4)	5 (5～7.5)	10 (10～15)

● ポーチドエッグ

エネルギー：154 kcal
たんぱく質：7.6 g
脂質　　　：9.5 g
食塩相当量：0.7 g

材料名	1人分	（　）人分
卵	1個	
湯	1 kg 程度	
塩	水の1%	
酢	水の3%	
《トマトソース》		
トマト	80 g	
たまねぎ	16 g	
にんじん	16 g	
バター	4 g	
薄力粉	2 g	
ローリエ	1/4 枚	
粒こしょう	少々	
塩	0.4 g	
砂糖	2 g	
パセリ	少々	

1 卵は室温に戻しておく。
2 湯に1%の塩と3%の酢を加え，わずかに沸騰している状態にする（水の深さは10 cm 程度になるようにする）。
3 卵を器に割り入れる。
4 湯をゆっくり箸で混ぜ，中央にゆっくり卵を落とし，3～5分間加熱する。
5 網じゃくしでふきんを敷いたざるの上に置き，水を切る。
6 キッチンはさみで切り，形を整える。
7 《トマトソース》トマトは湯むきして1 cm 角，たまねぎ，にんじんは薄切りにする。
8 鍋にバターを入れ，たまねぎ，にんじんを炒め，しんなりしてきたら薄力粉を入れ，弱火で色がつかないように炒め，トマト，ローリエ，粒こしょう，調味料を加える。
9 ふたをして弱火で15分間煮込み，裏ごし器でこし，味を調える。
10 焼いたパンにポーチドエッグをのせ，トマトソースをかけ，パセリを添える。

→ 出来上がり

● ポイント
- 卵は新鮮なものを選ぶ。濃厚卵白が多く，形のよいポーチドエッグになる。
- 卵は熱湯の中に入れるとたんぱく質が熱変性を起こし凝固する。酢，塩を加えるのは，たんぱく質の凝固を促進させるためである。

応用・発展
● オムレツ

エネルギー：247 kcal
たんぱく質：13.9 g
脂質　　　：20.7 g
食塩相当量：1.5 g

材料名	1人分	（　）人分
卵	2個	
牛乳	10 g	
塩	0.8 g	
こしょう	少々	
バター	10 g	

1 卵，牛乳をよく混ぜ，塩，こしょうを加える。
2 フライパンにバターを溶かし，卵液を入れやや強火にする。
3 底面が固まりかけてきたら，外から中に大きくかき混ぜ，向こう側にフライパンを傾け，木の葉型に整える。
4 フライパンの柄をたたき，オムレツを回転させ，表面を固め，形を整える。
5 中央が半熟の状態で皿に移す。

＊小さなフライパン（直径18 cm程度）を用いるとつくりやすい。
＊新しい卵を使い，混ぜ過ぎないようにし牛乳を加えつくる。

オムレツの種類

プレーン	基本となるオムレツである
スフレ	泡立てた卵白（メレンゲ）に卵黄，牛乳，調味料を加えて焼く
具入り	たまねぎ，トマト，きのこ類，チーズ，ハム，ベーコン，ひき肉，えび，あさりなどを卵の30%程度加えてつくる。季節感などを出すことができる
スペイン風	じゃがいもなどが入ったオムレツである

応用・発展
● スクランブルエッグ

エネルギー：247 kcal
たんぱく質：13.9 g
脂質　　　：20.7 g
食塩相当量：1.5 g

材料名	1人分	（　）人分
卵	2個	
牛乳	10 g	
塩	0.8 g	
こしょう	少々	
バター	10 g	
パセリ	少々	

1 卵，牛乳をよく混ぜ，塩，こしょうを加える。
2 フライパンにバターを溶かし，卵液を入れ弱火にし，木べらでかき混ぜ続ける。
3 半熟状になってきたら盛り付け，パセリを添える。

＊スクランブルは「かき混ぜる」の意味である。なめらかでしっとり状態になるようにする。
＊ハム，ソーセージ，ベーコン，チーズ，トマトケチャップ，トマトソースを添えてもよい。

●グリーンサラダ

エネルギー：83 kcal
たんぱく質：0.6 g
脂質：8.1 g
食塩相当量：0.3 g

材料名	1人分	（　）人分
レタス	20 g	
サニーレタス	15 g	
グリーンアスパラガス	20 g	
きゅうり	10 g	
《ビネグレットソース》		
酢	5 g	
塩	0.3 g	
サラダ油	8 g	
こしょう	少々	

1 アスパラガスは根元の皮を薄くむき熱湯でゆで，冷水に取り5 mmの斜め切りにする。
2 レタス，サニーレタスは一口大にちぎり，水につけパリッとさせる。
3 きゅうりは縦に切り，5 mmの斜め切りにする。
4 《ビネグレットソース》ボウルに酢，調味料を入れよく混ぜ，油を加えながらよく混ぜる。
5 野菜を混ぜ，野菜の水分を除き，盛り付ける。食べる直前にビネグレットソースをかける。

出来上がり

●クッキー

エネルギー：719 kcal
たんぱく質：10.7 g
脂質：24.3 g
食塩相当量：0.9 g

※栄養価計算は20個分の値

材料名	直径3 cm 約20個分	（　）人分
薄力粉	100 g	
ベーキングパウダー	2 g	
バター	25 g	
砂糖	40 g	
卵	25 g	
バニラエッセンス	少々	
カラースプレー	少々	

1 薄力粉，ベーキングパウダーはふるっておく。
2 バターをクリーム状にし，砂糖を加え白っぽくなるまで混ぜる。
3 溶き卵を2～3回に分け混ぜ，バニラエッセンスを入れる。
4 ❶を加え，まとめる。
5 打ち粉をし，厚さ4 mm程度にのばし，型で抜きカラースプレーなどで飾る。
6 天板に並べ，160 ℃で15分間程度焼く。
7 金網の上で冷ます。

出来上がり

（付録㊼）

卵の調理性

■**結着性（付着性）**　卵は流動性があるので材料の間に入り込み，加熱によって凝固して結着性を強め，つなぎのはたらきをする。食塩の添加によりその性質がさらに強まる。ハム，ソーセージ，かまぼこ，ハンバーグなどで利用されている。

■**熱凝固性**　卵白は58℃付近から凝固しはじめるが，80℃でしっかり固まる。卵黄は62℃以上で粘稠になり，75℃でしっかり固まる。70℃付近の温度を保てば，卵黄はほぼ固まるが卵白は流動性のある温泉卵になる。水分で薄めても凝固する。

■**起泡性**　卵白も卵黄も撹拌すると起泡するが，卵白の起泡性が特に強く，オボムチンが強く関与している。泡立てた卵白はメレンゲ，ケーキ生地，淡雪かん，マシュマロに利用されている。

■**乳化性**　卵黄中のLDL（低密度リポタンパク質）は，強い乳化性がある。LDLは中性脂肪の外側にリン脂質（レシチン），さらに外側をたんぱく質がおおうような構造をしている。本来混じり合わない水と油を乳化させ，マヨネーズに利用されている。

●ポイント

- クッキーは油脂が多いともろく，砕けやすいショートニング性が付与されるが，材料の配合によって異なったものになる。薄力粉に対して油脂が多いと，グルテン形成とでんぷんの糊化が抑制され，ソフトでもろくなる。
- クッキーはアメリカでの呼び名であり，イギリスではビスケット，フランスではサブレという。

西洋料理 4

カレーソースとマヨネーズソースを手づくりしてみよう

- **カレー＆サフランライス**
- **ポテトサラダ**
  （マヨネーズソース）
- **マドレーヌ**

献立構成		料理	調理法	SV			応用
主 食		カレー＆サフランライス	炒める, 炊く, 煮込む	主食　1	副菜　1	主菜 2	ハッシュドビーフ
スープ							
副 菜		ポテトサラダ （マヨネーズソース）	ゆでる, 和える	副菜　1.5			
デザート		マドレーヌ	オーブン加熱				

● カレーとは

　カレーはインドからイギリス・ヨーロッパを経て日本に伝わった。カレーの語源は，インドのタミール語の「カリ（Kari）」という語に由来する説が有力である。意味は「ソース」あるいは「具」を意味するともいわれ，諸説ある。

カレーに使う主なスパイス

ターメリック	別名「うこん」，黄色の色素はクルクミン
クミン	カレーに近い独特の香りとほろ苦さが特徴
カルダモン	強く刺激性のある香りは「香りの王様」
クローブ	香りが極めて強く，バニラのような濃厚な甘い香りも
シナモン	さわやかな香りと，スパイシーな甘み
ブラックペッパー	爽快な香りと刺激的なピリッとした辛み
ローレル	すがすがしい芳香と若干の苦み

● 混合香辛料

■ガラムマサラ（garam masala）　「マサラ」は様々な香辛料を粉状にして混ぜ合わせたもので，「ガラムマサラ」は北インドで古くから基本スパイスとして用いられてきた混合香辛料である。「辛いスパイス」と訳されることもあるが，辛味よりも香りをつけることを目的として用いられる。組み合わせ例としては，クミンシード，カルダモン，クローブ，黒粒こしょう，シナモンスティック，ナツメグ，ベイリーフ（ローレル）などでこれらを 90 ℃のオーブンで焼くか，フライパンで乾煎りして香りを出したのち，粉末にしたもの。香りと辛みがなくならないよう，料理の仕上げとして少量使うのがよい。

■日本で使われるカレー粉　カレー粉はインドの「マサラ」を原型にしたものだが，すでに調合されたものである。インドの「マサラ」は，店や家，素材によって独自の配合で調合される。

● サフラン

　アヤメ科の淡紫色の花で，そのめしべ（花 1 個につき 3 本）を乾燥したものである。生産量も少なく，手間もかかるので，高価なスパイスである。におい消し，風味づけ，色づけ（黄金色），香りづけに使う。

●カレー&サフランライス

エネルギー ： 295 kcal
たんぱく質 ： 13.5 g
脂質 ： 18.5 g
食塩相当量 ： 2.6 g

材料名	1人分	(　)人分
《カレーソース》		
牛肉（鶏肉でもよい）	60 g	
塩	0.6 g	
こしょう	少々	
バター	2 g	
バター	4 g	
にんにく	2 g	
しょうが	2 g	
たまねぎ	60 g	
《ブラウンルウ》		
バター	5 g	
薄力粉	5 g	
カレー粉	1 g	
ブイヨン	130～160 g	

材料名	1人分	(　)人分
チャツネ	8 g	
トマトピューレ	10 g	
ベイリーフ	1枚	
塩	0.5 g	
こしょう	少々	
ガラムマサラ	0.2 g	
薬味2～3種	少々	
《サフランライス》		
米	70 g	
たまねぎ	15 g	
バター	4 g	
こしょう	少々	
ブイヨン	90 g	
サフラン	0.1 g	

サフランライス*

⑧ 米を洗って、ざるにあげる。

⑨ たまねぎをみじん切りにする。サフランを少量のブイヨンに浸けておく。

⑩ 鍋にバターを入れてたまねぎを透き通るまで炒める。米を加えて焦がさないように炒め、米に透明感がでたら、ブイヨンとサフラン水を入れて、こしょうをし、炊く。

＊サフランライスは白飯でもよい。

ブラウンルウ⇒カレーソース

⑤ 厚手の鍋にバターを入れ、弱火で溶かし、ふるった薄力粉を一度に入れて、木じゃくしで混ぜながら炒める。120～130℃でさらさらした流動性のホワイトルウになり、さらに褐色になるまで(170～180℃)炒め、ブラウンルウにする。

⑥ 火から下ろしてカレー粉を加えて混ぜ、ぬれふきんの上にのせて粗熱を取る。ブイヨンの半量を加えながらなめらかにのばす。

① 牛肉を一口大に切り、塩、こしょうをする。たまねぎを薄切りにし、にんにくとしょうがをみじん切りにする。

② 厚手鍋にバターを熱して、牛肉を強火で焼く。焦げ目がついたら取り出す。

③ 鍋にバターを溶かし、しょうがとにんにくを焦がさないように炒め、香りをだす。

④ たまねぎを強火で炒め、水分がなくなってきたら中火にし、褐色になるまで炒める。半量のブイヨンを加える。

⑦ ②の牛肉と⑥のカレーソース、チャツネ、トマトピューレ、ベイリーフ、塩、こしょうを加え、最初強火で沸騰させ、アクを取る。その後、弱火で時々鍋の底を混ぜながら、適度な濃度になるまで煮込む。味を調え、ガラムマサラを加え、軽く混ぜ、火を消す。

⑪ サフランライスを皿に盛り、カレーソースをかけて薬味を添える。

出来上がり

> たまねぎの加熱による変化：はじめは強火で炒める。炒める時間が長いほど甘味が増し、糖質がカラメル化するので、褐変度（あめ色）が増し、風味もよくなる。

> チャツネ(chutney)：甘辛い混合スパイスで、もとはインドの漬物である。マンゴーやりんごなどの果物を酢と香辛料でジャムのようにしたもので、甘酸っぱく香りがよい。カレーなど肉料理の薬味に用いられる。日本のらっきょうや福神漬けは、チャツネから派生した。

> 薬味：カレー料理の味を引き立てるために添えるものである。ピクルス、らっきょう、福神漬、紅しょうが、ゆで卵、アーモンド、チャツネ、チーズなどを好みによって用いる。

●ブラウンルウ

ブラウンルウは170～180℃まで小麦粉をバターで炒めたもの。油で炒めること（乾式加熱）により、でんぷんの一部が分解（デキストリン化）する。このためスープを加えて加熱することで、でんぷんが糊化する際にソースとして適度な粘性となる。ブラウンルウにカレー粉を入れて炒め、スープでのばすとカレーソースになる。

西洋料理4　カレー&サフランライス／ポテトサラダ（マヨネーズソース）／マドレーヌ

> 応用・発展

● ハッシュド ビーフ

エネルギー：491 kcal
たんぱく質：17.0 g
脂質　　　：13.6 g
食塩相当量：1.7 g

材料名	1人分	(　)人分
米	70 g	
牛もも肉薄切り	70 g	
塩	0.3 g	
こしょう	少々	
小麦粉	5 g	
しめじ	20 g	
たまねぎ	60 g	
にんにく	2 g	
トマト水煮（缶）	75 g	
ウスターソース	8.5 g	
トマトケチャップ	3.8 g	
はちみつ	3 g	
ブイヨン		
┌水	40 g	
└固形スープの素	1 g	
バター	4 g	

❶ 牛肉を2 cm幅に切り，塩，こしょうをふり，小麦粉をまぶす。
❷ たまねぎを薄切りにし，にんにくをみじん切りにする。しめじの石づきを切り落とし，小房に分ける。
❸ フライパンを中火にかけバターを入れ，たまねぎを薄く色がつくまで炒める。牛肉とにんにくを加えて炒め，牛肉がほぐれたらしめじを加えて炒める。
❹ ブイヨン，トマトの水煮，ウスターソース，トマトケチャップ，はちみつを加えて，10分間煮込み濃度をつける。

◉小麦粉でんぷんにより濃度をつける方法①
　スープやソースに濃度をつけるために，小麦粉がよく用いられる。
■小麦粉をバターで炒めたルウを用いる方法
　カレー，ビーフシチュー
■材料に小麦粉をまぶして炒める簡単な方法
　ハッシュドビーフ

● ブラウンルウの応用《ブラウントマトソース》
❶ バターを溶かし，小麦粉を入れて弱火で，褐色になるまで炒める（ブラウンルウ）。鍋底を冷やす。
❷ スープストックにトマトジュースを加え，50℃くらいまで温めておく。
❸ ❶のブラウンルウに❷を少しずつ加えてのばす。

● ポテトサラダ

エネルギー：168 kcal
たんぱく質：4.3 g
脂質　　　：11.8 g
食塩相当量：0.7 g

材料名	1人分	(　)人分
じゃがいも	70 g	
塩	0.4 g	
こしょう	少々	
酢	2.5 g	
にんじん	7 g	
きゅうり	1.5 g	
卵	25 g	
マヨネーズ	12 g	
たまねぎ	10 g	
パセリ	0.3 g	
サラダ菜（1枚）	7 g	

❶ じゃがいもをよく洗い，かぶるくらいの水でやわらかくなるまでゆでる。熱いうちに皮をむいてつぶし，塩，こしょう，酢をふっておく。

> じゃがいもを熱いうちに操作するのは，冷めると細胞間のペクチンの流動性が失われ，つぶしにくくなり，細胞が壊れて粘りが出てくるためである。

❷ にんじんの皮をむき，2 mmのいちょう切りにし，ひたひたの水でやわらかくなるまで煮る。
❸ きゅうりを2 mmの小口切りにし，2％の塩をふり，しんなりしたら水分をよく拭き取る。
❹ たまねぎを繊維に沿って薄切りにし，水にさらした後，よく絞る。
❺ ❶が冷めたら❷〜❹を入れてマヨネーズで和える。

> じゃがいもを冷ましてから和えるのは，マヨネーズの乳化剤であるLDL（p.103参照）が，高温や極低温のもとではたんぱく質部分が壊れやすく，油と水に分離しやすいからである。

❻ 卵を固ゆでにする。水からゆで，沸騰後，弱火で12〜13分間ゆで，冷水にとる。殻をむいて，縦4つに切る。
❼ パセリの葉先だけみじん切りにし，水分をよく取る。サラダ菜を洗い，食べやすい大きさにちぎっておく。
❽ サラダ器にサラダ菜を敷き，❺を盛り付け，❻の卵を添え，❼のパセリをふる。

→ 出来上がり

●マヨネーズソース

エネルギー：82 kcal
たんぱく質：0.2 g
脂質：9.1 g
食塩相当量：0.2 g

※栄養価計算はマヨネーズ12 gあたりの値

材料名	1班分	配合比	
卵黄（1個分）	15～18 g	12.4	
酢	15～20 g	13.1	油と水分 8：2
サラダ油	78～86 g	71.2	
塩	2 g	1.5	
粉からし	0.5 g	0.4	
こしょう	0.5 g	1.1	

1. 乾いたボウルに卵黄，塩，からし，こしょうを入れ，泡立て器でよくかき混ぜる。
2. 酢小さじ1を加えてよく混ぜ，サラダ油を1滴ずつ，泡立て器でよく混ぜながら滴下する。卵黄の色が白っぽくなめらかになったら，加える油の量を少しずつ増やして加えていく。
3. 生地がかたくなったら，残りの酢を少し加える。
4. サラダ油と酢を生地のかたさを調整しながら交互に加える。

出来上がり

> ●**分離したマヨネーズの再生法**
> ボウルに卵黄1個を入れてよく混ぜ，その中に分離したマヨネーズを少量ずつ入れてかき混ぜる。卵黄の代わりに，市販のマヨネーズに加えてもよい。
>
> ●**マヨネーズは水中油滴型のエマルション**
> 油と水は混じり合わないが，乳化剤の存在で油か水のどちらかが細粒になり，エマルション（乳濁液）となる。マヨネーズは，卵黄に含まれるLDLを乳化剤とした水中油滴型のエマルションである。酢と卵黄中の水の中に油の細かい粒子が分散している。

> ●**マヨネーズの応用**
> マヨネーズを土台にして，他の材料を加えると変化のあるソースをつくることができる。
> **タルタルソース**　ゆで卵，さらしたたまねぎ，ピクルス，パセリをすべてみじん切りにして混ぜる。
> **サウザンド・アイランド・ドレッシング**　トマトケチャップ，チリソース，セロリ，たまねぎ，ピクルス，パセリ，ゆで卵のみじん切りなどを加えて混ぜ合わせる。
> **クリームマヨネーズ（マヨネーズシャンティ）**　生クリームを泡立てたものとレモン汁少量を加えて混ぜる。

●マドレーヌ

エネルギー：243 kcal
たんぱく質：2.9 g
脂質：14.2 g
食塩相当量：0.1 g

材料名	1人分	（　）人分
卵	15 g	
砂糖	15 g	
薄力粉	15 g	
ベーキングパウダー	0.1 g	
バター	15 g	
レモンオイル	少々	
ラム酒	1 g	

1. 薄力粉とベーキングパウダーを合わせて，2回ふるっておく。
2. バターを溶かしておく。オーブンを170℃に予熱する。
3. 卵は共だてとする。ボウルに卵を割りほぐし，砂糖を加えて，35～40℃の湯せんでよく混ぜる。砂糖が溶けたら，湯せんからはずし，十分に泡立てる。
4. 生地がボウルの中で字が書けるくらいにしっかり泡立ったら，薄力粉を入れ，へらでざっくり混ぜる（粉が残る程度）。
5. 溶かしバターを静かにまわし入れて，手早く全体に混ぜ合わせる。レモンオイル，ラム酒を加えて混ぜる。
6. マドレーヌ型に❺を8分目ほど流し入れ，オーブンの中段に入れて，約10分間焼き，さらに155～160℃で5分くらい焼く。

> マドレーヌ型に溶かしバター（分量外）を塗り，冷蔵庫で冷やした後，薄力粉（分量外）をふりかけておく。

出来上がり

> ●**マドレーヌ（仏：madeleine）**
> - 卵，バター，砂糖，薄力粉でつくった生地を，マドレーヌ型（貝殻型）で焼いた小型のケーキで，フランスロレーヌ地方のものが有名である。日本では，菊型の型も市販されている。
> - 生地は，卵，薄力粉，バター，砂糖が同重量。
> - バター重量の多い生地は重くなるので，ベーキングパウダー（B. P.）を併用し，膨化を助ける。
> - B. P. には，ガス発生基剤として炭酸水素ナトリウム（重曹），ガス発生促進剤としての各種酸性剤，緩和剤としてでんぷんが配合されている（p.99参照）。
> - 粉は生地の粘弾性が強すぎると膨化しにくいため，たんぱく質含量の少ない薄力粉を用いる。小麦粉を入れたら，グルテンが出すぎないように，軽く混ぜる。

西洋料理 5

小麦粉のとろみづけ法とパウンドケーキについて学ぼう

- ● スパゲッティミートソース（ふり込み式）
- ● クラムチャウダー（ブールマニエ）
- ● コールスロー
- ● カップケーキ

献立構成	料理	調理法	SV			応用
主 食	スパゲッティミートソース	ゆでる 炒める，煮る	主食 1	副菜 1	主菜 1.5	
スープ	クラムチャウダー	煮込む	副菜 0.5	主菜 0.5	牛乳・乳製品 0.5	
副 菜	コールスロー	和える	副菜 1			
デザート	カップケーキ	オーブン加熱				パウンドケーキ

◉ 小麦粉でんぷんにより濃度をつける方法②

p.106 の 2 つの方法（ルウを用いる方法，材料に小麦粉をまぶして炒める方法）のほかに，次の 2 つがある。

■ **ふり込み法**　ミートソースでは，小麦粉をふり込みながら炒めるので小麦粉の一部は高温になり，ソースに風味ととろみがつく。この方法をふり込み法という。

■ **ブールマニエ**　バターと小麦粉を合わせて練っておき，スープストックの中に入れる方法である。今回は，チャウダーの濃度をつけるときに用いる。

小麦粉のでんぷんを主として利用した調理
1）スポンジケーキ，揚げ物 2）スープやソース類に濃度をつける 3）つなぎ用として，ひき肉，すり身などをまとめる 4）水分を吸い取らせて膜をつくる 　フライ，から揚げ，など

小麦粉のグルテンを利用した調理
1）粘弾性，伸展性，可塑性を利用する 　麺類，餃子，ワンタン，しゅうまい，など 2）スポンジ状組織をつくる性質を利用する 　パン類，中華まんじゅうの皮，など

◉ でんぷんのデキストリン化

小麦を炒める際にルウの温度が 110～120℃以上になると，小麦粉でんぷんの一部がデキストリン化して，溶液の分散性はよくなるが，粘度は低下する。

市販のインスタントスープにはデキストリンが配合され，お湯を注いで撹拌するだけでとろみがつくようになっている。

◉ 小麦粉とデュラムセモリナ

- 一般的な小麦粉は，普通小麦を原料としており，たんぱく質含量の違いにより分類される。たんぱく質含量の割合が高いものから順に強力粉，中力粉，薄力粉がある。
- パン用には強力粉，麺用には中力粉，菓子用には薄力粉が用いられている。
- スパゲッティやマカロニは二粒系のデュラム小麦のセモリナ粉（粗びき粉）からつくられる。

●スパゲッティミートソース

- エネルギー：538 kcal.
- たんぱく質：18.5 g
- 脂質：25.1 g
- 食塩相当量：1.7 g

材料名	1人分	（　）人分
スパゲッティ	70 g	
塩（水の0.5%塩分）		
オリーブ油	4 g	
《ミートソース》		
牛ひき肉	50 g	
バター	10 g	
にんにく	2 g	
たまねぎ	30 g	
マッシュルーム	10 g	
小麦粉	5 g	
赤ワイン	10 g	
トマトピューレ	40 g	
スープストック	70 g	
ブーケガルニ	1束(班)	
塩	1〜1.5 g	
こしょう	少々	
粉チーズ	3 g	
パセリ	少々	

1. にんにくとたまねぎをみじん切りにし，マッシュルームを薄切りにする。
2. 鍋にバターとにんにくを入れ加熱し，にんにくの香りがでてきたらたまねぎを加えて，透き通るまで炒める。さらに肉をほぐして入れ，よく炒める（10分程度）。
3. 赤ワインを入れてしばらく煮つめ（3分程度），次に小麦粉をふり入れてよく炒める。
4. トマトピューレ，マッシュルーム，スープストック，ブーケガルニを入れて混ぜ，塩，こしょうで味を調える。中火でひと煮立ちさせ，アクを取り，弱火で30分程度煮込む。
5. スパゲッティをゆで，ざるにあげ，オリーブ油をからめておく。
6. バターを溶かした鍋に入れて軽く混ぜ，温めておいたミートソースの半量で和える。器に盛って，残りのソースをかける。粉チーズをかけ，パセリを散らす。

→ 出来上がり

> 硬質ナチュラルチーズ（パルメザン）をおろして使うと風味がよい。

●ポイント

ひき肉は，切断されていて食べやすく，うま味成分が溶出しやすく，ソースとして用いるのに適している。しかし，ひき肉は結合組織が多いかたい肉の部位を使用している場合，長く煮込んだ方がおいしくなる。

スパゲッティのゆで方

- ソースの出来上がりに合わせてゆでる。ゆで時間はそれぞれの製品の表示を参考にする。
- 深い鍋に重量の6〜7倍の水を沸騰させて塩を入れ，スパゲッティをさばきながら入れ，軽く混ぜる。
- その後は，過度にかき混ぜない。麺の表面を傷つけないため。吹きこぼれるので，火加減に注意する。
- アルデンテ（わずかに芯が残る程度）にゆでる。ざるに取って水けを切り，オリーブ油をかけておく。

●パスタの種類

パスタには幅広のラザニアや，麺状のスパゲッティ，空洞のあるペンネ，詰め物をしたラビオリ，米粒のようなクスクス，その他野菜を練り込んだものなど，形状や素材も多種多様である。イタリアでは，地方によってそれぞれ呼び方も異なる。

ミートソースなど，濃厚なソースを用いる場合には，太いものや空洞があって，ソースとからみやすいものを用いることが多い。アーリオ・オーリオ・エ・ペペロンチーノなどは，細めの麺が適している。

■ パスタのいろいろ

ファルファッレ（ちょうちょ）

ラビオリ（肉や野菜などの具入り）

ラザニア

ニョッキ

タリアテッレ（切るの意味，ひも状パスタ）

ペンネ

コンキリエ（シェル型）　フィスリ（らせん状）　トルテリーニ

西洋料理 109

● クラムチャウダー

- エネルギー：180 kcal
- たんぱく質：5.7 g
- 脂質　　　：12.0 g
- 食塩相当量：1.8 g

材料名	1人分	(　)人分
あさり（殻付き）	100 g	
┌ 水	60 g	
バター	3 g	
たまねぎ	15 g	
ベーコン	10 g	
じゃがいも	25 g	
┌ 薄力粉	1.5 g	
└ バター	1.5 g	
牛乳	52 g	
塩・こしょう	少々	
生クリーム	4 g	
ノンソルトクラッカー	2枚	
パセリ	少々	

❶ たまねぎを粗みじんに，ベーコンとじゃがいもを厚さ6 mmのさいの目切りにする。パセリをみじん切りにして水にさらし，かたく絞る。

❷ 砂抜きしたあさりを鍋に入れ，水を加え，加熱する。貝が開いたら，火を止め，こす。ゆで汁をとっておく。貝が冷めたら，身を取り出す。

❸ 厚手の鍋にバターを入れ，ベーコンを弱火で炒め，香りがしてきたらたまねぎを加えて炒め，透き通ったら，じゃがいも，あさりのゆで汁を加え，ひと煮立ちさせる。火を弱め，ふたをずらして15分間煮込む。

❹ バターと薄力粉を同量ずつ練り合わせ，ブールマニエをつくる。ソースの濃度づけに使う。

❺ ブールマニエを入れて煮溶かして濃度を付ける。牛乳，あさりを入れて温め，調味し，最後に生クリームを入れて少し温める。

❻ 温めたカップに盛り付け，パセリを散らしてクラッカーを添える。

→ 出来上がり

● チャウダー
魚介類を使った実だくさんのアメリカのポタージュである。

クラムチャウダーの栄養成分
あさりやはまぐりなどの貝類は鉄の含量が高く，牛乳にはカルシウムが多く含まれており，不足しがちな無機質がしっかり摂取できるスープである。

● コールスロー

- エネルギー：122 kcal
- たんぱく質：0.7 g
- 脂質　　　：10.4 g
- 食塩相当量：0.5 g

材料名	1人分	(　)人分
キャベツ	50〜70 g	
レーズン	5 g	
ソース		
┌ 酢	4 g	
│ 塩	0.4 g	
a│ 砂糖	少々	
│ こしょう	少々	
└ 練りからし	少々	
サラダ油	8 g	
マヨネーズ	3 g	

❶ キャベツを縦にせん切りにして，冷水に放し，パリッとしたら，ざるにあげて水分を切る。

❷ レーズンを湯で戻して絞る。

❸ ボウルにaを入れて混ぜ合わせた後，サラダ油を注いで，マヨネーズを混ぜてソースをつくる。

❹ 器にキャベツを盛り付け，レーズンを散らす。供する直前に，ソースをかけてよく混ぜる。

→ 出来上がり

● コールスロー（英：coleslaw）
キャベツのサラダで，さっぱりとした口ざわりと，歯切れのよさが特徴である。そのために，せん切り後ただちに冷水に浸けて，引き上げる。せん切りしたキャベツに熱湯をかけるか，塩でもんでしんなりさせて用いる方法もある。

ドレッシングは供するときにかける。ドレッシングをかけると全体がしんなりするが，これは，野菜に塩をふって漬物をつくるときと同様で細胞膜の半透性消失によるものである（p.37「野菜の脱水」参照）。

材料を加えて煮込むスープ
スープには，澄んだスープと濁ったスープ（p.95参照）のほかに，材料を加えて煮込む特別なスープがある。たとえばチャウダー（アメリカ）やブイヤベース（フランス），ミネストラ（イタリア）があげられる。チャウダーは魚介類や野菜を煮てホワイトソースまたはトマトソースで濃度をつけた実の多いスープ，ブイヤベースは地中海沿岸の代表的な海鮮スープ，ミネストラは野菜を中心としたスープで特に濃厚なミネストローネはイタリアの代表的なスープである。

● カップケーキ

エネルギー：158 kcal
たんぱく質：2.5 g
脂質　　　：6.8 g
食塩相当量：0.1 g

材料名	1人分	(　　)人分
薄力粉	12.5 g	
ベーキングパウダー	0.25 g	
卵	12.5 g	
砂糖	12.5 g	
バター	6.25 g	
牛乳	3.9 g	
バニラエッセンス	1〜2滴	
アンゼリカ	1個	
ドレンチェリー	適量	

❶ ボウルにバターと1/2量の砂糖を入れてよく混ぜる。温度は22〜25℃前後がよい。

❷ 卵黄を入れてかき混ぜ，牛乳とバニラエッセンスを加えて混ぜる。

❸ 薄力粉にベーキングパウダーを合わせて2回ふるっておく。

❹ 卵白を泡立てる。1/2量の砂糖を加える。

❺ 泡立てた卵白を加えて混ぜる。同時にふるった薄力粉を加えて軽く混ぜ合わせる。

❻ プディング型に薄くバターを塗り，紙を敷く。オーブンを160℃に予熱する。

❼ 生地を❻のカップに体積の2/3くらいずつ入れて，160℃のオーブンに入れて約15分間焼く。10〜12分後に取り出して，アンゼリカとドレンチェリーをのせる。

❽ 型から出す。

出来上がり

小麦粉生地の膨化

小麦粉の生地の中の気体（①空気，②水蒸気，③二酸化炭素）が加熱によって膨張するとき気泡内部の圧力によって，生地中のグルテンの膜が伸展して膨化する。でんぷんは，加熱によって糊化し，多孔質組織をつくる（p.112参照）。

応用・発展

● パウンドケーキ

エネルギー：1984 kcal
たんぱく質：22.5 g
脂質　　　：103.0 g
食塩相当量：0.8 g

※栄養価計算は1本分の値

材料名	1人分	(　　)人分
バター	100 g	
卵黄	40 g	
砂糖	70 g	
《メレンゲ》		
卵白（大卵2個分）	80 g	
砂糖	30 g	
薄力粉	100 g	
ベーキングパウダー	2 g	
レーズン	30 g	
オレンジピール	20 g	
ドレンチェリー（赤，黄，緑）	30 g	
ラム酒	28 g	

❶ レーズン，オレンジピール，ドレンチェリーを4〜5 mmに刻み，ラム酒と混ぜておく。パウンド型に紙を敷く。

❷ 薄力粉とベーキングパウダーを合わせて2回ふるいにかける。オーブンを180℃に温めておく。

❸ 室温に戻したバターをボウルに入れ，泡立て器でクリーム状にする。白っぽくなったら，砂糖を3回に分けて加え，よく撹拌して混ぜ，フワッとさせる。

❹ ❸に卵黄を加えて，均質になるように混ぜる。

❺《メレンゲ》ボウルに卵白を入れて泡立てる。八分通り泡立ったら，砂糖を2回に分けて加え，角が立つくらいまで泡立てる。

❻ メレンゲを❹に加え，へらでさっくり混ぜ合わせる。

❼ ❷の薄力粉を加えて混ぜ，粉けが残っているところで，薄力粉（分量外）を少しまぶした❶を加え，へらでさっくり混ぜる。

❽ 型に流し入れ，へらで表面をならす（型の中心部は薄くして，両端を厚くする）。

❾ オーブンの中段に入れ，170℃で約35〜40分間焼く（コンベック180℃ 15分，140℃ 35分）。ケーキの中心部に割れ目ができ弾力ができればよい。

● パウンドケーキ

バターケーキの一種で，小麦粉，バター，砂糖，卵を1ポンドずつ用いたところからこの名がついた。スポンジケーキは卵を泡立てた生地であるのに対し，パウンドケーキはバターをクリーム状に混ぜるので，内部の組織がやや重い感じがする。焼いた表面に割れ目ができるのが特徴である。比較的長く保存できる。焼いてすぐよりも2〜3日たったときが食べごろである。

● ラム酒（仏：rhum）

サトウキビの糖蜜を原料とした蒸留酒である。
ホワイト　無色透明。クリームを使ったお菓子に用いる。
ダーク　赤みのあるもので香りが濃く，熱にも強いので，焼き菓子やシロップに用いる。

西洋料理 6

ムニエルとシューについてポイントを理解してつくろう

- さけのムニエル（粉ふきいも添え）
- オニオングラタンスープ
- にんじんサラダ
- シュークリーム

献立構成	料理	調理法	SV			応用
主　食	さけのムニエル 粉ふきいも	焼く ゆでる	副菜　1	主菜　3		エスカベッシュ
スープ	オニオングラタンスープ	煮込む	主菜　0.5	副菜　1.5		チーズスープ
副　菜	にんじんサラダ			副菜　1		
デザート	シュークリーム	オーブン加熱				

◉ムニエル

　小麦粉をまぶした魚のバター焼きのことである。魚として，舌平目やかれい，さわら，すずき，さけ，あじ，にじますなどの切り身を用いる，三枚おろしにするなどしたもの，または一尾のまま用いる場合もある。

■ムニエルの特徴

- 材料に小麦粉を付けることによって，魚の水分が吸収され皮膜となり，うま味成分の流出が抑えられる。
- バターで加熱された小麦粉の香ばしさが風味を増す。
- 小麦粉の皮膜により魚の水分蒸発が少なく抑えられ，魚肉の肉質がかたくならない。

◉粉ふきいもの調理のポイント

- じゃがいもの品種には，加熱するとほくほくして煮崩れしやすい「粉質いも」と，煮崩れしにくく煮物などに向く「粘質いも」がある。前者には，農林1号，男爵，キタアカリなど，後者にはメイクイーン，紅丸などがある。
- 新いもや未成熟いもは，細胞内のでんぷんの成熟が不十分であり，細胞間のペクチン質は水に不溶性のプロトペクチンが多く，加熱しても細胞分離しにくい。粉ふきいもをつくるときは成熟した「粉質いも」を用いる。
- 加熱したじゃがいもは，熱いときは細胞間のペクチンに流動性があるので，表層のでんぷん細胞が分離して白い粉をふく。このため，熱いうちに操作する。

小麦粉の膨化調理

① 膨張剤を 利用する	・イースト（パン酵母） ・化学膨張剤（重曹，ベーキングパウダー）
② 膨張剤を 利用しない	・気泡（卵白泡立て） ・水蒸気圧（シュー皮）シューペーストの水分が熱で水蒸気になる水蒸気圧により膨化する。

◉シュー生地について

　一次加熱ではシュー生地中のでんぷんが糊化し，適度な粘性が出る。火から下ろす温度は78℃付近がよい。温度が低すぎると，でんぷんの糊化が不十分なため二次加熱で皮の抵抗が弱くてまんじゅう型になりやすく，高すぎると生地がかたくなり，膨らみが悪くなる。独特の凹凸ができるのは皮の厚さが不均一で抵抗にも強弱ができるためである。

　シュー生地に卵を加えるのは，バターを分散させ，生地の乳化状態を安定させるためである。また，卵を少しずつ加えるのは細かい空気を入れることにもなり，体積増加に関わる。70℃まで生地を冷まし，卵が凝固しない温度で加えることも重要である。

112　第2部　実習編

● さけのムニエル（粉ふきいも添え）

エネルギー：184 kcal
たんぱく質：16.3 g
脂質　　　：7.1 g
食塩相当量：1.5 g

材料名	1人分	（　）人分
さけ（生）	70〜80 g	
塩	0.8〜1.1 g	
こしょう	少々	
小麦粉	4 g	
油	2 g	
バター	2 g	
レモン	5 g	
パセリ	2 g	
《粉ふきいも》		
じゃがいも	60 g	
塩	0.6 g	
こしょう	少々	

❶ 生さけは、小骨を抜き取り、ざるにのせ、塩、こしょうをしておく。焼く直前に小麦粉をまぶし、余分な粉を落とす。

❷ フライパンを熱し、油を入れて熱し、バターを加える。油脂が鍋全体に広がったら、魚の上身になる面から焼く。強火でフライパンをたえず動かしながら約1分間焼く。焦げ色がついたら火を弱めて中まで熱を通す。裏側も同様に焼く。

《粉ふきいも》
❸ じゃがいもを洗って皮をむき、一口大の乱切りにする。面取りし、やわらかくなるまで水からゆでる。

❹ 湯を切り、鍋を動かしながら、いもの表面の水を蒸発させ、粉がふいたら、塩、こしょうをふる。

❺ 皿の手前にムニエルを置き、向こう側に粉ふきいもとパセリを盛る。レモンの輪切りを魚の上にのせる。

【出来上がり】

●ムニエルを調理する際のポイント
- 小麦粉を付けすぎると焼きむらができる。
- 焼く直前に、魚に粉を付ける。時間がたつと粘りが出て、焼いたとき表面がかたくなり、また美しく出来上がらない。
- 魚を焼いている途中は触らない。
- 型崩れしやすいため裏返しは1回だけにする。
- 焼くときの油は、植物性油（サラダ油）だけでもよい。サラダ油とバターを併用すると、焼きやすく、味も色もよく仕上がる。
- ソースを用いるときは、タルタルソースやムニエルソースなどがよい。

応用・発展
● エスカベッシュ

エネルギー：202 kcal
たんぱく質：9.6 g
脂質　　　：12.1 g
食塩相当量：1.2 g

材料名	1人分	（　）人分
あじ（生）（1切）	60 g	
塩	0.6 g	
こしょう	少々	
酒	3 g	
小麦粉	3〜6 g	
揚げ油	適量	
《漬け汁（マリナード）》		
白ワイン	16 g	
酢	16 g	
サラダ油	5 g	
塩	0.4 g	
こしょう	少々	
パセリの茎	少々	
ローリエ	1枚（1班）	
タイム	少々	
香味野菜		
にんじん	10 g	
ペコロス（小たまねぎ）	20 g	
パセリ（みじん切り）	少々	
レモン（輪切り）	1/2個（1班）	

❶ 《漬け汁》を平らな器で合わせる。

❷ にんじんを4 cmくらいのせん切りにし、小たまねぎを薄い輪切りにし、漬け汁の中にパセリの茎、ローリエ、タイムとともに入れ混ぜる。

❸ あじの切り身の形を整え、塩、こしょう、酒をふり、20分間おく。

❹ 魚に小麦粉をまぶし、170℃の揚げ油の中でかりとなるまで揚げ、すぐに❷の野菜入り漬け汁の中に入れ、時々返しながら約1時間おく。

❺ ❹を野菜とともに盛り付け、漬け汁をソースとしてかける。みじん切りパセリを散らし、薄切りのレモンを添える。

エスカベッシュ
- スペインやフランスなどの地中海沿岸の国々で親しまれている料理で、スペイン語でEscabeche（フランス語でescabèche）という。
- から揚げにした魚を酢・油・香味野菜などを合わせた漬け汁（マリナード）に漬け込み、やわらかくして保存できるようにしたものである。冷蔵庫で2〜3日間保存可能である。小型に美しくつくると、前菜用の料理にもなる。
- 魚は、小あじのほか、わかさぎ、きすなどでもよい。加熱した魚の漬け汁は、一度熱して用いることもある。
- 揚げた魚を熱いうちに漬け汁に漬けると、汁中の調味料のしみこみがよい。

西洋料理 113

●オニオングラタンスープ

エネルギー：293 kcal
たんぱく質：9.0 g
脂質　　　：10.6 g
食塩相当量：2.0 g

材料名	1人分	（　）人分
たまねぎ	100 g	
サラダ油	4 g	
バター	3 g	
小麦粉	2 g	
ブイヨン	180～200 g	
塩	少々	
こしょう	少々	
《ガーリックトースト》		
フランスパン	2切れ	
にんにく	少量	
ナチュラルチーズ	10 g	

❶ たまねぎを，厚みをそろえて薄いせん切りにする。

❷ 厚手の鍋に油を熱してたまねぎを入れ，最初は強火で，しんなりしてきたらバターを加えて中火で焦がさないように 30 分ほど炒める。

❸ たまねぎが褐色（あめ色）になったら小麦粉をふり入れてよく炒める。

❹ ブイヨンを加えて 10 分ほど弱火で煮て，塩*，こしょうをする。

《ガーリックトースト》

❺ フランスパンを 5 mm の厚さに切り，オーブンでカリッと焼いて，にんにくをこすり付けて香りをつける。

> グリュイエールチーズをおろして使うと風味がよい。

❻ スープを耐熱の器に入れて，その上にガーリックトーストを置き，おろしたナチュラルチーズを表面にのせる。

❼ 強火 220 ℃（コンベック 200 ℃）のオーブンで，焦げ目がつくまで焼く。

出来上がり

●たまねぎを加熱するときのポイント

- たまねぎを加熱すると，刺激臭と辛味を失い，甘くなる。
- これは，水分蒸発により糖濃度が上昇し，加熱により組織が軟化して糖が溶出しやすくなり，さらに生たまねぎの刺激臭成分が分解・揮散し，糖の甘味を強く感じるためである。
- さらに，糖の加熱によって生成するフラン類の甘い香気成分により，加熱たまねぎ特有の甘いフレーバーが強まると考えられる。
- 初めは強火で炒めると苦が出ない。炒める時間が長いほど甘味が増す。アミノカルボニル反応により，褐変度が増し，風味もよくなる。

応用・発展
●チーズスープ

エネルギー：47 kcal
たんぱく質：3.6 g
脂質　　　：1.8 g
食塩相当量：2.1 g

材料名	1人分	（　）人分
スープストック	200 g	
塩	1.0 g	
こしょう	少々	
粉チーズ	2 g	
ナツメグ	小 1/16	
パン粉	2 g	
卵	1/5 個	
キャベツ（緑色の濃い部分）	20 g	
パセリ（みじん切り）	0.4 g	

❶ スープストックの味を塩，こしょうで調える。

❷ キャベツを 1.5 cm の角切りにする。

❸ 粉チーズ，ナツメグ，パン粉を混ぜ，溶きほぐした卵を流し入れ，よく混ぜておく。

❹ ❶の中にキャベツを入れ，色よく煮えたら，泡立て器で汁を攪拌しながら，❸を手早くほぐし入れ，煮立ったら火を止める。

❺ 温めたスープ皿に❹を盛り，みじん切りにしたパセリを散らす。

> ＊塩分濃度　チーズの塩分を考慮して味付けをする（ブイヨンの塩分は，0.7～0.8％にする。固形スープ 1 個（5 g）に食塩 2.4 g を含む）。

チーズの種類

■**ナチュラルチーズ**　乳酸菌が活性のまま含まれ，品質が変化しやすく，熟度により，味も香りも異なる。

- 硬質なもの　パルメザン，エメンタール，グリュイエール*，チェダー，ゴーダなど。
- 半硬質なもの　サムソー，ロックフォール，ブルーなど。
- 軟質なもの　カマンベール，ブリー，カッテージチーズ，クリームチーズなど。

＊グリュイエールは大型チーズで，フォンデュ，ピッツア，サンドイッチなどに用いられる。

■**プロセスチーズ**　ナチュラルチーズを原料として，2種類以上を配合したものである。次の特徴がある。

① 味や香りが日本人向けでマイルドである。
② 粉砕・混合・加熱溶融・乳化・成形してあるので使いやすい。
③ 殺菌されているので保存性がよい。

●にんじんサラダ

エネルギー：122 kcal
たんぱく質：0.5 g
脂質　　　：10.1 g
食塩相当量：0.7 g

材料名	1人分	(　)人分
にんじん	50 g	
塩	0.5 g	
にんじんドレッシング		
オリーブ油	10 g	
酢	7.5 g	
砂糖	1.5 g	
にんにく（すりおろし）	0.2 g	
塩	0.1 g	
こしょう	0.1 g	
きゅうり	20 g	
パセリ（みじん切り）	1 g	

① にんじんの先端から約10 g（大さじ1）をすりおろす。おろしたにんじんとドレッシングの他の材料を合わせ，ドレッシング瓶のふたをしてふり混ぜ，ドレッシングをつくる。

② 残りのにんじんをせん切りにしてボウルに入れ，塩をまぶし，10分間おく。

③ 薄切りのきゅうりを周りに飾り付ける。にんじんの水けを絞って器に盛り，ドレッシングをかけ，好みで，パセリを散らす。

出来上がり

シュー（chou） フランス語でキャベツという意味。焼きあがった状態がキャベツに似ているため。
カスタードクリーム フランス語でクレームパティシエール（crème pâtissière）という。菓子職人のつくるクリームという意味。
バニラビーンズ ラン科の植物。長いさや状の果実を未熟なうちに摘み取って，発酵させてつくる。使用するときは，縦に切り込みを入れ，種実を抜き出して用いる。
グランマルニエ（Grand Marnier） フランスの有名なオレンジリキュール。オレンジとコニャックをベースにしてつくる。芳香とまろやかな味が特徴。あらゆる製菓に用いられ，カクテルや食後酒としても飲まれる。

●シュークリーム

エネルギー：217 kcal
たんぱく質：5.7 g
脂質　　　：12.2 g
食塩相当量：0.1 g

※栄養価計算は1個分の値

材料名	6個分	(　)人分
《シュー生地》		
水	90 g	
バター	40 g	
小麦粉	50 g	
卵（約2個）	100 g	
《カスタードクリーム》		
（クレームパティシエール）		
卵黄（3個分）	45 g	
砂糖	60 g	
小麦粉	30 g	
牛乳	340 g	
バニラエッセンス	少量	

《シュー生地》

① 鍋に水，バターを入れて火にかける。バターが溶けて全体が沸騰したら，2～3回ふるった小麦粉を一度に加えて木じゃくしで手早く混ぜ，生地が鍋底から離れるくらいまで火を通し，消火して粗熱を取る（一次加熱78℃）。

② 生地が65℃くらいになったら，割りほぐした卵の約3/4量を数回に分けて入れ，力強く混ぜる。その後かたさをみながら木じゃくしで生地をすくって，上から落ちたときにやっとつららの形を保って落ちるくらいのかたさになるように，卵量を調節する。

③ シートを敷いたオーブン皿に，②の生地をティースプーンですくって間隔をあけて置く。オーブン190℃で15分間焼き，さらに170℃で5分間焼く。濃い目のきつね色にする。シューの皮が完全に乾くまでオーブンに入れておく（二次加熱）。

④《カスタードクリーム》鍋に小麦粉と砂糖を入れ，よく混ぜる。

⑤ 卵黄と牛乳を混ぜておき，④の鍋に少しずつ加える。弱火で撹拌しながらとろみがつくまで加熱し，最後にバニラエッセンスを加える。

⑥ ケーキクーラー（金網）の上で冷ます。カスタードクリーム用の切り込みを先に入れておく。

⑦ スプーンでカスタードクリームをシューの皮に詰める。粉砂糖を茶こしでふるいながらかける。

（付録㊹・㊺）

出来上がり

西洋料理 7

カスタードプディングをマスターして応用してみよう

- ● ウィンナーシュニッツェル
- ● ビシソワーズ
- ● ラタトゥイユ
- ● カスタードプディング

献立構成	料理	調理法	SV			応用
主 菜	ウィンナーシュニッツェル	揚げる	主菜 2			ピカタ
スープ	ビシソワーズ	汁物	副菜 1.5	牛乳・乳製品 1		
副 菜	ラタトゥイユ	煮る	副菜 6			
デザート	カスタードプディング	蒸す				パンプディング

◉ カスタードプディングの材料配合と加熱方法

　プディングは卵たんぱく質の熱凝固性を利用した料理である。卵液は希釈するほど凝固しにくくなるが，牛乳で希釈した卵液を加熱すると，牛乳中のカルシウムイオンが卵のたんぱく質の加熱凝固を促進するため，水で希釈するよりかたくなる。一方で，砂糖の添加は熱凝固を妨げゲルをやわらかくする。カスタードプディングの配合は，卵：牛乳が1：2〜3とし，砂糖は卵液の10〜15％程度として甘味は強すぎない方がよい。

　外側や内部ともにすだちがなく，口に入れたときになめらかな状態がよいため，蒸し器で加熱する場合は，蒸し器内部の温度を85〜90℃に保持する。天火を使用する場合には，150〜160℃にし，天板に熱湯を入れると天火内の温度は80℃に保たれる。加熱時間を短縮するためには，冷たい卵液で加熱するより，あらかじめ湯せん（60℃以下）で温めておくとよい。

◉ カラメルソース

　砂糖液を加熱して160℃以上の高温にすると，香ばしい香りと苦みを呈する茶褐色のカラメルができる。火から下ろしても余熱で温度が上昇しやすく，焦げやすい。また，このまま放置すると室温で固まる。加熱後すぐに少量の湯を入れてのばし，「カラメルソース」にする。

●ウィンナーシュニッツェル

エネルギー：299 kcal
たんぱく質：12.9 g
脂質　　　：20.1 g
食塩相当量：0.7 g

材料名	1人分	(　　)人分
豚ひれ肉	50 g	
塩（肉の0.8%）	0.4 g	
こしょう	少々	
薄力粉	5 g	
卵水（卵1：水1）	20 g	
パン粉（細かい）	15 g	
オリーブ油	16 g	
《付け合わせ》		
レモン	1/10 個	
クレソン	1 枝	

＊オーストリアの代表的な料理

① 豚ひれ肉を肉たたきでたたいて薄くのばす。
② 塩，こしょうをして，薄力粉，卵水，パン粉の順に衣をまぶす。ナイフで格子状にすじをつける。
　（パン粉に粉チーズとパセリのみじん切りを混ぜてもよい。）
③ フライパンにオリーブ油をひき，中火できつね色に焼く。
④ ③を皿に盛り付け，レモン，クレソンを飾る。

出来上がり

パン粉揚げ

　パン粉揚げは，食品とパン粉の間に，変性した卵たんぱく質の膜と糊化した小麦でんぷんの膜があるので，揚げた後も衣がべたつかないのが特徴である。パン粉は水分がおよそ14%であるが，揚げることでさらに水分が減り，油が10〜15%吸収されて風味が増して軽い食感となり，程よい焦げ色がつく。
（付録㉛）

●肉の軟化方法
　加熱によってかたくなるのを緩和するため，
①機械的方法（ひき肉にする，繊維に直角に薄く切る，肉たたきでたたく）
②調味料による方法（塩分，砂糖，酢）
③重曹水による方法
④たんぱく質分解酵素による方法
がある。

応用・発展
●ピカタ

エネルギー：194 kcal
たんぱく質：16.8 g
脂質　　　：11.7 g
食塩相当量：0.9 g

材料名	1人分	(　　)人分
豚ひれ肉	80 g	
塩（肉の0.8%）	0.6 g	
こしょう	少々	
薄力粉	4 g	
卵液＊	12 g	
オリーブ油	3 g	
《付け合わせ》		
サニーレタス	1/2 枚	
マッシュルーム	1/2 個	
ラディッシュ	1/2 個	
a　オリーブ油	3 g	
レモン汁	2 g	
塩	0.2 g	
こしょう	少々	

＊全卵1個＋卵黄1個分で合わせた卵液

① 豚ひれ肉はうす切りにし，塩，こしょうをして，薄力粉を付ける。
② フライパンにオリーブ油を入れて熱し，①を卵液にくぐらせてフライパンに並べる。
③ 片面に焼き色がついたら裏返し，もう片面も焼く。
④ aのドレッシングの材料を混ぜ合わせる。
⑤ サニーレタスは食べやすい大きさにちぎり，スライスしたマッシュルームとラディッシュを添えて，④のドレッシングをかける。

大量調理への展開

　卵を付けた肉は焦げやすいので，大量調理の場合は，先に豚肉を焼いてから卵を付ける。
調理例1　フライパンに溶き卵を流し入れ，焼いた豚肉を入れてオムレツのようにする。
調理例2　豚肉を焼き，その上に卵を落として目玉焼きにする（関西のとん平焼き風になる）。

脂質およびたんぱく質制限食への展開

　脂肪を制限する場合には，豚肉の代わりに蒸した白身魚や鶏ささみ肉に変えるとよい。たんぱく質を制限する場合には，豚肉を，じゃがいも，れんこんなどのでんぷんの多い食品に代替すると満足感が得られる。

西洋料理 7
ウィンナーシュニッツェル／ビシソワーズ／ラタトゥイユ／カスタードプディング

● ラタトゥイユ

エネルギー：59 kcal
たんぱく質：1.6 g
脂質　　　：1.4 g
食塩相当量：1.7 g

材料名	1人分	（　）人分
トマト	50 g	
なす	30 g	
ピーマン	15 g	
ズッキーニ	4 g	
たまねぎ	50 g	
にんにく	2 g	
オリーブ油	12 g	
塩	1.7 g	
こしょう	少々	

1. トマト，なす，ピーマン，たまねぎは乱切りにする。ズッキーニは縦半分に切って種を取り，乱切りにする。
2. 鍋にオリーブ油を熱し，刻んだにんにくを炒め，たまねぎを入れ，色づくように炒める。
3. ピーマン，なす，ズッキーニ，トマトを順に炒めて，塩，こしょうを軽くして，弱火でふたをして20〜30分間煮込む（野菜の水分だけで煮込む）。
4. 野菜がやわらかくなったら味を調える。

↓
出来上がり

ラタトゥイユ

　フランスのプロバンス地方の料理で，トマト，ズッキーニ，なす，ピーマンなど数種の野菜をオリーブ油でソテーして煮込んだ料理のこと。メインディッシュへの付け合わせのほか，トーストしたフランスパンにのせて前菜としても応用できる。

● ズッキーニ

　ウリ科カボチャ属。幼果と花ズッキーニは外見がきゅうりと似ているが，実はかぼちゃの一種。きゅうりに比べややかたい果皮をもつこともあり，主に加熱調理される。油との相性もよく，鉄板焼き，フライなどにもむく。生で食べる場合は，果皮をむくか薄くスライスして食される。

● ビシソワーズ

エネルギー：191 kcal
たんぱく質：4.1 g
脂質　　　：13.3 g
食塩相当量：0.9 g

材料名	1人分	（　）人分
じゃがいも	65 g	
たまねぎ	15 g	
セロリ	1/6 本	
バター	5 g	
ブイヨン*	120 g	
ローリエ	適量	
塩	少々	
牛乳	70 g	
生クリーム	15 g	
あさつきまたはパセリ	12 g	

＊固形コンソメを 0.5 g 使用

1. じゃがいもは皮をむき，4つ割りにし，5mm厚さに切り，水にさらす。たまねぎは薄切り，セロリはすじを取り，薄切にする。
2. 鍋にバターを溶かし，たまねぎ，セロリを色づかないように炒める。じゃがいも，ブイヨンを加え，煮立てる。塩，ローリエを加え，中火で20分間くらい，じゃがいもが煮崩れるまで煮る。　〔ブイヨンを温めておく。〕
3. 裏ごし（またはミキサー）にかける。牛乳を加え，ブイヨンで濃度を，塩で味を調える。
4. よく冷やして生クリームを加え，器に入れ，あさつきのみじん切りを浮かす。

↓
出来上がり

嚥下調整食として展開

　ピューレスープは，野菜やいも類，穀類などの裏ごししたものを利用した，とろみのあるなめらかなスープである。離水がなく，付着性も低い性状であり，「日本摂食嚥下リハビリテーション学会嚥下調整食分類2021」における嚥下調整食2に該当する。
　掲載した分量では，嚥下調整食とするにはやや水分が多いため，牛乳を減らすか，コーンスターチなどでとろみをつけ，まとまりやすく調整するとよい。

● カスタードプディング

エネルギー：124 kcal
たんぱく質：4.6 g
脂質　　　：4.7 g
食塩相当量：0.2 g

材料名	1人分	（　）人分
卵（M）	1/2 個	
牛乳	50 g	
砂糖（卵液の10％）	8 g	
バニラオイル	1 滴	
バター	少々	
《カラメルソース》		
砂糖	6 g	
水	6 g	
湯	3 g	

❶ プリン型に薄くバターを塗っておく。
　 〔バターを塗っておくと型からきれいに取り出せる。〕

❷ 卵を割りほぐし，砂糖と温めた牛乳を加えて混ぜ，裏ごしをしてバニラオイルを加える。
　 〔撹拌するときに泡を立てるとすだつ原因となる。泡立て器をボウルの底に当てながら撹拌し，裏ごすことで均一にする。〕

❸《カラメルソース》鍋に砂糖と水を入れ火にかけ，かき混ぜず茶褐色になるまで加熱し，湯を加えてのばす。

❹ カラメルソースを型に入れ，表面が固まったら卵液を静かに注ぐ。
　 〔カラメルソースの方が卵液よりも比重が重い。〕

❺ 蒸し器内を 85〜87 ℃にして 15 分間くらい蒸し，固まったらよく冷やす。

❻ 型から出して器に盛り付ける。

◆先にカラメルソースをつくり，型に注いでおく。

出来上がり　　　　　（付録㊳）

● 加熱方法いろいろ

オーブン利用（焼きプリン）　160 ℃のオーブンの天板に湯をはり，30 分間加熱する。
フライパン利用　フライパンに型を並べ，型（陶器製がよい）の周囲に半分くらいの深さまで熱湯を注ぎ入れ，ふたをして弱火で 5 分間加熱し，火を止めて余熱で 15 分ほど放置する。

［応用・発展］

● パンプディング

エネルギー：360 kcal
たんぱく質：14.2 g
脂質　　　：10.9 g
食塩相当量：1.1 g

材料名	2〜3人分	（　）人分
フランスパン	60 g	
全卵	1 個	
砂糖	16 g	
牛乳	125 g	
バニラオイル	少々	

❶ ボウルに卵を割り入れ，砂糖と牛乳を加えて混ぜ，バニラオイルで香りをつける。
❷ 耐熱容器に 1 cm の厚みでカットしたフランスパンを並べ，❶を流し入れる。
❸ 湯をはった天板にのせ，160 ℃のオーブンで約 30 分間湯せん焼きにする。

パンプディングの楽しみ方

- かたくなったフランスパンや食パンを利用することができる料理で，かたくなりすぎている場合には❶の卵液に浸す時間を長めにすると，中までしっとりとした仕上がりになる。
- パンプディングは，焼きたてでも，冷蔵庫で冷やしてもおいしく食べられる。また，好みでメープルシロップ，はちみつ，カラメルソースをかけてもよい。

カスタードプディングの応用

■**濃厚タイプ**　牛乳の 1/3 〜全量を生クリームに置き換えたり，卵の卵黄を増やしたりすると，とろりとしたプリンになる。

材料名	配合例1	配合例2
生クリーム	200 g	60 g
牛乳		150 g
全卵	2 個	1 個
卵黄		1 個
砂糖	40 g	40 g

ほかにバニラビーンズ，カラメルソース

■**ゲル化剤使用タイプ**　卵液を加熱せずにゼラチンなどで固めるタイプ。

西洋料理　119

西洋料理 8

パン生地のつくり方を学びいろいろなパンをつくってみよう

- ● 手づくりパン
  - （ハムロール・チーズバンズ・レーズンバンズ）
- ● ミネストローネ
- ● シーザーズサラダ

献立構成		料理	調理法	SV				応用
主 食		手づくりパン（ハムロール・チーズバンズ・レーズンバンズ）	オーブン加熱	主食 1				メロンパン, クロックムッシュ, チーズスティック, ピッツァ
スープ		ミネストローネ	汁物	副菜 1				
主 菜								
副 菜		シーザーズサラダ		副菜 2	主菜 0.5	牛乳・乳製品 0.5		

● パン生地

材料名（粉に対する割合）	3 個分	（　）個分
強力粉	80 g	
ドライイースト（2%）	1.6 g	
微温湯〈40℃以下〉（10%）	8 g	
砂糖（10%）	8 g	
塩（1.5%）	1.2 g	
水（45%）	36 g	
全卵（10%）	8 g	
スキムミルク（5%）	4 g	
バター（10%）	8 g	

● ポイント

- ニーダー（パンこね機）を使用する場合は一次発酵までを機械の中で行う。
- 室温が低い場合の一次発酵は，湯せんあるいはオーブンに入れるなどで温度を保つ工夫をする。
- パン生地に使用する水はやや酸性であると発酵が適度となる。
- 水の温度はパンの一次発酵時の温度（約30℃）になるよう，室温に合わせて調節が必要（夏は低め，冬はぬるま湯程度）。夏は過発酵，冬は発酵不足と乾燥に注意が必要。

● パン生地のつくり方

①こねる（手でこねるときの方法）

ドライイーストは分量の水の一部をぬるま湯にしてそこに溶かしておく。

卵は残りの水と混ぜて卵水にする。

ボウルに強力粉，砂糖，ドライイースト，スキムミルクを入れて混ぜ，塩を加えてもう一度混ぜる。

次に卵水を入れて混ぜ，こねて，サイコロ状に切ったバターを入れてさらにこねる。

生地がボウルに付かなくなったら麺板の上に出し15分間こねる。

②一次発酵・ガス抜き

こねあがった生地は，1つに丸めて表面をなめらかにし，ボウルに入れラップをして28〜30℃で40分間発酵させる（生地の膨らみは2〜2.5倍が目安）。

一次発酵で膨らんだ生地のガス（二酸化炭素）を手で押して全体に分散させる。

③分割・丸め

一次発酵の終わった生地を10等分（約48 g）に分割し，丸めて表面をなめらかにする。

④ベンチタイム

丸めた生地を厚手の布の上に並べ，乾かないように厚手の布をかけて，10〜15分間ねかせる。

● ハムロール

エネルギー：165 kcal
たんぱく質：5.3 g
脂質　　　：6.4 g
食塩相当量：0.6 g

材料名	1 個分	(　) 個分
パン生地 (つくり方, 左頁参照)		
《トッピング》		
ハム (超薄切り)	1 枚	
マヨネーズ	3 g	
たまねぎ	6 g	
パセリ	適量 (目安約1g)	
《ドリュール》		
全卵	適量 (目安約5g)	

《成形・トッピング》

1. トッピング材の準備として，たまねぎはみじん切りにしてマヨネーズと和える。パセリはみじんパセリにしておく。
2. ベンチタイムの終わった生地は上下を返してきれいな面を下にする。麺棒でハムより少し大きめの円形にのばす。
3. ハムをのばした生地の上にのせ，もう一度前後・左右に麺棒をかけてハムとパン生地をなじませる。ハムをしっかり巻き込みながらパン生地を筒状に丸める。
4. とじ目が中側になるように半分に折り，パン生地同士をしっかり押さえてくっつける。
5. パン生地の輪の方を手前にして輪の部分に縦に2/3くらいまで切り込みを入れる。切り込みの部分を開いて楕円形に整える。中央部にたまねぎのマヨネーズ和えをのせ，みじんパセリを飾る。
6. 二次発酵は 36〜38 ℃で30分間，あるいは 45 ℃で10分間発酵させる (膨らみの程度は元の1.5〜2倍が目安)。
7. トッピングは生地の表面に溶いた全卵 (ドリュール) をはけで塗る。
8. 焼成は180〜190 ℃で10〜12分間焼く (オーブンの機種により異なる)。

出来上がり

- みじんパセリはパセリをみじん切りにし，ふきんに包んで水でもみ洗い，絞って水けを切る。
- 仕上げにドリュールを塗るときのはけは柄を短く持ち，はけをねかせて生地に沿わせるように塗る。

- とじ目に1つずつレーズンを置きながらとじていくことで，底までまんべんなくレーズンを入れることができる。
- レーズンは焦げると苦くなるので，パン生地からなるべく出ないように包む。

● チーズバンズ

エネルギー：189 kcal
たんぱく質：8.6 g
脂質　　　：8.1 g
食塩相当量：1.0 g

材料名	1 個分	(　) 個分
パン生地		
《具材・トッピング》		
プロセスチーズ (1 cm角)	15 g	
粉チーズ	少々	
《ドリュール》		
全卵	適量 (目安約5g)	

1. 《成形》　パン生地は麺棒で直径7〜8 cmの円形にのばす。このとき中央が厚く，周囲が薄くなるようにする。チーズを包み，とじ目を下にして丸い形に整える。キッチンばさみを立てて持ち，パンの上の部分に垂直に切り込みを十字に3回で入れる。
2. 《二次発酵》　36〜38 ℃で30分間，あるいは45 ℃で約10分間発酵させる (1.5〜2倍が目安)。
3. 《トッピング》　生地の表面に溶いた全卵 (ドリュール) をはけで塗り，粉チーズをふる。
4. 《焼成》　180〜190 ℃で10〜12分間焼く。

出来上がり

キッチンばさみで切り込みを入れるときは，1つの切り込みを大きく入れ，その切り込みの両側をそれぞれ垂直に切ると4つの角を立てることができる。

● レーズンバンズ

エネルギー：161 kcal
たんぱく質：4.3 g
脂質　　　：3.3 g
食塩相当量：0.4 g

材料名	1 個分	(　) 個分
パン生地		
《具材・トッピング》		
レーズン	15 g	
グラニュー糖	2 g	
《ドリュール》		
全卵	適量 (目安約5g)	

のばしたパン生地に，レーズンを6〜8個残して中央に入れ，丸い形に整え，チーズバンズと同様にキッチンばさみで切れ目を入れる。二次発酵後，生地の表面に溶いた全卵 (ドリュール) をはけで塗り，グラニュー糖をかけて10〜12分間焼く。

出来上がり

● ミネストローネ

エネルギー：46 kcal
たんぱく質：0.7 g
脂質：2.2 g
食塩相当量：1.1 g

材料名	1人分	(　　)人分
たまねぎ	30 g	
じゃがいも	10 g	
にんじん	15 g	
ベーコン	10 g	
固形スープ	1/4 個	
水	150 g	
塩	少々	
トマトの水煮	20 g	
オリーブ油	2 g	
ローリエ	1/4 枚	
パセリ	少々	

1. 野菜とベーコンはそれぞれ粗いみじん切りにする。トマトの水煮はトマトをつぶしておく。
2. 温めた厚手の鍋にオリーブ油を入れ，ベーコンと野菜を炒め，トマトの水煮を加えてさらに炒める。
3. 2に水と固形スープ，ローリエを入れて約20分間煮込み，塩で味を調え，みじんパセリを散らす。

出来上がり

● シーザーズサラダ

エネルギー：352 kcal
たんぱく質：10.7 g
脂質：24.1 g
食塩相当量：1.3 g

材料名	1人分	(　　)人分
ロメインレタス（4枚）	80 g	
卵（1/2 個）	25 g	
トマト（1/2 個）	85 g	
ベーコン（1枚）	20 g	
クルトン	5 g	
ドレッシング		
マヨネーズ	6 g	
オリーブ油	2 g	
牛乳	7.5 g	
a　レモン汁	2.5 g	
砂糖	1.5 g	
にんにく（すりおろし）	少々	
アンチョビペースト	少々	
パルメザンチーズ	3 g	
黒こしょう	少々	

1. 卵はゆでてくし形切りにしておく。
2. ベーコンは1 cm幅に切り，油をひかずにフライパンでカリカリに炒める。
3. トマトはくし形に切っておく。
4. レタスは洗って水けを切り，一口大にちぎっておく。
5. a を混ぜてドレッシングをつくる。
6. 器にレタスを敷き，トマトと卵を盛り付け，ベーコンとクルトンをのせ，ドレッシングをかけて混ぜる。最後に粉チーズと黒こしょうをふりかける。

出来上がり

（応用・発展）

● メロンパン

エネルギー：305 kcal
たんぱく質：5.6 g
脂質：10.9 g
食塩相当量：0.5 g

※栄養価計算は1個分の値

材料名	10 個分	(　　)個分
パン生地（つくり方はp.120参照）		
《クッキー生地》		
薄力粉	200 g	
ベーキングパウダー	2 g	
バター	90 g	
砂糖	81 g	
全卵	37.5 g	
メロンエッセンス	少々	
（なければバニラエッセンス）		
グラニュー糖	適量（目安30 g）	

《クッキー生地》
1. 薄力粉とベーキングパウダーは合わせてふるう。砂糖もふるっておく。
2. ボウルにバターを入れ，泡立て器でクリーム状にする。砂糖を加えてすり混ぜる。卵を少しずつ加えて混ぜ，エッセンスを入れる。
3. 1の粉を加え，ゴムべらで混ぜ，円筒状にまとめる。
4. ラップに包んで冷蔵庫で10～20分間休ませる。

《成形・トッピング》
1. パン生地を一度手でつぶしてもう一度丸め直す。
2. クッキー生地は個数分に円形に切り分け，手で軽くのばしてから麺棒でパンの直径より2 cmくらい大きい円形にのばす（このとき，オーブンシートに挟んで作業するとくっつかない）。
3. パン生地にクッキー生地をのせ，パン生地の下側まで包み込む。
4. スケッパーでクッキー生地にメロンの網目（傷がつく程度の深さ）を入れる。
5. 二次発酵後，グラニュー糖をかけて180 ℃で12～14分間焼成する。

[応用・発展]
● クロックムッシュ

エネルギー：378 kcal
たんぱく質：19.0 g
脂質：20.5 g
食塩相当量：2.5 g

材料名	1人分	( )人分
食パン（6枚切り）	1枚	
ハム	1枚	
ピザ用チーズ*	1枚	
バター	4 g	
卵	1個	
牛乳	30 g	
塩	少々	
こしょう	少々	
ブラックペッパー	少々	

＊ピザ用チーズまたはグリュイエールチーズ，エメンタールチーズなどがよい。

❶ 食パンは重なるように半分に切る（対角線で斜めでもよい）。
❷ 卵，牛乳，塩，こしょう，ブラックペッパーをバットに混ぜておく。
❸ ❷の卵液に❶の食パンを浸しておく（5分間くらい）。
❹ ❸の食パンの片方にハム，チーズをのせて，もう片方のパンを重ねる。その上にさらにピザ用チーズをのせてもよい。
❺ フライパンに半量のバターを溶かし，パンの片面を焼いたら，残りのバターを溶かして食パンの残りの片面を軽く色づくまで焼く。

- クロックマダムはクロックムッシュに目玉焼きをのせたもの。
- 挟む具材として，たまねぎの薄切り，トマトなどを加えてもよい。

[応用・発展]
● ピッツァ

エネルギー 1,223 kcal
たんぱく質：44.6 g
脂質：70.9 g
食塩相当量：5.7 g

材料名	直径18cm分	材料名	直径18cm分
《ピザ生地》		たまねぎ	50 g
強力粉	70 g	ピザ用チーズ	100 g
薄力粉	30 g	オレガノ	少々
塩	1 g	タバスコ	少々
ドライイースト	1 g	《ピザソース》	
砂糖	1 g	トマトの水煮	150 g
微温湯（40℃以下）	20 g	たまねぎ	150 g
牛乳	50 g	にんにく	1片(5 g)
サラダ油	4 g	オリーブ油	15 g
《トッピング》		赤ワイン	5 g
サラミソーセージ	30 g	オレガノ	少々
マッシュルーム	25 g	塩	少々
ピーマン	15 g	こしょう	少々

[応用・発展]
● チーズスティック

エネルギー：1,219 kcal
たんぱく質：43.7 g
脂質：31.7 g
食塩相当量：6.0 g

※栄養価計算は全量の値

材料名	20～25本分	( )本分
強力粉	250 g	
ドライイースト	5 g	
砂糖	13 g	
塩	5 g	
粉末チーズ	25 g	
黒ごま	8 g	
ショートニング	13 g	
水	167 g	
《ドリュール》		
全卵	25 g	

❶ ボウルに強力粉，ドライイースト，砂糖を入れて混ぜ，そこに塩と水を入れてこねる。均一になったらショートニングを少量ずつ入れて混ぜ，黒ごまを加えて15分間こねる。
❷ こね終わったら，丸めて表面をなめらかにし，ふきんかラップをかけてベンチタイムを20～25分間とる。
❸ 生地を2等分し，スティックは1cm幅にねじり棒に成型する。
❹ ねじり棒のみ38～40℃のオーブンで10～15分間二次発酵させる。
❺ 全卵（ドリュール）を塗り，粉チーズをかける。
❻ 80～190℃で5～8分間焼成する。

二次発酵をさせない場合は，グリッシーニのように細く成形しカリッとした仕上がりとなる。二次発酵させた場合は発酵によってやわらかな仕上がりになるので，ねじり棒やその他の形のパンに仕上げる。

《ピザ生地》
❶ 強力粉と薄力粉を混ぜ，塩を加えて，ふるっておく。
❷ 微温湯に砂糖を入れ，ドライイーストを入れて混ぜ，泡立つまで5～10分間おく。
❸ ボウルに小麦粉を入れ，❷を混ぜて，牛乳とサラダ油を加えてよくこねる。表面をなめらかにして丸め，30℃で40分間発酵させる（2倍くらいが目安）。
❹ 丸め直してふきんをかけて15分間のベンチタイムをとる。
❺ ガス抜きをして，直径18cmくらいに広げる。
《ピザソース》
❶ 材料をみじん切りにし，鍋にオリーブ油を入れ，にんにく，たまねぎ，トマトの順に炒める。
❷ オレガノ，赤ワイン，塩，こしょうを加え弱火でとろみがつくまで煮つめる。
《トッピング》
❶ サラミソーセージは薄い小口切り，マッシュルームは薄切り，ピーマンは芯を取り細い輪切り，たまねぎは薄い輪切りにする。
❷ 直径18cmに広げたピザ生地にピザソースを塗り，具をのせ，オレガノを適量かけたら，ピザ用チーズを全体にのせる。
❸ 220℃に予熱をしたオーブンで200～220℃，8～10分間焼く。

西洋料理 123

正月料理

おせちの意味を理解し，つくり方と重箱の詰め方を学ぼう

		料　理
祝　肴	三種肴	田作り，数の子，黒豆（関東） 田作り，数の子，たたきごぼう（関西）
	縁起肴	伊勢えび，据えたい（姿焼き）
口取り	練り物	紅白かまぼこ，伊達巻き
	甘味物	栗きんとん，きんかん甘煮，白いんげん，錦卵，寒天寄せ
焼き物	付け焼き	いかのうに焼き，車えびの黄身焼き，ぶりの照り焼き
		のし鶏（松風焼き），小たいの塩焼き
煮　物	煮しめ	やつがしら，さといも，にんじん，れんこん，こんにゃく，ごぼう，くわい，ゆり根， 高野豆腐，昆布巻き，しいたけ，たけのこ，いんげん，さやえんどう
	煮つけ	五目煮，さいまきえび，がんもどき
酢の物	なます	紅白なます，五色なます
	酢漬け・すし	菊花かぶ，れんこん，さけ，酢だこ，こはだ，かぶらずし，にしんづけなど

_____ は掲載品

組重の詰め方

	三段の場合	四段の場合	五段の場合
一の重	祝肴と 口取り	祝肴と 口取り	祝肴
二の重	焼き物と 煮物	焼き物と 口取り	口取り
三の重	酢の物	煮物	焼き物
与の重	—	酢の物	煮物
五の重*	—	—	酢の物

＊五の重は「控えの重」として空にしておいたり，予備の料理を入れたりする場合もある。

●雑煮

雑煮は室町時代にはじまった武家の料理であるが，江戸時代初期には庶民に広まった。神へのお供えをお下がりとしていただくもので，もち，野菜，いもなどの具を入れた臓器を温めるよい食べ物とされた。

雑煮は各地域の特産品や珍品を用いてつくられ，地域ごとに，もちの形，具の種類，調理方法に特徴がみられる。

◉おせち

「おせち料理」とは，節日（節句）に供される料理をいう。もともとは五節句の祝儀料理すべてを指したが，しだいに節日のなかで最も重要な正月料理を指すようになった。おせちの原形は神にささげる神饌（しんせん）であり，供えたものを神と供食する「直会（なおらい）」の意味をもっていた。祝箸の両端が削られているのは神と供食するためといわれている。

現在ではおせち料理といえば重箱料理を指すが，これは第二次世界大戦後にデパートなどが見栄えのよい重箱入りのおせち料理を販売した

ことによるともいわれている。

おせち料理の材料と料理には祝いの意味が込められており，新年の祝肴として年始客のもてなしのためと，正月三が日の保存食としての意味合いがあった。そのため，味付けは濃い目にし，めでたさを重ねるように重箱を用いる。組重は，五段重が正式なものとされるが，最近では，四段重が普通であり，三段重や二段重などの略式のものも多くなっている。

各重とも料理の品数は縁起のよい奇数で詰め，その形式には，市松，七宝，段取，隅取，八方などがある。

124　第2部　実習編

● 雑煮（関東風）

エネルギー：134 kcal
たんぱく質：4.0 g
脂質　　　：1.3 g
食塩相当量：0.8 g

材料名	1人分	（　）人分
鶏肉	10 g	
小松菜	5 g	
しいたけ	1/2 枚	
煮出し汁	150 g	
塩	0.5 g	
しょうゆ	1.2 g	
切りもち	50 g	
ゆずの皮	少々	

❶ 鶏肉は一口大のそぎ切りにし，しいたけは洗って軸を取る。小松菜はゆでて 3～4 cm に切る。
❷ もちを焼き，熱湯を通して椀に盛る。
❸ 煮出し汁を煮立て，鶏肉，しいたけをさっと煮て小松菜とともに椀に盛り合わせ，汁に塩としょうゆで調味して注ぎ，ゆずをそいでのせる。

● 田作り

エネルギー：18 kcal
たんぱく質：1.7 g
脂質　　　：0.2 g
食塩相当量：0.3 g

材料名	1人分	（　）人分
ごまめ（田作り）	3 g	
砂糖	1 g	
しょうゆ	1.6 g	
みりん	1.6 g	

❶ ごまめは，フライパンで焦がさないよう弱火で煎る。
❷ 鍋に砂糖，しょうゆ，みりんを入れて煮立て，ごまめを入れてからめ，薄く油を塗った皿に広げて冷ます。

▶メモ
　田作りは，カタクチイワシ幼魚の乾燥品。かつてはいわしを田の肥料として用いたり，田植の際の祝肴として用いたりしたことから，五穀豊穣を願うものである。

● 黒豆

エネルギー：37 kcal
たんぱく質：1.9 g
脂質　　　：1.1 g
食塩相当量：0.2 g

材料名	1人分	40人分
黒豆	6 g	240 g
水	25 g	1000 g
砂糖	4 g	150 g
しょうゆ	0.5 g	18 g
塩	0.1 g	5 g

❶ 水と調味料を鍋に入れて，砂糖が溶けるまで火にかける。
❷ 汁を冷まし，黒豆を入れて一晩おく。
❸ 鍋を火にかけ豆がやわらかくなるまで煮る。
❹ 汁に浸けたまま，冷ます。

▶メモ
・この煮方は最初から調味料を含ませておくのでしわが寄りにくい。
・さびた鉄くぎを入れると黒豆のアントシアニン色素が安定となり，黒色が保たれる。
・圧力鍋を利用すると加熱時間が短縮できる（沸騰後 15 分加熱し，圧力が下がるまで放置する）。

● 数の子

エネルギー：13 kcal
たんぱく質：2.1 g
脂質　　　：0.4 g
食塩相当量：0.6 g

材料名	1人分	（　）人分
数の子（塩蔵）	12 g	
だししょうゆ		
├ だし	20 g	
├ 酒	1.5 g	
└ 薄口しょうゆ	2.7 g	
削り節（糸削り）	少々	

❶ 数の子は 1％濃度の食塩水に半日～1 日浸けて塩抜きをする。白い薄皮をていねいにむく。
❷ だししょうゆの材料を鍋に入れてひと煮立ちさせ，冷ます。
❸ 数の子の水けを切ってだししょうゆに浸し，一晩おいて味を含ませる。
❹ くし目に包丁を入れて，バラバラにならないようにそぎ切りにする。
❺ 器に盛り，削り節を天盛りにする。

▶メモ
　薄い塩水に浸すと，適度な塩味を保持し，効率よく塩抜きができる（呼び塩）。

● 伊達巻き

エネルギー：129 kcal
たんぱく質：6.9 g
脂質　　　：4.1 g
食塩相当量：0.3 g

材料名	1人分	1本分
卵	40 g	300 g
魚のすり身（またははんぺん）	16 g	120 g
しょうゆ	0.8 g	6 g
みりん	7.2 g	54 g
砂糖	10 g	75 g
片栗粉	1 g	7.5 g

① 魚のすり身をすり鉢でよくすり、調味料を加え、卵液を少しずつ入れて徐々にのばし、裏ごしする（または、ミキサーに材料を入れて、撹拌する）。
② アルミホイルで20×20 cmの型をつくり、内側にクッキングシートを置き、天板にのせる。卵液を流し、200℃のオーブンで約15分間焼く。
③ 全体に火が通ったことを竹串を刺して確認したら、焦げ色のついている方を下にして巻きすに取る。
④ 巻きはじめのほうに2〜3本包丁で筋をつけてから巻きすごと巻き込む。それから巻きすをはずしてきっちり巻く。上からふきんで巻いて押さえ、そのまま冷まして適当な厚さに切る。
熱いうちに巻くのがポイント！

● 錦卵

エネルギー：84 kcal
たんぱく質：4.5 g
脂質　　　：4.1 g
食塩相当量：0.3 g

材料名	1人分	（　）人分
卵	40 g	
砂糖	5.6 g	
みりん	2.4 g	
塩	少々	

① 卵は水からゆで、沸騰したら火を弱めて12分間ゆでる。すぐに水に取って、殻をむき、黄身と白身に分ける。
② 白身、黄身の順番に裏ごす。
③ 黄身に砂糖の半量とみりん、塩少々を加えてよく混ぜる。白身に残りの砂糖と、塩少々をよく混ぜる。
④ クッキングシートを敷いた流し缶に、白身をふんわりと平らに敷きつめ、その上に黄身もふんわりと敷きつめる。
⑤ 蒸気の上がった蒸し器に入れて、中火で4〜5分間蒸す（または、電子レンジ（500 W）で1分間加熱する）。
⑥ 取り出して冷まし、一口大に切る。

● 紅白かまぼこ

エネルギー：19 kcal
たんぱく質：2.2 g
脂質　　　：0.2 g
食塩相当量：0.5 g

材料名	1人分	（　）人分
紅かまぼこ	10 g（1 cm）	
白かまぼこ	10 g（1 cm）	

① 紅白のかまぼこを切って並べる。

飾り切り

■ 日の出かまぼこ　かまぼこを2 cm幅に切り、日の出形になるように、弦（手元）に当たる部分は固定し、弧（先端）の部分だけ動かしてギザギザに切り込みを入れる。

■ 松　下図のように、端5 mmくらい残して、3 mm間隔で切り込みを入れて端から折りたたむ。

■ うさぎ（たづな）　表面部分を3/4くらいむき、中央に切り込みを入れて、くるっと通す。

● 関西風雑煮

材料名	1人分	（　）人分
大根	10 g	
にんじん	10 g	
さといも	20 g	
丸もち	1個	
昆布だし汁	180 g	
西京みそ	30 g	
花かつお	2 g	
ゆず	適量	

① 大根、にんじんは5 mmの輪切りにし、さといもは皮をむいて面取りし、下ゆでする。
② 丸もちもやわらかくゆでておく。
③ 昆布だし汁をとり、①の具を入れてひと煮立ちしたら、みそを入れて味を調え、もちを加える。
④ 椀に盛り、ゆずと花かつおをのせる。

● 栗きんとん

エネルギー：84 kcal
たんぱく質：0.3 g
脂質　　　：0.1 g
食塩相当量：0.0 g

材料名	1人分	（　）人分
さつまいも	18 g	
砂糖（裏ごしいもの40%）	7.2 g	
みりん（裏ごしいもの8%）	1.4 g	
甘露煮の汁	10 g	
栗の甘露煮	10 g	

❶ さつまいもは1 cm厚さの輪切りにして皮を厚くむき，水にさらす（維管束まで除く）。
❷ 鍋にさつまいもを入れてやわらかくなるまでゆでる。
❸ ゆで水を捨てて砂糖の半量を入れてつぶし，熱いうちに裏ごしする（裏ごしはぬらしておく）。
❹ 鍋に裏ごししたいも，残りの砂糖，みりん，甘露煮の汁を加え，火にかけてゆるい練りみそ程度のかたさになるまで練り上げる。栗を入れて火を通す。
❺ 皿に広げて手早く冷ます。

▶メモ
- さつまいもは維管束まで除くように皮を厚くむけば，くちなしを入れなくても鮮やかな黄色に仕上がる。
- 裏ごしする前に，砂糖を入れてつぶしておくと，いもが白っぽくならない。

● たたきごぼう

エネルギー：35 kcal
たんぱく質：0.9 g
脂質　　　：1.1 g
食塩相当量：0.7 g

材料名	1人分	（　）人分
ごぼう	25 g	
白ごま	2 g	
塩	少々	
酢	1 g	
しょうゆ	4.5 g	
みりん	2 g	

❶ ごぼうはたわしでよく洗い，4～5 cm長さに切り（太い場合は2～4つに割る），酢水に2分間くらい浸けておく。
❷ 白ごまは鍋でから煎りしてすり鉢に入れて半ずりにし，塩，しょうゆ，みりん，酢を加えて混ぜる。
❸ 鍋に湯を沸かし，塩・酢各少々（分量外），❶のごぼうを加え，竹串がスーッと通るくらいのやわらかさになるまでゆで，ざるに上げる。
❹ ❸をまな板の上に並べてすりこぎで軽くたたき，熱いうちに❷で和えてなじませ，器に盛り付ける。

（付録㉖）

● 若竹きゅうり

エネルギー：10 kcal
たんぱく質：1.0 g
脂質　　　：0.5 g
食塩相当量：0.1 g

材料名	1人分	（　）人分
きゅうり	20 g	
いくら	3 g	
塩	少々	

❶ きゅうりは軽く塩をふり，板ずりする。4 cmくらいの長さに切り，写真のように斜めに切る。
❷ 中心の部分をスプーンで少しくり抜き，いくらをくぼみに飾って若竹のように見立てて完成。

▶メモ
きゅうりを切りちがいにし中心部をくり抜き，いくらをのせてもよい。

◉ 各地の雑煮

　雑煮は各地の特産品や珍品あるいは入手しやすい材料を使い，地域ごとに特徴のあるものがつくられてきた。雑煮はそれぞれの家庭で代々伝承されていることが多く，どのような雑煮を食べているかを聞けばおおよその出身地の見当がつく。角もちの雑煮は東日本に多く，丸もちの雑煮は西日本に多く分布する。ただし，山形県庄内地方では丸もち，高知県と鹿児島県では角もちが多く，これは，江戸時代の藩主や通商の影響があるといわれている。味付けは全国的にはしょうゆが多数派であるが，近畿および香川県と徳島県ではみそ仕立てである。
　具では，大根，にんじん，鶏肉，かまぼこなどが全国的に多く用いられていて，紅白の彩りに正月を祝う気持ちが伺える。その一方で地域性のある具材があり，豆もやしは鹿児島県・宮崎県で，かつお菜は佐賀県・福岡県，さけといくらは新潟県で，ぶりは福岡県・岡山県で多く用いられている。また，鳥取県では雑煮といえば小豆雑煮（ぜんざい）を指し，香川県ではあんの入ったもちを白みそで仕立てる。

屠　蘇

　「屠蘇（とそ）」とは「邪気を屠（ほふ）り，魂を蘇生させる」または「『蘇』という悪鬼を葬（ほふ）る」を意味し，一年の邪気をはらい延命長寿を願って中国から伝来した漢方薬である。山椒・肉桂・防風・桔梗などの薬草を三角形の絹袋に入れた「屠蘇散」を日本酒またはみりんに浸したものである。元日の朝，年少者より年長者に杯を回して飲み，邪気をはらい一年の健康を祝う。

正月料理　127

● のし鶏（松風焼き）

エネルギー ： 113 kcal
たんぱく質 ： 7.7 g
脂質 ： 6.2 g
食塩相当量 ： 0.5 g

材料名	1人分	（　）人分
鶏ひき肉	40 g	
赤みそ	3 g	
砂糖	1 g	
酒	3 g	
みりん	3 g	
パン粉	3 g	
卵	10 g	
しょうが汁	1 g	
けしの実・青のり	少々	

1. 鍋に鶏ひき肉の1/2量、砂糖、酒、みりんの一部を加え、箸でほぐしながらそぼろ状に煮る。
2. 熱いうちに❶をすり鉢に入れてする。
3. 残りの鶏ひき肉、みそ、パン粉、残りの調味料を入れてよくすり、溶き卵を少しずつ入れる。
4. アルミホイルに油を塗り、❸をのせて形を整え、けしの実と青のりを全体にふりかける。
5. ❹を200℃の天火で15分間焼き、余熱で熱を通す。まな板の上に取り出し、冷めてから適当な大きさに切る。

● いかのうに焼き

エネルギー ： 72 kcal
たんぱく質 ： 10.6 g
脂質 ： 1.6 g
食塩相当量 ： 0.6 g

材料名	1人分	（　）人分
いか（胴）	20 g	
塩	少々	
酒	少々	
練りうに	2.5 g	
卵黄	2 g	
みりん	少々	

1. いかの胴は皮をむき、内側に鹿の子に切れ目を入れる。
2. 丸まらないように串を刺し、塩と酒をふる。
3. 練りうに、卵黄、みりんを混ぜておく。
4. いかを白焼きにし、切れ目の方に❸を塗り、さっとあぶって乾かす。
5. これを2回繰り返し、串を抜いて食べやすく切る。

▶メモ
　練りうにを用いず、卵黄とみりん（卵黄の1/5）を塗って焼いたものは、黄金焼きという。

● 紅白なます

エネルギー ： 25 kcal
たんぱく質 ： 0.1 g
脂質 ： 0.0 g
食塩相当量 ： 0.7 g

材料名	1人分	（　）人分
大根	30 g	
にんじん	6 g	
塩	0.6 g	
ゆず	少々	
甘酢		
塩	0.1 g	
砂糖	4 g	
酢	12 g	

1. 大根、にんじんの皮をむき、4cm長さに切り、それぞれ縦に細いせん切りにし、塩をふって10分間くらいおき、しんなりしたら水で手早く洗い、かたく絞る。
2. ゆずの皮は細いせん切りにする。
3. ❶の材料を甘酢に漬け込み、ゆずの皮を加えて風味を添える。

▶メモ
　ゆずの実を取り除いたゆず釜に詰めてもよい。

● えびのうま煮

エネルギー ： 59 kcal
たんぱく質 ： 7.6 g
脂質 ： 0.2 g
食塩相当量 ： 1.1 g

材料名	1人分	（　）人分
有頭えび（大正えび小2尾）	1尾（40gくらい）廃棄率約50%	
淡口しょうゆ	6 g	
みりん	6 g	
砂糖	0.5 g	
酒	3 g	
水	3 g	

1. えびの背わたと頭の黒っぽい汚れを取る。
2. 背を曲げて爪楊枝を刺し、熱湯で3分間くらいゆでる。
3. 鍋に調味料を煮立て、えびを入れて煮からめる。

▶メモ
　海老の字は、ひげが長く曲がった形が老人の姿に似ていることに由来している。長寿の縁起物なので、えびの背を曲げた形に調理する。

●煮しめ

エネルギー：50 kcal
たんぱく質：1.5 g
脂質　　　：0.1 g
食塩相当量：1.1 g

材料名	1人分	（　）人分
にんじん	20 g	
干ししいたけ	2 g	
こんにゃく	20 g	
れんこん	12 g	
さやえんどう	2 g	
さといも	40 g	
だし汁	70 g	
塩	0.7 g	
しょうゆ	2 g	
砂糖	1.2 g	

❶ にんじんは約8 mmの輪切りにし梅花形に、戻した干ししいたけは亀甲形に、れんこんは花れんこんに切る。こんにゃくは手綱切りにし、下ゆでする。さといもは皮をむいて、塩をつけてもみ、下ゆでする。

❷ 鍋に野菜を入れ、落としぶたをして火にかける。沸騰までは強火、その後弱火にして、調味料を加えて汁がほとんどなくなるまで煮る。

❸ 塩ゆでしたさやえんどうを添える。

(付録㉔, ㉕)

飾り切り

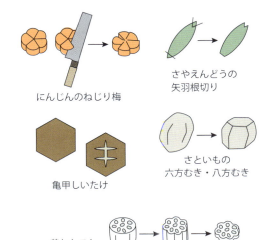

●昆布巻き

エネルギー：82 kcal
たんぱく質：1.4 g
脂質　　　：0.1 g
食塩相当量：1.8 g

材料名	1人分	（　）人分
早煮昆布	6 g	
かんぴょう	5 g	
ごぼう	18 g	
塩	少々	
酢	3 g	
砂糖	10 g	
しょうゆ	9 g	

❶ 昆布は水に浸して、しんなりしたら引き上げる。
  ＊浸しすぎないよう注意する。

❷ かんぴょうは水で洗ってから、塩少々をふってもみ、水洗いする。

❸ 鍋にかんぴょうとたっぷりの水を入れ、火にかけて、つめが軽く立つくらいまでゆでる。

❹ ごぼうは洗って皮をこそげ、5 cm長さの縦4つ割りにする。鍋にごぼうと水を入れてゆでる。

❺ 昆布をごぼうの長さに合わせて切り、ごぼうを芯にして巻く。昆布の幅がせまいものは縦に、広いものは横に巻くように切りそろえる。

❻ 昆布の上から、かんぴょうを二重に巻いて結ぶ。
  ＊煮ると昆布がふくらむので、少しゆるめに巻くとよい。

❼ 鍋に昆布巻きを並べ、かぶる量の水と塩と酢を加え、やわらかくなるまで煮る。砂糖としょうゆを加え、落としぶたをして煮汁がほとんどなくなるまで煮る。

昆布巻きと材料

昆布巻きは「養老昆布＝よろこぶ」の語呂合わせで不老長寿、あるいは「昆布＝子生」で子孫繁栄を願い、お祝いの縁起物として広く用いられてきた。身欠きにしん、さけ、さばなどの魚を巻いてつくることも多い。

● くわい　芽が伸びることから出世を祈願するといわれる。おせち料理にはクチナシを入れて黄色に色づけて甘く煮ることも多い。

早煮昆布

市販されている昆布の名前には、産地、昆布の種類、加工法などが記されている。だしをとるにはうま味成分を多く含んでいる真昆布、利尻昆布、羅臼昆布が適し、煮て食べるには繊維質が少なくやわらかい長昆布、長与昆布などが適し「早煮昆布」の名称がつけられている。おでんの結び昆布にも適する。

正月料理

のし鶏（松風焼き）／紅白なます／いかのうに焼き／えびのうま煮／煮しめ／昆布巻き

クリスマス料理

特別な日のテーブルセッティングを工夫してみよう

- 鶏もも肉のあぶり焼き
- パンプキンスープ
- ブッシュ・ド・ノエル
- フルーツパンチ

献立構成	料理	調理法	SV		応用
主 菜	鶏もも肉のあぶり焼き	焼く	主菜　3		鶏もも肉の照り焼き，ローストチキン，ローストビーフ
スープ	パンプキンスープ	汁物	副菜　1.5		
副 菜	ブッシュ・ド・ノエル	オーブン加熱			
デザート	フルーツパンチ	和える	果物　1.5		

●クリスマスとは

クリスマス（Christmas）は，イエス・キリストの降誕（誕生）を祝う日である。クリスマスには家族が集まり，教会に出かけたり，クリスマスディナーを食べたりする。代表的なメニューは，七面鳥や鶏などのローストにクランベリーソースやグレービーソースが添えられた料理などがある。また，フランスのブッシュ・ド・ノエル，ドイツのシュトーレン，イタリアのパネトーネなど国や地方によって異なったデザートもある。

●行事食（年中行事と人生儀礼）

日本人の生活には，日常生活（ケの日）と特別な日（ハレの日）がある。ハレの日には，毎年同じ時期に巡ってくる年中行事と，人の一生の節目に当たる誕生，成人，結婚などの人生儀礼がある。それぞれの行事では，その日にまつわるしきたり，しつらい，食べ物（行事食）がある。行事食は，その季節に採れる食材を利用し，体が必要とする栄養素を補うような工夫がみられる。神・自然に感謝しつつ，皆で共食することで連帯感を強めている。

年中行事と食		
正月（1月1日）	雑煮，おせち料理	
人日の節句（1月7日）	七草がゆ	
節分（2月3日）	煎り豆，いわし，恵方巻き	
上巳の節句（3月3日）	桜もち，ひしもち，ちらしずし，はまぐりの潮汁	
彼岸（3月，9月）	ぼたもち（おはぎ）	
花見（3〜5月）	花見酒，花見弁当	
端午の節句（5月5日）	柏もち，ちまき	
七夕の節句（7月7日）	そうめん	
盂蘭盆（8月）	精進料理	
重陽の節句（9月9日）	菊花酒	
月見（10月）	月見だんご，きぬかつぎ	
七五三（11月）	千歳あめ	
冬至（12月）	かぼちゃ	
大晦日（12月31日）	年越しそば	

130　第2部　実習編

● 鶏もも肉のあぶり焼き

エネルギー ：258 kcal
たんぱく質 ：18.8 g
脂質 ：20.1 g
食塩相当量：1.7 g

材料名	1人分	(　　)人分
鶏もも肉骨付き	1本	
塩	1 g	
こしょう	少々	
バター	2 g	
《卵黄ソース》		
卵黄	3 g	
溶きからし	1 g	
ウスターソース	4 g	
パン粉	15 g	
粉チーズ	2 g	
パセリ	0.2 g	
バター	3 g	
クレソン	10 g	
飾り（マンシェット，リボン）		

❶ 鶏肉は右図のように処理後，フォークで皮に穴をあける。
❷ ❶の鶏肉に塩とこしょうで下味をつける。
❸ バターを溶かしたフライパンで❷の鶏肉の両面を軽く焼く。
❹ ❸を天板に並べ，材料を混ぜておいた卵黄ソースを塗る。
❺ パン粉，粉チーズ，パセリのみじん切りを混ぜ，❹の上にかける。
❻ ❺の上にバターをのせ，オーブンに入れ，170℃で10分間，200℃で10分間焼く。
❼ 焼き上がった肉にマンシェット（つくり方は下図を参照）とリボンを付ける。
❽ ❼を皿に盛り付け，クレソンを添える。

（付録㉞）

鶏もも肉・ソテー用 処理の方法（骨付きの場合）

ももの内側を下ももから上ももへ骨に沿って切り開く。

かかとの付け根からはじめに切り開く。肉の厚みの約半分まで入れるのが目安。

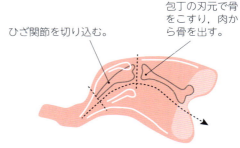

ひざ関節を切り込む。

包丁の刃元で骨をこすり，肉から骨を出す。

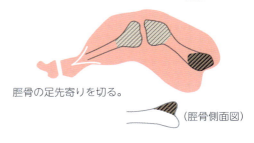

関節のふくらみの部分 をそぐ。

脛骨の足先寄りを切る。

（脛骨側面図）

マンシェットの作り方

③ 輪の方から3〜5mm間隔で切り込みを入れる。
1.5cmくらいは切り込みを入れない。

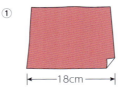

① 18cm
表が白，裏が赤の紙を用意（両面とも白でもつくれる）。

④ 裏返す。

② 中表になるように折る。
＊輪の分に折り目をつけないようにする。

⑤ 少しずつずらしながら巻いていく。

応用・発展
● 鶏もも肉の照り焼き

エネルギー ： 200 kcal
たんぱく質 ： 17.2 g
脂質   ： 14.2 g
食塩相当量 ： 1.5 g

材料名	1人分	(　) 人分
鶏もも肉骨付き	1本	
塩	1 g	
こしょう	少々	
しょうゆ	12 g	
みりん	12 g	
酒	12 g	
クレソン	10 g	
飾り (マンシェット, リボン)		

❶❷ あぶり焼きと同じ。
❸ しょうゆ, みりん, 酒を混ぜて漬けだれをつくり, ❷を20分間程度漬ける。
❹ ❸を天板にのせて, オーブンに入れ, 170 ℃で10分間, 200 ℃で10分間焼く。焼いている途中に2〜3回漬けだれをはけで塗る。
❺❻ あぶり焼きと同じ。

応用・発展
● ポトフ

材料名	1人分	(　) 人分
牛ばら肉	120 g	
キャベツ	80 g	
じゃがいも	50 g	
にんじん	50 g	
かぶ	40 g	
ブーケガルニ		
固形スープ	2 g	
マスタード	3 g	
塩	1 g	
こしょう	少々	
たこ糸		

❶ 牛ばら肉はかたまりのまま, たこ糸で縛る。
❷ キャベツはくし形に切ってたこ糸で結ぶ。
❸ じゃがいも, かぶ, にんじんは大切りにし, 面取りする。
❹ 厚手の鍋に, 水3L (4人分の場合) と❶の肉を入れて強火にかけ, 沸騰したら弱火にしてアクを取り, ブーケガルニと固形スープを入れて, 1時間煮込む。
❺ にんじん, キャベツを加え30分間加熱したら, じゃがいもとかぶを加えて30分間加熱する。
❻ 肉がやわらかくなったら, 取り出して切り分けて器に盛り, 野菜を添える。
❼ スープの味を塩, こしょうで調え, 器に注ぎ, マスタードを添える。

▶メモ
　結合組織の多い肉は, 短時間加熱するとかたくなるが, 長時間の加熱により, 結合組織のたんぱく質のコラーゲンがゼラチン化して溶出し, ほぐれやすくなる。

応用・発展
● ローストチキン

エネルギー ： 2,323 kcal
たんぱく質 ： 196.6 g
脂質   ： 146.0 g
食塩相当量 ： 16.2 g

※栄養価計算は1羽分の値

材料名	1羽 (4〜5人分)	(　) 人分
鶏	1羽 (約1 kg)	
塩	10 g	
こしょう	少々	
油	10 g	
《香味野菜》		
たまねぎ	50 g	
にんじん	50 g	
セロリ	50 g	
グレービーソース		
ブイヨン	200 g	
塩	少々	
こしょう	少々	
たこ糸, ぬい針, パピエ, リボン		
ブロッコリー	250 g	
プチトマト	10 個	
《フライドポテト》		
じゃがいも	250 g	
揚げ油	適量	
塩	2 g	
こしょう	少々	
クレソン	50 g	

❶ 香味野菜を薄切りにする。
❷ 鶏は腹の中までよく洗い, 水けを拭き取る。
❸ 鶏の表面と腹の中に塩とこしょうを手ですりこむ。
❹ 鶏の首のところの皮および腹をたこ糸で縫い, 両方の手羽を背側に折り返して先端を組ませて固定する。ももの骨の脇を縫って固定する。
❺ 鶏の表面に油を塗る。
❻ 天板に香味野菜を敷き, ❺をのせ200 ℃のオーブンで約40分間焼く。途中で鶏の向きをかえ, 天板にたまった油をスプーンでかけて表面の乾燥を防ぐ。
❼ もも肉の内側に竹串を刺して, 透明な汁が出たら焼き上がり。糸を抜き, 盛り付ける。
❽ グレービーソースは, 天板の余分な油を捨て, ブイヨンを加えてこびりついた固形分を木べらではがして鍋に移す。2〜3分間煮てシノワでこす。鍋に戻して, 油はすくい取り, 塩とこしょうで調味する。
❾ ブロッコリーは小房に分けて, ゆでる。プチトマトはへたを取り, 洗っておく。
❿ フライドポテトは, じゃがいもの皮をむき, 拍子木切りにし, 水にさらす。水けを拭き取り, 160 ℃の油で揚げ, 塩, こしょうをふる。
⓫ クレソンは洗い, にんじんのグラッセ, フライドポテトとともに盛り付ける。

ローストチキンの詰め物とサービス

詰め物の例

ハーブ 香草，にんにく，塩5g，こしょう。
ピラフ たまねぎ，にんじん，しめじ，ピーマンのみじん切りを油で炒め，米150gと水200g，固形スープ1個を加え，炒め煮にする。
じゃがいも じゃがいも，にんにくスライスを油で炒め，じゃがいもの表面が焦げたらマッシュルームを入れて炒める。
その他 たまねぎ，ベーコン，鶏レバーをバターで炒め，生パン粉，ウインナーソーセージを混ぜる。

サービス

ローストチキンの切り分け方

① ももの付け根に包丁を入れる。

② 関節の部分をはずしてもも肉を切り分ける。

③ 胸の部分に包丁を入れ，骨にぶつかったら骨に沿って包丁を移動する。

④ 手羽元の部分で関節をはずし，むね肉と手羽を切り分ける。

ささみの部分

応用・発展

● ローストビーフ

エネルギー：217 kcal
たんぱく質：16.6 g
脂質　　　：14.4 g
食塩相当量：1.3 g

材料名	1人分	(　)人分
牛もも肉	100 g	
塩	1 g	
こしょう	少々	
油	1 g	
《香味野菜》		
たまねぎ	10 g	
にんじん	10 g	
セロリ	10 g	
グレービーソース		
ブイヨン	40 g	
塩	少々	
こしょう	少々	
ホースラディッシュ	10 g	
クレソン	10 g	
たこ糸		

❶ 香味野菜を薄切りにする。
❷ 牛肉に塩，こしょうをふり，すりこむ。形を整えるためにたこ糸で縛る。
❸ 天板に香味野菜を敷き，牛肉を置き，表面に油を塗る。オーブンは160℃に設定し，500g程度の肉なら20分間加熱する。焼き上がりは，金串を刺して確かめる。または，芯温計で中心温度を測定して好みの焼き上がりにする。
❹ 焼き上がった肉は，オーブンから出してアルミホイルで包んで20分程度保温する。
❺ グレービーソースはローストチキンと同じ。
❻ ホースラディッシュをすりおろす。
❼ たこ糸をはずして，薄く切って，盛り付ける。
❽ 付け合わせのクレソンも盛り付ける。

> ● **ホースラディッシュ**
> 　西洋わさび。アブラナ科の多年草で，白色の根には強い辛味があり，ローストビーフの薬味として欠かせず，すりおろして添える。根を乾燥させ粉末にしたものは，練りわさびや粉わさびの原料。
>
> ● **クレソン**
> 　アブラナ科。オランダガラシとも呼ばれ，すがすがしい風味と大根にも似た辛味がある。若い茎と葉は肉料理の付け合わせになど用いられ，サラダまたはゆでてお浸しや和え物にもむく。

牛肉の焼き加減と内部温度

焼き加減	内部温度（℃）
レア	55〜65
ミディアム	65〜70
ウェルダン	70〜80

クリスマス料理　鶏もも肉のあぶり焼き／パンプキンスープ／ブッシュ・ド・ノエル／フルーツパンチ

クリスマス料理　133

●ブッシュ・ド・ノエル

エネルギー：3,250 kcal
たんぱく質：36.6 g
脂質　　　：214.5 g
食塩相当量：1.1 g

※栄養価計算は1台分の値

材料名	1台分
《ロールケーキ生地》	
卵	180 g
砂糖	90 g
薄力粉	90 g
バター（食塩不使用）	30 g
《リキュールシロップ》	
水	20 g
砂糖	10 g
ラム酒	8 g
《バタークリーム》	
バター（食塩不使用）	180 g
卵白	50 g
砂糖	100 g
水	30 g
インスタントコーヒー	5 g
湯	5 g
チョコレート	60 g
《飾り》	
チョコレートプレート, 柊, ツリー, 粉砂糖	

ブッシュ・ド・ノエル

フランス語でノエルが「クリスマス」，ブッシュは「木，丸太」の意である。フランスでクリスマスの1週間前から長い一本の薪を暖炉で燃やし，クリスマス当日にたきつくす習慣がある。その薪を型どってつくるようになったケーキである。永遠不変の平和を祈って，柊（ひいらぎ）を飾る。

●バタークリームと生クリーム

バターはw/o型のエマルションであり，撹拌すると空気を抱き込むクリーミング性がある。バタークリームはこの性質を利用し，砂糖をシロップにして加えることで軽い食感に仕上げている。また，保形性がよく，デコレーションにむいている。

バタークリームではなく，生クリーム（o/w型のエマルション）を利用したチョコレートクリームは，チョコレート50 gを温めた生クリーム50 gで溶かした後，生クリーム150 gを加えて冷やしながら撹拌してつくる。

❶ ボウルに卵を入れ，よく溶きほぐしたら，砂糖を加えてすり混ぜる。

❷ ❶を泡立て，ふっくらと白くなり，生地を持ち上げたときにリボン状に折り重なるくらいまでしっかりと泡立てる。

❸ ふるっておいた薄力粉を全体に散らしながら入れ，粉が見えなくなるまでゴムべらで切るように混ぜる。

❹ 湯せんで溶かしたバターをゴムべらに伝わせながら少しずつ加えて，ゴムべらで生地を底からすくい上げるようにし，バターの油分が見えなくなるまで混ぜ合わせる。

❺ 天板にショートニング（分量外）を塗り，クッキングシートを空気が入らないように敷く。

❻ 天板に生地を流して，カードで平らにする。

❼ 180℃のオーブンで約15分間焼き，天板からはずし，焼き網の上で冷ましておく。

❽ リキュールシロップは，水と砂糖を鍋に入れて火にかけ，沸騰したら冷まし，ラム酒を加える。

❾ バタークリームは，砂糖と水を鍋に入れて117℃まで加熱する。

❿ ❾と同時に卵白をハンドミキサーで泡立て，白っぽくなったら，❾を少しずつ加えていく。ハンドミキサーで泡立てながら人肌くらいになるまで冷ます。

⓫ 別のボウルにバターを入れて，ハンドミキサーでよく泡立てる。

⓬ ❿に⓫を加え，なめらかになるまでハンドミキサーで泡立てる。

⓭ ⓬の1/3量に水で溶かしたインスタントコーヒー，2/3量には溶かしたチョコレートを加えて混ぜて2種類のクリームをつくる。

⓮ スポンジを裏返し，クッキングシートをはがし，はがした面を下にして置く。巻きやすいように切り込みを入れる。

⓯ ⓮にリキュールシロップをはけで塗り，コーヒー風味のバタークリームをパレットナイフで全体に塗る。

⓰ スポンジの端を少し折り，それを芯にしてクッキングペーパーごと巻く。巻き終わりを下にして冷蔵庫に30分程度入れて，固める。

⓱ 片端を斜めに切り取り，切り株に見立てて上にのせ，少しのチョコレート風味のバタークリームで固定する。

⓲ 残りのチョコレート風味のバタークリームをパレットナイフで塗り，フォークで木肌のような線を引く。

⓳ 飾りを適宜あしらい，粉砂糖を茶こしでふる。

●リキュールシロップ

スポンジ生地などにはけで塗り，しみこませることで，生地がしっとりしたり，香りが付与されたりする。

●パンプキンスープ

エネルギー：180 kcal
たんぱく質：3.2 g
脂質　　　：10.5 g
食塩相当量：1.5 g

材料名	1人分	(　)人分
かぼちゃ	30 g	
たまねぎ	8 g	
バター	3 g	
ローリエ	少々	
ブイヨン	120 g	
牛乳	30 g	
生クリーム	15 g	
塩	0.8 g	
こしょう	少々	
パセリ	0.3 g	
クルトン	.5 g	

❶かぼちゃは種とわたを除いて皮をむき，厚さ5 mmに切る。
❷たまねぎはせん切りにする。
❸鍋にバターを溶かし，かぼちゃとたまねぎを炒める。
❹❸にブイヨンとローリエを加えて，やわらかくなるまで煮る。
❺❹をミキサーにかけ，シノワで裏ごす。
❻❺と牛乳と生クリームを鍋に入れて火にかけ，塩，こしょうで調味する。
❼パセリはみじん切りにし，水にさらしてふきんで水けを絞っておく。
❽温めたスープを皿に盛り，パセリのみじん切りとクルトンを浮かせる。

●パンプキンスープの応用
①他の野菜を使う　グリンピース，ブロッコリー，カリフラワー，かぶなど。
②かぼちゃを減らして小麦粉や飯でとろみを補う　かぼちゃを50 gにし，小麦粉5 g（または飯10 g）を上記の❸のステップでふり込んで炒める。以降の操作は同じ。

《ビスク》
　かに，えび，ロブスターなど甲殻類食材の殻をローストしてから野菜とともに煮出してだしをとり，ミルクやトマトペーストでのばして味を調え，米，小麦粉，コーンスターチなどでとろみをつける濃厚なスープ。

●フルーツパンチ

エネルギー：126 kcal
たんぱく質：0.8 g
脂質　　　：0.3 g
食塩相当量：0.0 g

材料名	1人分	(　)人分
りんご	50 g	
オレンジ	25 g	
キウイフルーツ	25 g	
パインアップル（缶）	30 g	
いちご	30 g	
レモン汁	6 g	
砂糖	6 g	
水	10 g	
白ワイン	30 g	
キルシュ	3 g	
炭酸水	70 g	

❶りんごは縦に8つ切りにして皮をむき，5 mmの厚さのいちょう切りにする。
❷オレンジは皮をむき果肉を取り出し，一口大に切る。
❸キウイフルーツは皮をむき，りんごと同じくらいの大きさに切る。
❹パインアップルは，8等分する。
❺いちごはへたを取り，縦2つに切る。
❻砂糖と水を鍋に入れて火にかけ，シロップをつくって冷やしておく。
❼果物を器に入れ，冷えた白ワイン，レモン汁，キルシュ，シロップを加えて混ぜる。
❽❼に炭酸水を加えて軽くひと混ぜする。

パーティなので大きな器に盛り付け，一人ひとりに取り分けよう。

▶メモ
　炭酸水は泡が逃げにくいように冷やし，炭酸水の泡が消えないうちに提供する。

フルーツパンチ

　フルーツパンチ（fruit punch，フルーツポンチ）は果汁入りのアルコール飲料であるパンチ（ポンチ酒，ポンチ）に，切ったフルーツを入れたデザート・飲み物である。シロップや炭酸水を入れるのが一般的で，今日ではアルコールを含まない場合もある。原型は蒸留酒，砂糖，レモン汁，水，香辛料または紅茶の5つの材料でつくる一種のカクテルで，サンスクリット語等で「5種」を意味する「パーンチ」に由来するといわれる。東インド会社の船員によりイギリスに伝えられ，ヨーロッパ諸国に広まった。日本には江戸時代に伝わり，オランダ語 pons を借りて「ポンス」といい，ポン酢の語源となったといわれる。

クリスマス料理　135

介護食

食材の飲み込みやすい形態を学び，つくってみよう

- かゆ（全がゆ）
- 空也蒸し
- 豆腐ハンバーグ
- かぼちゃのそぼろあんかけ
- 煮りんごのヨーグルトかけ

献立構成	料理	調理法	SV			応用
主食	かゆ（全がゆ）	炊く	主食 1			
汁代わり	空也蒸し	蒸す	主菜 1			卵豆腐
主菜	豆腐ハンバーグ	焼く	主菜 1.5			
副菜	かぼちゃのそぼろあんかけ	煮る	主菜 0.5	副菜 1		なす肉みそ田楽
	煮りんごのヨーグルトかけ	煮る			果物 1	

●介護食

　口から食べることは生きることの基本であり，QOLに繋がっている。咀嚼・嚥下機能が衰えると，食べ物を嚥下しにくく，誤嚥しやすくなる。介護食はやわらかく，口の中でまとまりやすく，飲み込みやすい状態にする工夫が求められる。単に細かく刻んだだけでは口の中でばらけやすく，かえって飲み込みにくくなる。飲み込みやすい食形態として，以下4点をあげる。

- **食材の大きさ・かたさが均一である**　食材の大きさをそろえて，同じやわらかさになるまで加熱する。ミキサー，フードプロセッサー，すり鉢，裏ごしの利用もよい。
- **適度な粘度とまとまりがある**　「キザミ食」には，片栗粉のあんや増粘剤，ゼラチン，粘りやとろみのある食材（やまいも，マヨネーズなど）を利用する。
- **飲み込むときに変形し，すべりがよい**　のどを通過するときに変形しやすいやわらかさで，スムーズに通過できるようなすべりのよい形態に仕上げる。ゼラチンゼリーやプリン，ババロアのような形態が最も適している。
- **口腔粘膜やのどへの付着性が低い**　トマトの皮やわかめ，味付けのり，もち，水あめ類や焼きいもなどのように，口蓋やのどにくっつきやすいものは，飲み込むことが困難である。

●煮りんごのヨーグルトかけ

エネルギー：162 kcal
たんぱく質：1.1 g
脂質　　　：1.1 g
食塩相当量：0.0 g

材料名	1人分	(　)人分
りんご	100 g	
a ┌ 砂糖	20 g	
│ 水	100 g	
└ レモン（輪切り）	10 g	
ヨーグルト	25 g	
砂糖	3 g	
牛乳	2 g	

❶ りんごは縦8等分にし，皮と芯を除く。
❷ 鍋にaを入れて火にかける。沸騰したらりんごを加えて，落しぶたをして弱火で20分間煮る。
❸ 煮汁に浸けたまま冷やす。
❹ ヨーグルトに砂糖と牛乳を加えて混ぜておく。
❺ りんごとシロップを盛り付け，その上に❹をかける。

▶メモ
- コンポートは果物をシロップで煮たもので，元の形を崩さないようにする。
- コンポートにはワイン，キルシュ，バニラエッセンスなどを加えてもよい。香りが飛ばないように冷ました後に加える。

●かゆ（全がゆ）

エネルギー：137 kcal
たんぱく質：2.1 g
脂質　　　：0.4 g
食塩相当量：0.0 g

材料名	1人分	（　）人分
米	50 g	
水	240 g	

❶ 米を研いで，ざるで水を切る。
❷ 厚手の鍋に水を切った米と分量の水を加えて30分以上浸漬する。
❸ 鍋を火にかけ，ふたをしたまま沸騰までは中火よりやや強めの火加減で加熱する。
❹ 沸騰したら，ふきこぼれないようにふたを少しずらしてごく弱火（表面が静かに煮立つくらいに火加減を調整）で40～50分間加熱する。
❺ 火を消して5～10分くらい蒸らす。

▶メモ
- 塩で調味する場合は，重量の0.5%くらいで，蒸らす直前または食べるときに加える。
- 蒸らす直前に溶き卵を加えたり（卵がゆ），トッピング（梅干し，塩鮭など）を用意したりしてもよい。
- 炊き水の一部（上記の1人分で50gくらい）を牛乳にかえると，ミルクがゆになる。牛乳は炊き上がる少し前に入れる。

かゆ

かゆは米を多量の水で炊いたもので，米飯に比べて水分が多く，のどごしがよい。消化吸収が低下したとき，咀嚼・嚥下困難なときなどの貴重なエネルギー源である。また，七草がゆや小豆がゆなどの行事食や日常の食事などに広く活用されている。かゆは，出来上がりの重量に対する米の割合で，全がゆ，五分がゆなどの種類がある。重湯は五分または三分がゆをガーゼでこして米粒を除いた汁である。

●豆腐ハンバーグ

エネルギー：141 kcal
たんぱく質：9.5 g
脂質　　　：9.2 g
食塩相当量：1.2 g

材料名	1人分	（　）人分
木綿豆腐	50 g	
鶏ひき肉	30 g	
にんじん	8 g	
長ねぎ	3 g	
塩	0.5 g	
こしょう	少々	
卵	10 g	
薄力粉	3 g	
油	2 g	
大根	30 g	
しょうゆ	4 g	
ポン酢	2 g	

❶ 豆腐は軽く水を切る。
❷ にんじんと長ねぎをみじん切りにする。
❸ 鶏ひき肉に塩とこしょうを入れてこねる。粘りがでたら卵と薄力粉を入れる。
❹ ❸にみじん切りにした野菜を入れて混ぜ，成形する（中央部をくぼませる）。
❺ フライパンに油を熱して❹を焼く。
❻ 大根はおろして，軽く水分を絞り，しょうゆとポン酢を合わせておく。
❼ 焼き上がったハンバーグを器に盛り，大根おろしとポン酢しょうゆを添える。

▶メモ
- 豆腐の水切り方法は，豆腐をキッチンペーパーで包み，斜めにしたバットにのせ，重しとして上にバットをのせる。そのほかに，鍋にお湯を沸かして豆腐をくずしながら入れて絞る，電子レンジを使用する方法がある。
- ひじきを入れてもよい。
- 豆腐のかわりにおからを使用することもでき，そこでは食物繊維が摂取できる。
- くずあん（空也蒸し，次頁参照）をかけて提供するのもよい。
- 鶏ひき肉は，むね肉にすると脂質量が減らせる。

かゆの種類

種類	炊き上がり重量倍率	炊き上がりに対する米の重量割合	炊飯時の米と水の容量比		かゆと重湯の比	
			米	水	かゆ	重湯
全がゆ	5倍	20%	1	5	10	0
七分がゆ	7倍	15%	1	7	7	3
五分がゆ	10倍	10%	1	10	5	5
三分がゆ	20倍	5%	1	20	3	7

介護食　137

●空也蒸し

エネルギー：78 kcal
たんぱく質：5.4 g
脂質　　　：4.0 g
食塩相当量：1.4 g

材料名	1人分	(　)人分
絹ごし豆腐	40 g	
卵	25 g	
だし汁	75 g	
塩	0.5 g	
薄口しょうゆ	1 g	
みりん	2 g	
くずあん		
┌ だし汁	40 g	
│ 薄口しょうゆ	3 g	
│ 酒	2 g	
│ みりん	2 g	
│ 片栗粉	1 g	
└ 水	2 g	
しょうが	2 g	

❶ 豆腐を, 蒸す器に合わせて大きな四角に切っておく。
❷ だし汁に塩, 薄口しょうゆ, みりんを入れて混ぜておく。
❸ 卵を泡立てないように注意して溶きほぐし, ❷を加えてこす。
❹ 蒸す器に豆腐を入れ, ❸を注ぐ（豆腐の高さすれすれまで）。
❺ 沸騰した蒸し器に入れ, 弱火で15〜20分間蒸す。
❻ くずあんは, 鍋にだし汁, 薄口しょうゆ, 酒, みりんを入れ煮立て, 水溶き片栗粉でとろみをつける。
❼ 蒸し上がったらくずあんをかけ, おろしたしょうがを添える。

> ●豆乳茶碗蒸し
> 喫食量が少なくなりがちなので, 栄養量を増加させるように, だし汁の半量を豆乳や牛乳にかえることもある。豆乳にかえた場合はエネルギー17 kcal, たんぱく質1.4 g, 牛乳ではエネルギー25 kcal, たんぱく質1.2 gの増加になる。

スチームコンベクションオーブン

スチームコンベクションオーブン（スチコン）は, コンベクションオーブンに蒸気発生装置を取り付けたもので,「焼く」「蒸す」「煮る」「炊く」「炒める」ができる多機能な加熱機器であるが, 蒸し物の温度調節が容易にできるので, 茶碗蒸しやカスタードプディングなどの希釈卵の調理に利用するとよい。

●卵豆腐　[応用・発展]

エネルギー：87 kcal
たんぱく質：6.0 g
脂質　　　：5.1 g
食塩相当量：1.0 g

材料名	1人分	(　)人分
卵	50 g	
だし汁	50 g	
塩	0.3 g	
薄口しょうゆ	1 g	
みりん	1 g	
くずあん		
┌ だし汁	40 g	
│ 薄口しょうゆ	1.5 g	
│ 酒	2 g	
│ みりん	2 g	
│ 片栗粉	1 g	
└ 水	2 g	

❶ だし汁に塩, 薄口しょうゆ, みりんを入れて混ぜておく。
❷ 卵を泡立てないように注意して溶きほぐし, ❶を加えてこす。
❸ 流し箱に❷を入れ, 表面の泡を取り除く。
❹ 沸騰した蒸し器に割り箸2本を平行に置き, その上に❸をのせる。
❺ 強火で2〜3分間, ふたをずらして表面が白くなったら弱火で12〜15分間蒸し, 竹串を刺してみて透明な液体が出てくれば出来上がり。そのまま冷やす。
❻ くずあんは, 鍋にだし汁, 薄口しょうゆ, 酒, みりんを入れ煮立て, 水溶き片栗粉でとろみをつける。
❼ 流し箱から出し, 適当な大きさに切り, 器に盛り付けてくずあんをかける。

> ▶メモ
> 卵豆腐はくずあんではなく, 調味しただし汁をかけたり, 吸い物の実として用いたりすることもできる。

(付録㊱・㊲)

●介護食の基準

介護食品の物性・形状・噛みやすさや飲み込みやすさに関する基準として「嚥下困難者用食品」の許可基準（厚生労働省）,「ユニバーサルデザインフード」自主規格（日本介護食品協議会）,「嚥下調整食学会分類」（日本摂食嚥下リハビリテーション学会）,「新しい介護食品（スマイルケア食）の選び方」（農林水産省）などがある。いずれも, 食品のかたさ・付着性・凝集性・噛む力・飲み込む力・形態等で分類されており, 利用者の状態に合った食品が選択しやすいようにしている。

●かぼちゃのそぼろあんかけ

エネルギー：153 kcal
たんぱく質：4.3 g
脂質　　　：2.6 g
食塩相当量：1.4 g

材料名	1人分	（　）人分
かぼちゃ	80 g	
だし汁	50 g	
酒	3 g	
砂糖	3 g	
みりん	7 g	
塩	0.3 g	
薄口しょうゆ	1.5 g	
そぼろあん		
鶏ひき肉	20 g	
┌酒	2 g	
│砂糖	1.5 g	
│みりん	4 g	
│塩	0.5 g	
│しょうゆ	1.5 g	
│だし汁	40 g	
│片栗粉	1 g	
└水	5 g	

❶ かぼちゃは種とわたを取る。3〜4 cmの角切りにし，面取りして，皮をところどころむく。
❷ かぼちゃを鍋に重ならないように並べ，だし汁と調味料（しょうゆ以外）を入れて中火で煮る。煮立ったら落としぶたをして15〜20分間煮る。
❸ しょうゆを加えて，5分間くらい煮る。
❹ 鍋に鶏ひき肉と調味料を入れて，菜箸でよく混ぜる。火にかけ菜箸2〜3本でかき混ぜながら加熱する。パラパラになったらだし汁を加え，煮立ったら，水溶き片栗粉でとろみをつける。
❺ 器にかぼちゃを盛り付け，そぼろあんをかける。

▶メモ
- 針しょうがを天盛りにしてもよい。
- かぼちゃのかわりにさといもやとうがんも使用できる。
- かぼちゃが煮えたら鍋から取り出し，残った煮汁でそぼろあんをつくる方法もある。

介護食における野菜類の扱い

ごぼうのように繊維が多いと嚥下しにくいので，繊維をたち切る方向に切り，やわらかく加熱料理する。さらにやわらかい状態の方がよい場合は，つぶすか，ミキサーにかけてゲル化剤でまとめる。ミキサーにかける際は水分を追加するが，塩分1％のだし汁を用いて，味が薄くならないようにするとよい。

●なす肉みそ田楽　[応用・発展]

エネルギー：115 kcal
たんぱく質：3.9 g
脂質　　　：5.6 g
食塩相当量：1.0 g

材料名	1人分	（　）人分
なす	80 g	
油	3 g	
鶏ひき肉	15 g	
酒	3 g	
みりん	3 g	
田楽みそ		
┌赤だしみそ	6 g	
│西京みそ	3 g	
│砂糖	2 g	
│酒	9 g	
└卵黄	1 g	

❶ なすはがくを切り落とし，縦半分に切り，切り口面に包丁目を入れ，水にさらし，水けをよく拭いておく。
❷ 鍋に鶏ひき肉と調味料を入れて，菜箸でよく混ぜる。火にかけ菜箸2本でかき混ぜながらパラパラになるように加熱する。
❸ 鍋に田楽みその材料を入れて，よく混ぜ，弱火にかけて木じゃくしで練る。木じゃくしで持ち上げるとゆっくり流れ落ちるくらいのかたさになるまで，焦がさないように練り上げる。
❹ ❸に❷を入れて混ぜる。
❺ フライパンに油を熱し，なすの切り口を下にして並べ，弱火で焼く。色づいたら裏返して，ふたをしてやわらかくなるまで焼く。
❻ 温めた❹をなすの上にかける。

▶メモ
- なすの皮側を平らにすると，盛り付けたときに安定する。
- なすは切り口に油を塗って，オーブンで焼いてもよい。

介護食における脂質の扱い

脂質は料理になめらかさを付与し，エネルギー量も増加させるので，消化の負担にならない範囲で調理に利用していきたい。動物性の脂ではなく植物性の油を使用する。ごま油やオリーブ油は香りづけとしても利用できる。また，マヨネーズも脂質が多いので上手に取り入れるとよい。

菓子類

● 草もち

材料名	2個分
上新粉	50 g
白玉粉	10 g
よもぎ	16 g
砂糖	1.6 g
ぬるま湯	26 g
きな粉	5 g
砂糖	きな粉と同量程度
塩	少々
(つぶしあん 40 g)	

つくり方

❶ よもぎはよく洗い，たっぷりの水に重曹（水の0.5％重量程度）を入れて沸騰させ，やわらかくゆでて水でよくさらして水けをしっかり絞る。

❷ ❶のよもぎをフードプロセッサーにかけてペースト状にする（ない場合はすり鉢で）。

❸ 大きいボウルに上新粉と白玉粉と砂糖を入れて混ぜ合わせ，分量のぬるま湯を少しずつ入れながら菜箸で混ぜる。

❹ ある程度混ざったら，手で耳たぶくらいのやわらかさになるよう湯の量で調節し，よくこねる。

❺ 手水をつけながら生地をピンポン玉くらいに丸め，上を押して1.5 cmくらいの厚さに広げる。

❻ ぬらしたふきんを敷いた蒸し器に生地を並べ，強火で20～25分間蒸す。

❼ 蒸し上がった生地をボウルに移し，すりこぎでつき，よもぎを入れてよくこねる。

❽ きな粉に砂糖と塩を混ぜて❼にまぶす，あるいは❼であんを包む。

▶メモ
- 気温，湿度により生地のやわらかさが変わるので，ぬるま湯の量はこねながら様子をみて加減する。
- 生地に砂糖を加えると砂糖の保水性により糊化でんぷん中の水分が保たれ，老化が防止される。
- ゆでたよもぎは十分になめらかなペーストにする。
- 生地を蒸すときは小分けにすることでよもぎを混ぜ込みやすい。
- よもぎのかわりに春菊でもよい。
- よもぎは粉の30～50％が目安量である。

● 柏もち

材料名	2個分
上新粉	25 g
白玉粉	13 g
砂糖	3 g
温湯	33 g
片栗粉	2 g
水	4 g
小豆あん	25 g
みそあん	
白こしあん	15 g
白みそ	4 g
砂糖	2 g
食紅	少々
水	少々
柏の葉	2枚

つくり方

❶ 白玉粉に温湯（40℃くらい）を混ぜる。

❷ 上新粉と砂糖を混ぜ合わせ，❶を入れて混ぜる。なめらかで耳たぶくらいのやわらかさになるように温湯の量を調整しこねる。

❸ 蒸し器にぬれふきんを敷いて1個分ずつに分けた❶をできるだけ平らにして並べ，10～15分間蒸す。

❹ 蒸し上がった❸のもちは熱いうちにボウルに取り，熱いうちにすりこぎ棒でつき混ぜる。水溶き片栗粉を加えてさらにつく。

❺ ❹を2つに分け，片方に適量の水溶きの食紅を加え混ぜる。

❻ 白こしあんと白みそと砂糖を混ぜてよく練り合わせる。小豆あん，みそあんともに1個分ずつ丸めておく。

❼ ❺を小判型に広げ，小豆あんは白いもちに，食紅を混ぜたもちにみそあんをのせて包む。

❽ 再び，蒸し器で4～5分間蒸す。

❾ 蒸し上がったら取り出し，流水をかけて急冷する。冷めたら柏の葉に包む。

▶メモ
- 1回目に蒸すときはもちを均等に並べ，もちの間から蒸気が十分に上がるようにする。
- 白みそあんを練るときは鍋に材料を入れ，水を加えて加熱し目標の重量まで加熱する方法もある。
- 2回目に蒸したもちに流水をかけて冷ますと，つやがよくなり柏の葉にくっつかなくなる。
- 真空パックの生の柏の葉は，水洗いして水分をふきんで拭き取っておく。

●うぐいすもち

材料名	2個分
白玉粉	15 g
上新粉	5 g
水	20 g
砂糖	10 g
練りあん（こし）	50 g
きな粉（緑色）	5 g

つくり方

❶ ボウルに水を入れ，白玉粉を混ぜる。混ざったら，上新粉と砂糖を加え，よく混ぜる。
❷ ぬれふきんを広げ，その上にのせて，蒸し器で20分間蒸す。
❸ 蒸したもちは熱いうちにボウルに入れ，水でぬらしたすりこぎでついて，光沢が出るまでこねる。
❹ 練りあん（こし）を25gずつ楕円球状に丸める。
❺ 手を水で十分ぬらし，❸のもちを1個当たり約20〜25g取り，手のひらで楕円形に均等な厚さにのばしてその真ん中にあんをのせ，生地を少し引っ張り加減で包む。
❻ とじ目を下にしてきな粉を入れた皿に置き，全体にまんべんなくきな粉をまぶし，形を整える。

▶メモ
- こしあんはラグビーボールのような楕円球状に形を整えておくと，包みやすい。
- 蒸したもちは非常にくっつきやすいので，手を水でぬらしながら，のばす。
- もちはこしあんの短径の2.5倍程度の幅の楕円形にし，その中央にあんをのせ，くるむように包み，とじ目を引っ張りながらくっつける。
- きな粉をまぶしたもちは片側の先端をとがらせ，左右の中央部をへこませ，うぐいすを模した形にする。
- 一般にはうぐいす粉ともいわれる青大豆のきな粉を用いるが，大豆きな粉でもよい。

●桜もち
(道明寺粉を使った関西風桜もち)

材料名	2個分
道明寺粉	40 g
砂糖	8 g
水（粉の1.6〜2倍）	64 g
食紅（少量の水に溶いておく）	少々
練りあん（こし）	50 g
桜の葉（塩漬け）	2枚
粉寒天	0.1 g
水	15 g
砂糖	2.4 g

つくり方

❶ 水・砂糖・食紅を厚手の鍋に入れて沸騰させ，そこに道明寺粉を入れ，木べらで混ぜて3分間練る。
❷ 水けがなくなったらふたをして10分間蒸らす。
❸ あんは25gずつ俵型に丸めておく。
❹ 蒸らし終わったら鍋の中でもちをすりこぎでついてから，個数分に分ける。
❺ 鍋に分量の水を入れ，そこに粉寒天を入れてふやかし，砂糖を加えて煮溶かしておく。
❻ ぬれふきんに❺の寒天液をはけで塗り，❹のもちをあんの幅の1.2倍にのばす。
❼ あんをもちで包み，とじ目を下にして桜の葉に包む。

▶メモ
- 桜の葉は洗い，熱湯をかけておく。塩気が強い場合は数分間水に浸けて塩抜きをする。
- 桜もちに用いる桜の葉の塩漬けは一般的には葉のやわらかい大島桜の葉を使用するが，ない場合は八重桜を使うこともある。
- 道明寺粉を入れて混ぜ合わせるときは沸騰を継続させ，撹拌速度をできるだけ速くして混ぜる。

●焼き桜もち
(小麦粉を使った関東風桜もち)

材料名	2個分
小麦粉	10 g
白玉粉	2 g
砂糖	2 g
水	20〜25 g
食紅	少々
練りあん	40〜50 g
桜の葉（塩漬け）	2枚
サラダ油	少々

つくり方

❶ ボウルに白玉粉を入れ同量程度の水を加えて溶かしてから，小麦粉，砂糖と食紅を溶かした残りの水を入れて混ぜ，20〜30分間ねかせてタネをつくる。
❷ フライパンにサラダ油を少々ひいて大さじ1くらいのタネを楕円形にのばし，両面を焦がさないように焼く。
❸ あんが横から見えるように包み，桜の葉で巻く。

▶メモ
- 桜の葉で巻くかわりに塩漬けの桜の花を飾ってもよい。桜の花の塩漬けは八重桜の花を使う。
- 生地を小麦粉のみでつくる場合は，小麦粉の重量の1.6倍の水と10%の砂糖を入れる。

● わらびもち

材料名	1人分
わらび粉	15 g
砂糖	10 g
水	80 g
┌きな粉	4 g
└砂糖	3 g

つくり方

1. 鍋にわらび粉と砂糖を入れ，水を加えて木じゃくしでよく混ぜる。
2. 鍋を中火にかけて，よく練りながら加熱する。全体が透明になったら3分ほど加熱し，水でぬらした流し箱に入れて冷やす。
3. 適当な大きさに切り分け，砂糖入りのきな粉をまぶす。

▶メモ
　わらび粉は本来，わらびの地下茎からとったでんぷんであり，糊化すると非常に強い粘性を有する。現在，一般に市販されているわらび粉の多くはさつまいもやタピオカのでんぷんを原料としている。

● 豆腐団子

材料名	6個分
白玉粉	20 g
木綿豆腐	25 g
枝豆	25 g（正味量）
砂糖	10 g

つくり方

1. 枝豆はやわらかくゆで，さやから出し，薄皮をむく。
2. すり鉢で枝豆をつぶし砂糖を加える（ずんだ）。
3. 白玉粉に豆腐をつぶしながら加えて混ぜ，耳たぶ程度のかたさにする。
4. 2 cm程度に丸めて真ん中を指でつぶしてへこませ，沸騰した湯に入れてゆでる。
5. ゆで上がったら水に取って冷まし，器に盛って，❷のずんだをかける。

● かぼちゃ団子

材料名	6個分
かぼちゃ	20 g
白玉粉	20 g
木綿豆腐	25 g
すりごま	5 g
砂糖	3 g

つくり方

1. 種を除いたかぼちゃを蒸すか，電子レンジで5分間加熱し，皮を除いてつぶしておく。
2. 白玉粉に豆腐をつぶしながら混ぜなめらかにする。
3. ❷に❶のかぼちゃを混ぜて2 cmくらいのボールに丸め，中央をつぶす。
4. 鍋に湯を沸かして❸を入れてゆでる。
5. 上に浮いて1分程度たったら水に取る。
6. 器に盛り，すりごまと砂糖を混ぜたものをかける。

▶メモ
　好みで，黒みつやきな粉をかけてもよい。

● まんじゅう

材料名	1個分
a ┌薄力粉	15 g
└ベーキングパウダー	0.4 g
砂糖	8 g
水	6 g
こしあん	35 g

つくり方

1. aは一緒にふるいにかけておく。
2. ボウルに砂糖と水を合わせ，砂糖を溶かす。
3. ❷に❶を入れ，しゃもじでゆっくりと混ぜていく。
4. 耳たぶくらいのかたさになったら生地は出来上がり。等分に丸める。
5. 手に薄力粉（手粉）を付けて❹を軽くつぶして広げ，あんをのせて包む。
6. 4 cm角のクッキングシートにのせ，蒸し器の中に間隔をあけて並べる。
7. 蒸気の上がった蒸し器に入れ，約12分間蒸す。

▶メモ
　砂糖の2/3を黒砂糖にすると利久まんじゅう，抹茶1 gを小麦粉に混ぜるとひき茶まんじゅうになる。

● じょうよまんじゅう

材料名	1人分（2個）
やまといも	6 g
砂糖	12 g
上新粉	10 g
こしあん	50 g
食紅	少々

つくり方

1. やまといもの皮をむいてボウルにすりおろし，砂糖を加える。

142　第2部　実習編

❷ やまといものかたまりを潰さないようにくるくる回しながら砂糖を混ぜていく。
❸ 砂糖がよく混ざったら，上新粉も同様に混ぜ合わせてなめらかな生地にして等分にする。
❹ あんを 25 g ずつ丸めて，のばした生地にのせ，生地を回しながらあんを包む。5 cm 角に切ったクッキングシートにのせる。
❺ 蒸気の上がった蒸し器に入れ，中火で 10 分間加熱し，蒸し上がったら，盆ざるに取り出して冷ます。

▶メモ
熱した金串で耳，食紅で目を付けて，うさぎに見立ててもよい。

● ぜんざい

材料名	1人分
もち (1個)	20 g
小豆	20 g
砂糖	15 g
塩	0.1 g
水	適量

つくり方

❶ 小豆は洗い，3 倍の水を加え，火にかけ沸騰したら，豆の 1/2 量の水を加える（冷水を加えると腹切れを起こし，早く豆がやわらかくなる）。
❷ 再び沸騰したらゆで水を捨てる（渋切り）。
❸ 水を入れ，小豆がやわらかくなるまで煮る。
❹ 出来上がり量を，水を加えて調整し，砂糖，塩を加える。
❺ もちは焼いて焦げ目をつける。
❻ ❹を器に入れ，もちを入れる。

▶メモ
・缶詰などの粒あんを使用すると調理時間の短縮となる。粒あん利用の場合に水を加えながら（粒あん 80 g，水 100 g）溶きのばし，火にかける。市販のあんは甘みが異なるので，砂糖の量を調整する。
・もちを白玉団子，すいとん，栗などにかえることができる。

● 抹茶かん

材料名	流し缶1台 (500 mL)
粉寒天	2 g
水	250 g
砂糖	60 g
抹茶	2 g
水	50 g

つくり方

❶ 粉寒天は分量の水に入れ 2 分間沸騰させる。
❷ 抹茶と砂糖を混ぜ，熱湯でかたまりができないよう練る。
❸ ❶の寒天に❷を加える。
❹ 約 40 ℃に冷ます。
❺ 水でぬらした流し缶に入れ，冷やし固める。
❻ 切り分ける。

▶メモ
寒天は起泡卵白，あん，抹茶など比重に差があるものを混合すると分離しやすい。分離は混合するときの寒天液温度が高く，寒天液に粘度が少ないと起こりやすい。寒天の温度を 40 ℃程度まで冷まし，混ぜる。

● 淡雪かん

材料名	流し缶1台 (500 mL)
粉寒天	2 g
水	300 g
砂糖	60 g
卵白 (1個)	35 g
(バニラエッセンス等)	少々

つくり方

❶ 粉寒天は分量の水に入れ 2 分間沸騰させ，2/3 量の砂糖を加え 270 g まで煮詰める。
❷ 卵白を固く泡立て，残りの砂糖，バニラエッセンスを加えメレンゲをつくる。
❸ ❶を約 40 ℃に冷ます。
❹ ❷を泡立てながら❸へ流し入れる。
❺ 水でぬらした流し缶に入れ，冷やし固める。
❻ 切り分ける。

(付録㊾)

● 水ようかん

材料名	流し缶1台 (500 mL)
粉寒天	3 g
水	300 g
砂糖	40 g
こしあん	170 g

つくり方

❶ 粉寒天は分量の水に入れ 2 分間沸騰させ，砂糖を加え溶かす。
❷ あんを少しずつ加え，混ぜる。

❸ 静かに混ぜながら重量400 g 程度まで煮詰める。
❹ 約40 ℃に冷ます。
❺ 水でぬらした流し缶に入れ，冷やし固める。
❻ 切り分ける。
(付録㊿)

▶メモ
　生こしあんの場合は，生あん150 g，砂糖100 g にするとよい。

● 金玉糖
きんぎょくとう

材料名	5人分
棒寒天	3 g
水	200 g
砂糖	100 g
ペパーミント	少々
グラニュー糖	少々

つくり方

❶ 寒天を軽く洗い，細かくちぎって，15分間以上水に浸しておく。
❷ 火にかけ，寒天を煮溶かしてから砂糖を加え，さらに木べらでゆるく撹拌しながら150 g まで煮詰める。
❸ 火を止め，ペパーミントを少量入れ，水でぬらした流し箱に流し入れる。
❹ 冷やし固まったら流し箱から出し，型抜き等で適当な形とし，表面にグラニュー糖をまぶす。

▶メモ
• 寒天は濃度が高いと溶けにくくなるので，はじめは薄い濃度から加熱し，煮詰めることで濃度を高める。
• 砂糖をはじめから加えると寒天が溶けにくくなるので，溶けてから加える。
• ゲル化した寒天を型抜きするために必要な寒天濃度は2〜3%程度なので，重さをはかりながら正確に煮詰める。
• 型抜き後にグラニュー糖をまぶした後の時間が長いと，表面の砂糖が溶けるので注意する。

● さつまいも菓子

材料名	1人分
さつまいも	80 g
砂糖	裏ごししいもの25%
バター	裏ごししいもの5%
シナモン	少々
黒ごま	少々

つくり方

❶ さつまいもの皮をむき，蒸し器で約30分間蒸す。

❷ 熱いうちに裏ごしをする。
❸ 砂糖とバターを加えて練る。
❹ 茶巾にし，シナモン，黒ごまを飾る。

▶メモ
　さつまいもが冷めてから裏ごしを行うと抵抗が大きく，裏ごししにくくなる。細胞間にあるペクチンが温度の低下とともに流動性がなくなるため，熱いうちに行う。

● ホットケーキ

材料名	1人分
薄力粉	110 g
ベーキングパウダー	3 g
卵	25 g
砂糖	15 g
牛乳	100 g
バター（食塩不使用）	5 g
バニラエッセンス	少々
油	3 g
バター	10 g
メープルシロップ	20 g

つくり方

❶ 薄力粉とベーキングパウダーをふるってボウルに入れ，中央をくぼませる。
❷ 別のボウルに卵を溶きほぐし，砂糖と牛乳を加えてよく混ぜ合わせる。
❸ ❶のくぼみに❷を加えて泡立て器でよく混ぜる。
❹ ❸に溶かしたバターを入れて混ぜる。バニラエッセンスを加えて混ぜる。
❺ 温めたフライパンに油を熱し，余分な油はキッチンペーパーで拭き取る。玉じゃくしで生地を円形に流し入れ，弱火で焼く。表面がフツフツと泡立ち，表面が乾き，きつね色の焼き色がついたら裏返して焼く。
❻ 皿に2枚重ねて盛り付け，バターとメープルシロップを添えて供する。

● クレープ

材料名	1人分
薄力粉	20 g
卵	10 g
砂糖	6 g
塩	少々
牛乳	50 g
バター（食塩不使用）	3 g
バニラエッセンス	少々
油	2 g

※トッピング：バナナ，いちご，チョコレートソース，ホイップクリームなど

つくり方

1. 薄力粉をふるってボウルに入れ，中央をくぼませる。
2. 1のくぼみに卵，砂糖，塩を入れ，牛乳を加えて泡立て器でダマができないようによく混ぜる。
3. 2に溶かしたバターを入れて混ぜる。バニラエッセンスを混ぜたら，室温で1時間程度休ませる。
4. 温めたフライパンに油を熱し，余分な油はキッチンペーパーでふき取る。玉じゃくしで生地を流し入れ，フライパンを回すように動かして広げて焼く。表面が乾き，ふちが縮れて，焼き色がついたら裏返して焼く。
5. 好みのクリームや果物，チョコレートソースなどを包んで供する。

● 洋なしのタルト

材料名	5人分直径18cmタルト型
タルト生地（パート・シュクレ）	
a ┌ 卵黄	16 g
├ 砂糖	32 g
├ バター	55 g
└ 薄力粉	100 g
洋なし（大）	1～2個
砂糖	18 g
白ワイン	30 g
レモン汁	15 g
《アーモンドクリーム（クレーム・ダマンド）》	
砂糖	50 g
バター	50 g
卵	50 g
アーモンドプードル	50 g
アプリコットジャム	15 g

つくり方

1. タルト生地をつくる。aのバターを1cm角に切り，ボウルに入れて泡立て器で混ぜてやわらかくする。さらに，卵黄を混ぜてふるった薄力粉と砂糖をよく混ぜ合わせてひとまとめにし，ラップに包む。冷蔵庫で2時間（または冷凍庫で約10～20分間）ねかせて固める。
2. 洋なしはくし型の薄切りにし，砂糖，白ワイン，レモン汁で水けが少なくなるまで煮詰めておく。煮汁は仕上げの塗り用シロップとしてさらに煮詰めて残しておく。
3. アーモンドクリームをつくる。バターをボウルに入れ，泡立て器でやわらかくなるまで混ぜて，砂糖を加えて混ぜる。溶いた卵を加えて混ぜ，アーモンドプードルを加えてなめらかになるまで混ぜる。
4. 麺板に打ち粉（分量外）をし，生地を麺棒で厚さ3mm，大きさはタルト型より大きくのばし，タルト型に生地をのせる。生地を型に沿わすように敷きつめる。
5. 麺棒を型の上で転がし，余分な生地を落とす。
6. 型の内側の側面の生地を指の腹で型の上に押し上げる。
7. 底の部分にフォークで空気穴をあけ（ピケ：pique），冷蔵庫で30分間（または冷凍庫で約10分間）ほどねかせておく。
8. 7のタルト型にアーモンドクリームを入れ，表面を平らにならす。
9. 洋なしを放射状に並べ，2のシロップを塗り，180℃のオーブンで約35分間焼く。
10. 片手鍋にアプリコットジャムと水少々を入れて火にかけ，9が冷めたらジャムが温かいうちにはけで塗る。

▶メモ

- タルト生地はビニール袋に材料をすべて入れてこねてもよい。
- タルト生地にはパート・シュクレとパート・ブリゼがある。シュクレ（sucre）は「砂糖」を，ブリゼ（brisée）は「もろい」を意味するため，パート・シュクレは甘くサクッとしたタルトに，パート・ブリゼは甘味がなくよりサクサクしたタルトやキッシュに用いる。また，こね方にも違いがあり，シュクレは十分にこねるが，ブリゼは軽くこねてグルテンをつくらないことが重要である。
- タルト生地のねかせ時間を十分にとれない場合は，なるべく薄くのばし冷凍庫で凍らない程度に冷やすことで時間短縮できる。
- 洋なしの薄切りは水分を十分に切り，なるべく均等に隙間なく並べると美しい。
- 焼き時間は35分間を基本とするが，洋なしの煮詰め方等によっても変わってくるので，竹串で焼き具合を確認する。
- 表面の焦げ色が十分についたら，アルミホイルで表面をおおって加熱を継続し，焼き色を調節する。

● アップルパイ

材料名	1枚分直径18cmパイ皿
《練りパイ生地》	
薄力粉	200 g
バター（食塩不使用）	140 g
冷水	60 g
《フィリング》	
りんご（紅玉）	400 g
砂糖（りんごの30%）	120 g
レモン汁（りんごの3%）	12 g
シナモン	少々
カステラ（スポンジ）	50 g（市販品可）
ドリュール	
卵	15 g
水	5 g

つくり方

1. りんごは縦に4分割して，皮と芯を取り除いてから，厚さ5mm程のいちょう切りにして，鍋に入れ，砂糖とレモン汁を加える。
2. 鍋はふたをしたまま火にかけ，沸騰後は中火で15分間程煮て，消火し，そのまま冷ます。
3. バターは10等分程度に切り分けて，冷蔵庫で冷やしておく。
4. 薄力粉の中にバターを入れ，粉をまぶしながらパイブレンダー，カードまたはフォークで1～2cm程度の大きさに手早く切り込む。(パイ生地調製において,バターが融解しないことが大切。バターがやわらかくならないように操作は手早くする。)
5. 冷水を少しずつ加え手早くまとめる。ボロボロしているがなんとか全体がまとまるようになっていれば水の分量は十分。
6. 5をスケッパー，カードまたは包丁で切っては重ねて上から押さえ込む。これを数回繰り返し，ボロボロだった生地がまとまってきたら，生地をまとめ，ラップに包んで，冷蔵庫で1時間以上ねかせる。
7. 6の生地は，打ち粉をして麺棒でのばし，3つ折りを3回繰り返す。(生地がやわらかくなってきたら，バターが融解しはじめているので，冷蔵庫で生地を冷やす。)
8. 生地は6：4に分割する。大きい方は，厚さ4mm，直径20cm程にのばす。残りの小さい方は，パイ皿の大きさにのばす。
9. 2のりんごは煮汁を取り分けておき，汁けを切ったりんごにはシナモンを加えて混ぜ合わせる。
10. カステラをパイ皿に敷き詰めるように薄くスライスしておく。
11. 大きな生地はパイ皿に敷き，生地にフォークで穴をあける。その上に10のカステラを敷き，9のりんごをのせ，パイ皿のふちに水を塗り，残りの生地でふたをし，はみ出した余分な生地を包丁で切り落とす。
12. 表面にドリュールを塗り，200℃で20～30分焼く。
13. 9のりんごの煮汁を焼き上がったパイの表面に塗り，つやをだす（りんご煮汁の濃度が薄い場合は煮詰める）。

(付録㊻)

● デコレーションケーキ

材料名	1個分直径18cm丸型
卵	4個
砂糖	120g
薄力粉	120g
牛乳	20g
バター	20g
バニラエッセンス	少量
生クリーム	200g
砂糖	20g
トッピング (果物など)	

つくり方

1. ケーキ型に薄く油を塗り，型紙を敷いておく。
2. 薄力粉と砂糖を別々にふるっておく。
3. 卵を卵白と卵黄に分け，ボウルに卵白を入れて泡立てる。泡の先が立つようになってから砂糖を3回くらいに分けて入れ，砂糖を入れるごとにさらに泡立てる。
4. つのが立つようになったら卵黄を加えて混ぜ，薄力粉をふり込みながら入れて軽く混ぜる。
5. エッセンス，牛乳，溶かしバターを入れてさっと混ぜ，ケーキ型に流し入れる。
6. ただちにオーブンに入れ，160～170℃で30～35分間焼く。
7. 焼き上がったら型から出して型紙をはがし，冷ます。
8. 生クリームを泡立て，砂糖を入れ，絞り出しができるかたさになるまで泡立てる。
9. スポンジケーキの全面に泡立てたクリームをナイフ等で塗る。
10. クリームの残りを，口金を付けた絞り出し袋に入れ，スポンジケーキの上面に絞り出してふちを飾る。他の飾りは果物，アンゼリカ，ピール等を用いて飾り付ける。

(付録㊷・㊸)

● シュトーレン

材料名	2本分
《生地》	
a ドライイースト	10g
a 強力粉	3g
a 砂糖	ひとつまみ
a 牛乳	20g (人肌に温める)
強力粉	200g
砂糖	40g
塩	ひとつまみ
卵	1個
牛乳	50g
バター (食塩不使用)	60g (常温)
《ドライフルーツ類》	
レーズン	100g
ラム酒	30g
アーモンドスライス	30g
オレンジピール	20g
レモンピール	20g
シナモンパウダー	0.4g
《仕上げ》	
溶かしバター	20g
粉砂糖	少々

つくり方

1. aの材料をよく混ぜ合わせ，40℃くらいの湯せんをして10～15分間予備発酵させる（泡が出てくると，発酵している）。
2. レーズンは湯通ししてラム酒と合わせて漬けておく。

3 強力粉，砂糖，塩を混ぜ合わせ，卵，牛乳を加えてよく混ぜ合わせる。
4 1と小さく切ったバターを加えて強く練り込む（生地がなめらかになるまでよく練る。）
5 汁けを切ったレーズンと他のドライフルーツ類，シナモンパウダーを加えて練り込む。
6 ひとまとめにしてボウルに入れラップをして，40 ℃で約 30 分間発酵させる（生地が 2 倍くらいに膨らむ）。
7 生地を 2 等分して厚さ 1.5 cm の楕円形にのばして，端をずらして 2 つに折る。
8 天板にクッキングシートを敷き，生地をのせて 40 ℃で約 20 分間二次発酵させる。
9 160 ℃に予熱したオーブンで 30～40 分間焼く。
10 焼き上がったら溶かしバターを塗って粗熱を取り，粉砂糖をふる。

▶メモ
出来上がりをすぐに食べてもよいが，粗熱が取れたらラップで包み，2 週間ほどねかせて，再度，粉砂糖をたっぷりふって薄く切って食べる。

ブラマンジェ
（イギリス式）

材料名	1 人分
コーンスターチ	7 g
砂糖	5 g
牛乳	70 g
アーモンドエッセンス	少々
ソース	
いちご	40 g
砂糖	3 g
レモン汁	1.5 g
ラム酒	少々

つくり方

1 鍋にコーンスターチと砂糖を入れてよく混ぜる。牛乳を加えて混ぜる。
2 1を火にかけ，絶えずかき混ぜる。全体が糊化したら，さらに 1～2 分間加熱して火から下ろす。アーモンドエッセンスを加え，水でぬらした型に流し入れて冷やし固める。
3 ソースをつくる。いちごをスライスし，砂糖とレモン汁をふりかけて 10 分間程置く。これをこし，ラム酒を加える。
4 皿に2を型から出して置き，3のソースをかける。

▶メモ
・**地下でんぷん**　透明性が高く，粘性・付着性の高いゾル，やわらかく弾力のあるゲルとなる。
・**地上でんぷん**　不透明，粘性・付着性の低いゾル，かたくもろいゲルとなる。　（付録(51)）

でんぷんの種類と用途

でんぷん	原料	用途
地下でんぷん		
じゃがいもでんぷん	じゃがいも	片栗粉として
さつまいもでんぷん（かんしょでんぷん）	さつまいも	わらび粉として
タピオカでんぷん	キャッサバ	タピオカパール
くずでんぷん	くずの根	和菓子
片栗粉	かたくりの根	
わらび粉	わらびの根	わらびもち
地上でんぷん		
コーンスターチ	とうもろこし	料理，糖原料
浮粉（小麦粉でんぷん）	小麦粉	菓子類，練り製品
米でんぷん	米	
緑豆でんぷん	緑豆	春雨

ブラマンジェ
（フランス式）

材料名	1 人分
ゼラチン	2 g
水	20 g
牛乳	80 g
砂糖	10 g
生クリーム	25 g
アーモンドエッセンス	少々
ソース	
コーンスターチ	1 g
砂糖	6 g
水	30 g
赤ワイン	5 g

つくり方

1 水にゼラチンをふり入れ，15 分間程度膨潤させる。50 ℃前後の湯せんで，ゼラチンを溶かす。
2 牛乳を温め，砂糖を加えて溶かし，1を加える。氷水中で冷やし，とろみをつける。
3 生クリームを氷水に当てながら七分立てにする。
4 2に3とアーモンドエッセンスを混ぜ合わせ，素早く型に流し入れ，氷水中で固める。
5 ソースをつくる。鍋にコーンスターチと砂糖を入れて混ぜ，水を加えて混ぜ，火にかけて糊化させる。火から下ろして冷めたら赤ワインを入れて混ぜる。
6 皿に4を型から出して置き，5のソースをかける。

▶メモ
2 つのブラマンジェの違いはゲル化材。
・**イギリス式**　コーンスターチ
・**フランス式**　ゼラチン

単品料理

● 手打ちうどん

材料名	1人分
小麦粉 （地粉，または強力粉50% ＋薄力粉50%）	80 g
塩（粉の2%）	1.6 g
水	40 g
だし汁	80 g
かつお節（2%）	1.6 g
昆布（1%）	0.8 g
しょうゆ	16 g
みりん	16 g
ねぎ	5 g
のり	適量

つくり方

❶ 水に塩を溶かしておく（塩はグルテンのネットワークの形成を促進する）。
❷ 大きめのボウルに粉を入れ，塩水を徐々に加えながらこねる。
❸ 残りの水は，練るときに加減をみながら追加するようにする（水分量はその日の気温や温度によって変わるので，生地の状態をみながら加減する）。
❹ 生地をよくこねて，大体ひとまとまりになったら，なめらかになるまで練る。
❺ 生地を，2枚重ねたポリ袋に入れ，足で踏む（袋は口を塞ぐと破裂するので塞がない）。
❻ 踏みの作業が終わったら，生地を30分程ねかす。
❼ ねかした生地を，打ち粉をした麺板にのせ，手で平らに円形にのばす。
❽ 麺棒を使ってのばす（生地を麺棒に巻きつけるようにし，押しつけながら横に広げてのばす）。
❾ 厚さ3～4 mmくらいまでのばしたら，生地に打ち粉を多めにはたき，びょうぶだたみにして，端は重ねないようにする（ゆでると麺は膨らむので，薄いかなと思うくらいでちょうどよい）。
❿ 端から，3～4 mm幅くらいに切り，くっつかないようにほぐしておく。
⓫ 鍋に多めの湯を沸かし，沸騰しているところに麺を入れ，およそ8分ゆでる。
⓬ ゆで上がったらざるにあげ，冷水でよく洗ってしめる。
⓭ 十分熱がとれたら水けを切って器に盛る。

《つゆ》
❶ 昆布を30分間以上浸漬しておき，かつお節と合わせ混合だしをとっておく。
❷ 鍋にみりんを入れ，煮立ててアルコール分をとばし，十分に煮きる。
❸ しょうゆを加え，少し煮立てて火を通してよい香りをだす。
❹ 混合だしを加えて少し煮たら，火を止めて完成。

《薬味》
❶ ねぎは小口切りしてさらしねぎにする。のりは細く切る。
❷ ゆず，青しそ，みょうが，すりごま，七味など好みの薬味を添える。

● オードブル（前菜）

材料名	1人分
《スタッフドエッグ》	
卵（1/2個）	25 g
マヨネーズ	3 g
こしょう	少々
パプリカ（香辛料）	少々
《カナッペ》	
食パン（5～7 mm厚半枚）	15 g
バター	5 g
オイルサーディン（1尾）	19 g
きゅうりピクルス	4 g
スタッフドオリーブ	2 g
ブルーチーズ	15 g
クリームチーズ	15 g
マヨネーズ	1.5 g
パセリ（みじん切り）	適量
ラディッシュ（1個）	10 g
飾り用パセリ	適量

つくり方

《スタッフドエッグ》
❶ 卵は，卵黄が中心にくるように固ゆで卵にする。
❷ ❶の卵を半分に切り，卵白と卵黄に分け，卵黄は裏ごし．マヨネーズとこしょうで味を調える。
❸ ❷の卵白を器にして，調味した卵黄を戻し，パプリカをふりかける（卵黄は絞り出してもよいし，スプーンなどでそのまま戻してもよい）。

《カナッペ》
❶ 食パンは耳を落とし，長方形に3等分してから，焼き，バターを塗る。
❷ オイルサーディンは半身に割り，❶のパンに並べ，マヨネーズで飾り，パセリのみじん切りを散らす。
❸ ピクルスは厚さ2 mm程の小口に切り，オリーブは，半分の輪切りにする。パンにピクルスを円状に重ねて並べ，中心にオリーブを飾る。
❹ ブルーチーズとクリームチーズを混ぜ合わせ，パンにピラミッド状に塗りつける。

《ラディッシュの飾り切り》
❶ ラディッシュの葉は，1～2本残して取り除き，ペティナイフで切り込みを入れて飾り切りにする。
❷ ❶を水に漬けてパリッとさせたら，水けを拭き取る。

▶メモ
　細胞膜の半透性により，細胞外から細胞内に水が入り込み，膨圧により細胞壁が張りつめ，切り込みを入れた部分が反り返る。赤い果皮と白の果肉のコントラストが目を引き，美しい。

《フィリング》
❺ ベーコンを短冊切りにし，ほうれん草を3cm長さに切る。チーズをおろしておく。
❻ フライパンにサラダ油を熱し，ベーコンをよく炒め，さらにほうれん草を加えて炒め，冷ましておく。
❼ 大きめのボウルに卵を割りほぐし，生クリームを加えてよく混ぜる。卵液をこしょうで調味する。
❽ 焼いたパイに❻を入れ，❼を流し入れ，表面をならしてチーズを散らす。200℃に温めたオーブンで20～30分間焼く。
❾ 網にのせ，粗熱がとれたら，型から出して切り分ける。

▶メモ
　キッシュは，卵とクリームを使ってつくるフランス，アルザス・ロレーヌ地方の郷土料理。地中海沿岸の地域でも一般的な料理である。

● キッシュ

材料名	1個分（直径21cmタルト型）
《生地》	
強力粉	55g
薄力粉	55g
バター	80g
卵黄	1/2個
塩	2g
冷水	50g
打ち粉（強力粉）	適量
《フィリング》	
ベーコン	60g
ほうれん草	200g
卵	2個
生クリーム	200g
サラダ油	少々
こしょう	少々
ナチュラルチーズ	80g

つくり方

《パイ生地》
❶ バターを1cm角に切り，冷蔵庫で冷やしておく。粉をふるう。フードプロセッサーに，粉とバター，塩，卵黄，冷水を入れて，20秒程度混ぜる。
❷ 生地を1つにまとめて，ラップで包み，冷蔵庫で20分間冷やす。
❸ 打ち粉をふった台に生地をのせ，型より少し大きめにのばす。型に入れて，しっかり内側に添わせ，フォークで軽く穴をあける（ピケ）（時間があれば，冷蔵庫で20分間冷やす）。
❹ オーブンを200℃に予熱する（焦げやすい場合は生地のふちをアルミホイルでおおう）。生地にクッキングペーパーを敷き，タルトストーンでおもしをする。200℃のオーブンで約15分間焼く。ペーパー（とアルミホイル），おもしをそっとはずして約5分間焼き，冷ます。

● キッシュ生地のつくり方（簡便な一例）
① 小鍋に水30gとバター60gを入れて弱火でバターを溶かし，火から下ろす。そこに，ふるっておいた薄力粉120g，溶いた卵黄1個分の順に加えて，木べらでまとまるまで混ぜる。
② バター3gを塗ったタルト型に生地をあけ，隙間なく手でのばして冷蔵庫で約30分間休ませ，フォークで穴をあけて200℃のオーブンで約15分間焼く。
③ 具を入れて卵液を流し，焼いて出来上がり。

● パエーリア

材料名	5～6人分（直径28～33cm鍋）
米	250g
鶏もも肉	300g
いか	120g
ムール貝	6個
あさり	12個
大正えび	6尾
にんにく	1かけ
オリーブ油	20g
さやいんげん	100g
赤パプリカ	1/2個
グリンピース（冷凍）	40g
トマト缶（汁込み）	150g
サフラン	0.3g
水	50g
固形コンソメ	1個
水	400g
塩	2g
レモン	1個

つくり方

《材料の準備》

❶ サフラン水をつくる。オーブンを 220 ℃に予熱する。

❷ さやいんげんは，へたを切り落とし，半分に切る。パプリカは，5 人ならば 10 等分にする。トマトの水煮缶は，へたがかたいので手でつぶし，かたい部分を取る。にんにくを薄切りにする。

❸ ムール貝は，足糸を引っ張って取り除き，殻の表面をタワシでよく洗う。あさりもよく洗って表面の汚れを取る。えびは殻付きのまま竹串で背わたを取る。いかは内臓を取り，皮をむき，食べやすい大きさに切る。鶏肉は脂を取り除き，2 cm 角に切る。

《パエーリア鍋で煮る》

❹ パエーリア鍋に，オリーブ油とにんにくを加えてから，火をつける（中火）。にんにくから香りがでたら，鶏肉を入れ，表面を焼きつける。鍋の取手が熱いので気をつける。

❺ さやいんげん，トマト缶，サフラン水を入れ，定量の水，固形コンソメ，塩を順に加え，さらに，米を鍋の周りからパラパラと均等にふり入れる。米は洗わなくてよい。肉や魚の上に米がのっていると火が通らないので，米を完全に液の中に入れる。肉や野菜などを分散させる。

❻ 3 分間加熱する。鍋を動かしながら，中火でまんべんなく沸騰させ，米をしっかり煮る。鍋全面が沸騰したら，少し火を弱くして煮続ける。米にしっかり水を吸わせる。汁が蒸発しすぎないように注意する。

❼ 火を弱くし，パプリカを放射状にのせ，中央にグリンピースをのせる。えびは向きをそろえて並べる。あさりとムール貝を並べる。ムール貝は，まっすぐな方を内側に，とがった方を米に刺す。

❽ 火を止める。アルミホイルを 2 枚，❼の鍋にかぶせる。鍋の下に巻き込むようにふんわり包み込む。オーブンに入れ，220 ℃で 25 分間，250 ℃で 5 分間，合計 30 分間加熱する。

❾ 焼き終わったら，グローブを使って，天板をガス台の上にのせ，アルミホイルをはずす。鍋の周りに水分が残っていたら，1 分程度火にかける。

❿ レモンを 1/6 のくし形に切り，鍋に直接刺し込む。

▶メモ

　ムール貝は，ヨーロッパ原産のムラサキガイのことで，大きさが 6〜8 cm の黒紫色の二枚貝である。ヨーロッパでは，パエーリアやブイヤベース，白ワイン蒸し，スープ，パスタ料理などに使う。旬は 6〜8 月。糸状の足糸は，二枚貝が岩などに付着するためのものである。

● ビーフシチュー

材料名	1人分
牛もも肉	70 g
塩	0.7 g
こしょう	少々
小麦粉	0.5 g
油	2 g
赤ワイン	10 g
スープストック	150 g
にんじん	35 g
ペコロス（小たまねぎ）	2 個
じゃがいも	50 g
マッシュルーム	2 個
グリンピース（冷凍）	8 g
塩	0.2 g
こしょう	少々
はちみつ	0.8 g
ローリエ	1 枚（班で）
《ブラウントマトソース》	
バター	12 g
小麦粉	12 g
スープストック	35 g
トマトジュース（無糖）	35 g

つくり方

❶ にんじんをシャトー切りにする。じゃがいもを 3 cm 角くらいの大きさに切る。冷凍グリンピースをさっとゆでる。

❷ 一口大に切った肉に塩，こしょうをして小麦粉をまぶし，油で炒め，表面を固める。赤ワインを入れ，ふたをして少し蒸し煮（7〜8 分間）してから，スープストックを入れ，ふたをしないで 15 分間煮る。

❸ にんじん，ペコロス，じゃがいも，マッシュルーム，ローリエを入れ，10 分間煮る。

❹ ブラウントマトソースを加え，約 10 分間煮込む。

❺ ❹を調味（塩，こしょう，はちみつ）し，皿に盛り，グリンピースを散らす。

● サザンアイランドサラダ

材料名	1人分
レタス（1玉 400〜500g）	1/6 個
《ソース》	
マヨネーズ	20 g
チリソース	1 g
トマトケチャップ	4 g
ピーマン	2 g
たまねぎ	6 g
パセリ	適量
固ゆで卵	1/8 個
トマト	10 g
こしょう	少々

つくり方

❶ レタスの芯をくり抜き, 洗い, 6等分に切り分ける。

❷ ピーマン, たまねぎ, 固ゆで卵をみじん切りにする。たまねぎは水にさらす。

❸ トマトは湯むきし, 種を取って粗みじんにする。パセリをみじん切りにしてふきんで包んで水でもむ。

❹ ソースの材料を混ぜる。❷のたまねぎは水けをしっかり切る。トマトも紙で軽く水けを取る。

❺ レタスを切って器に盛り, ソースをかける。

● ボルシチ

材料名	1人分
牛肉 (カレー用)	60 g
水	250 g
たまねぎ	50 g
にんじん	30 g
じゃがいも	50 g
セロリ	15 g
ビーツ (缶詰め)	60 g
キャベツ	40 g
ローリエ	1/3 枚
トマトピューレ	20 g
塩	1.2 g
こしょう	少々
サワークリーム	15 g

つくり方

❶ 鍋に牛肉, 水, ローリエを入れ, アクをすくいながら50分くらい煮る。

❷ たまねぎは縦半分に切り, 芯を取り, さらに縦に3～4個のくし形に切る。にんじんとじゃがいもは皮をむき, 3 cmくらいのくし形に切る。セロリは, すじを取って, 3 cmくらいの薄切りにする。ビーツは5 mm厚さの半月切りにする。キャベツは4 cmくらいの角切りにする。

❸ ❶に❷のたまねぎ, にんじん, じゃがいも, セロリを入れて煮る。10分くらい煮たところにビーツ, キャベツ, トマトピューレを加え, 野菜がやわらかくなるまで煮る。

❹ 塩とこしょうで味を調える。

❺ 器に盛り付け, サワークリームを添える。

▶メモ

• ボルシチは, ビーツやトマトで赤い色をつけたウクライナやロシアなどの東ヨーロッパのスープ料理。各地で材料や切り方には違いがある。

• ビーツとは, 地中海沿岸が原産地の2年ないし1年生の草本で球紡錘形の根を食用とする。内部まで深紅で同心輪紋がある。火焔菜 [カエンサイ] やテーブルビートなどとも呼ばれている。

• サワークリームは, 生クリームを乳酸発酵させた酸味のあるクリーム。ボルシチのほかに, ビーフストロガノフやベイクドポテトなどに添える。

● ピロシキ

材料名	1人分 (2個)
a ┌ 生イースト	2 g
│ (ドライイースト)	0.8 g
│ 薄力粉	2 g
│ 砂糖	2.3 g
└ 湯 (30℃)	11 g
強力粉	50 g
塩	0.6 g
卵	6 g
牛乳	18 g
バター	3 g
《具》	
サラダ油	3 g
牛豚合いびき肉	25 g
たまねぎ	25 g
塩	0.6 g
こしょう	少々
春雨	7.5 g
揚げ油	適量
打ち粉	少々

つくり方

❶ (予備発酵) aの材料をボウルに入れてよく混ぜ, ラップをして, 30～35℃の湯に湯浴で予備発酵させる。

❷ 春雨はぬるま湯に入れ戻しておく。牛乳とバターを合わせて40℃に温めておく。

❸ 強力粉をふるい, 大きめのボウルに入れて, 真ん中をへこませ, 塩, 卵, 牛乳, バターを加えてさっと混ぜたら, ❶で予備発酵させたイーストを入れ, 生地を混ぜる。

❹ 生地のきめが細かくなり, すべすべになってきたら深いボウルにきれいな面を上にした状態で入れて, ラップをかけ, 30～35℃で20分以上発酵させる。

❺ (指穴テスト) 粉を付けた指で生地の中央を刺し, 生地が戻らなければ, 発酵完了。

❻ 麺板に打ち粉を軽くして, 生地をつぶしてガス抜きし, スケッパーで2等分にする。

❼ 切り口を折り込んで生地表面を整えて, 手のひらにのせ, もう片方の手で押しつけながら転がして, ガスをさらに抜く。

❽ キャンバス生地に挟んで休ませる (ベンチタイム)。

《具》

❾ 戻した春雨を1 cm長さに切る。

❿ フライパンにサラダ油をひいて火にかけ, みじん切りにしたたまねぎを炒める。

⓫ たまねぎが透き通ったら端に寄せて, 空いたスペースにひき肉を入れて色が変わるまで炒めてからたまねぎと合わせる。

⓬ 塩, こしょう, 春雨を加え透明になってきたら, 等分にして冷ます。

単品料理　151

⑬ 生地を平らに広げ，具を入れ，生地を半分に折り人差し指と親指でしっかり口を閉じていく。さらにもう一度閉じ，二重閉じしておく。

⑭ ⑬を均等にならし，葉のような形になるように軽くつぶす。

⑮ つなぎ目は下にして，油（分量外）を敷いたバットに並べて，油を塗ったラップをかけておく。

⑯ 160℃に温めた揚げ油に，つなぎ目を下にして滑らせるように入れる。最終的に180℃まで温度を上げて仕上げる。

▶メモ
- ゴムべらで混ぜ，途中から手でこねるようにし，まとまってきたら麺板に軽く打ち粉をふり，たたきつけるようにしてこねていく。生地を片手で持ち，麺板に打ちつけたら半分に折り，90度回転させて，また麺板に打ちつけ，同じことを繰り返す。
- スケッパーがなければ，ペティナイフや包丁でもよい。
- つなぎ目に油がつかないようにする。
- 揚げずに溶き卵を塗り，オーブン（200℃で12～14分間）で焼いてもよい。

● 醤辣捲麺（肉みそそば）
ジャンラーチュアンミェン

材料名	1人分
中華麺（1/2玉）	65 g
ごま油	3 g
きゅうり（1/4本）	25 g
卵（L1/2個）	30 g
塩	0.1 g
油	適量
ハム	15 g
ねぎ（7～8cm長さ）	10 g
サラダ菜（1/5株）	30 g
《肉みそ》	
豚ひき肉	40 g
豆板醤	2.5 g
にんにく	4 g
しょうが	4 g
油	4 g
a　ケチャップ	8 g
八丁みそ	8 g
しょうゆ	1.5 g
酒	12 g
砂糖	2.5 g
湯[タン]	40 g
ねぎ	6 g
でんぷん	1 g
ごま油	1.5 g

つくり方

❶ きゅうり，ハム，ねぎ，薄焼き卵は，すべて7～8cm長さ，約2mm幅のせん切りにし，そろ

えて並べておく。きゅうりは斜め薄切りしてからせん切り，ねぎは白髪ねぎ（水には浸けない）にする。卵は溶いて塩を加え，油をひいて薄焼き卵をつくり，冷えてからせん切りにする。

❷《肉みそ》にんにく，しょうが，ねぎをみじん切りにする。鍋に油を入れて熱し，にんにく，しょうが，豆板醤を入れて炒める。ひき肉を加え，ポロポロになるまで炒める。合わせておいたaを加え，5～10分間弱火で煮る。煮詰まってきたらねぎを加え，油が分離してきたら水溶きでんぷんを加えてまとめ，最後にごま油を加える。

❸ 麺を沸騰水に入れてゆでる。ざるに取って水洗いし，よく水を切る。ごま油を混ぜておく。

❹ 麺は1人分を半分にし，菜箸2本の間に麺を挟んでまな板に置く。菜箸と平行に❶の具を1/2並べる。菜箸を持って具を麺で巻く。菜箸を抜き，半分に切り，切り口が見えるようにサラダ菜の上に置く。1人分2個巻き，4個出来上がる。皿にきれいに並べ，肉みそを添える。

▶メモ
- 八丁みそならばこの分量でよいが，そうでないときは塩分濃度により肉みその塩味が異なってくるので，みその使用量や砂糖で調節する。また，麺に具を並べ，肉みそを上にかけてもよい。
- 中華麺とは，小麦粉に梘水（炭酸ナトリウム，炭酸カリウム，炭酸水素ナトリウム，リン酸カリウムなどの混合液）と水を加えてつくった麺。梘水は強アルカリ性の液体なので，小麦粉のたんぱく質グルテニンの弾性が増し，ドウの伸展性が増す。また麺は縮れが起こる。小麦粉のフラボノイド色素は，黄変する。

● 叉焼肉（焼き豚）
シャアシアロウ

材料名	1人分
豚もも肉（かたまり）	90 g
しょうゆ（肉の18％）	16 g
酒（肉の5％）	5 g
砂糖（肉の3％）	3 g
みりん（肉の18％）	16 g
しょうが	6 g
長ねぎ	6 g
八角	1/4個
パセリ	1 g

つくり方

❶ しょうがは厚切り，長ねぎはぶつ切りにし，香りがでやすいようにたたく。

❷ 豚肉は太さ6～7cm程度の棒状にし，❶，調味料，八角を合わせた中に30～60分間漬ける。ときどき肉を回しながら，均等に味がしみるようにする。

❸ 肉とつけ汁に分ける。

❹ 肉をたこ糸で固くしばる。オーブンの天板にアル

ミホイルを敷き，網台の上に肉をのせ，170℃で40〜50分間程焼く。途中で漬け汁を2〜3回つけながら，肉を裏返しながら色よく焼く。

❺ 肉に竹串を刺して，出てくる肉汁が透明になったら取り出して冷ます。たこ糸を切り，薄切りにして盛り付ける。

❻ 漬け汁をこして1/3量くらいまで煮詰め，豚肉にかける。付け合わせにパセリを添える。

- ゆでるかわりに蒸したり，揚げてから蒸したりすることもある。調理の過程で脂肪組織から脂肪が抜け，脂っぽさが低下し，とろけるようなやわらかさに仕上がる。
- 八角［パーチャオ］：ウイキョウを乾燥したもの。スターアニスともいう。甘い芳香。中華料理，豚肉料理，鴨料理等に使われる。
- 煨菜［ウェイツァイ］：煮込み料理のこと。弱火で長時間煮込む方法。煮汁の多少，煮上がりの色，味の濃淡，煮る時間の長短等により，いろいろな表現がされる（燜，焼，煮，滷，会）。

● 東坡肉（豚の角煮）
トンポウロウ

材料名	1人分
豚ばら肉（かたまり）	100 g
a ┌ 水	適量
┃ ねぎ	5 g
┃ しょうが	2 g
└ しょうゆ	6 g
b ┌ 酒	5 g
┃ しょうゆ	2 g
┃ 砂糖	2 g
└ 八角	1/4 個
片栗粉	2 g
チンゲンサイ	50 g
c ┌ 湯	35 g
┃ 酒	2 g
┃ 塩	0.4 g
└ 油	3 g

つくり方

❶ ねぎは包丁の腹でつぶし，しょうがは薄切りにする。

❷ 豚肉はたっぷりの熱湯に入れさっとゆでて取り出し，水洗いする。

❸ 鍋に❷の豚肉と肉がかぶるくらいの水とaを入れ，沸騰後約1時間ゆでる。

❹ ❸の肉を1.5 cm幅に切って鍋に戻し，bを加え，約40分間煮る。

❺ 肉は取り出し冷めないようにしておく。煮汁を氷水中で冷まし，固まった脂を取り除く。汁（1人分30 g前後）を火にかけ，水溶き片栗粉を加えてあんにする。

❻ 鍋にcを沸騰させ，株を1/2〜1/4に切ったチンゲンサイを，茎から入れて青々とゆで上げる。

❼ ❻のチンゲンサイを皿に並べ，❺の肉を並べ，あんをかける。

▶メモ
- 時間があれば，❸終了後，ゆで汁を冷まして脂を取り除く。そうすれば❺では脂は取らなくてよい。
- ❹は，約40分間加熱した後に，汁が少なすぎたり多すぎたりしないように途中火加減をする。
- ❺で脂を取った後の汁が30 g前後より少なければ水を加え，多ければ煮詰めてから，でんぷんを加える。

● ピビンパプ（ビビンバ）

材料名	1人分
牛ひき肉	25 g
a ┌ しょうゆ	3 g
┃ みりん	2 g
┃ 酒	1.5 g
┃ 砂糖	0.5 g
┃ おろしにんにく	0.1 g
┃ すりごま（白）	0.3 g
┃ ごま油	0.3 g
└ こしょう	少々
米	60 g
水	90 g
ナムル（5種）	次頁参照
苦椒醬（コチュジャン）	少々
白ごま	少々
ごま油	少々
韓国のり	1枚
うずら卵	1個

つくり方

❶ フライパンにごま油を熱し，牛ひき肉を入れて炒め，aの調味料を混ぜて加え，味付けをして牛そぼろをつくる。

❷ 白ごまは香ばしく煎り，苦椒醬，ごま油と合わせてたれをつくる。

❸ 器に温かいご飯を盛り，牛そぼろとナムルを彩りよくのせ，中央にうずら卵を割り入れる。その上から韓国のりを散らし，最後にたれをかける。

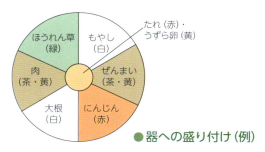

●器への盛り付け（例）

単品料理

醬辣捲麺（肉みそそば）／叉焼肉（焼き豚）／東坡肉（豚の角煮）／ピビンパプ（ビビンバ）

▶メモ
　ビビンパプは，ビビン（混ぜるの名詞形）パプ（ご飯）の意味で，混ぜご飯のこと。韓国料理の基本となる五味五色が含まれる料理であり，味に差が出ないよう均等に混ぜて食べるのがおいしい食べ方だといわれている。

▶メモ
　ナムルは，野菜，山菜を用いた炒め煮や，酢で味付けした韓国の代表的な副菜。

● ナムル

材料名	1人分
《水煮ぜんまい》	50 g
ごま油	3 g
しょうゆ	10 g
砂糖	1 g
みりん	3 g
すりごま（白）	3 g
《大豆もやし》	50 g
塩	0.5 g
しょうゆ	3 g
ごま油	4 g
すりごま（白）	3 g
《ほうれん草》	50 g
塩	0.5 g
しょうゆ	3 g
ごま油	4 g
すりごま（白）	1.5 g
《にんじん》	20 g
塩	0.5 g
油	適量
《大根》	20 g
塩	0.5 g
油	適量

つくり方

❶ 白ごまは煎って軽くすっておく。
❷ ぜんまいは水を切り，2〜3 cm長さに切る。フライパンにごま油を熱し，ぜんまいを強火で炒め，全体に油がまわったら，砂糖，しょうゆ，みりんを加えてさっと炒める。
❸ ❷にすりごまを加えて弱火で煮る。味がなじんで余分な水分がなくなったら火を止める。
❹ 大豆もやしは根を取って洗い，鍋に入れて塩を加え，さらにもやしのかさの半分程度まで水をそそぐ。ふたをして7〜8分間蒸し煮にする。もやしに火が通ったら，ざるにあげて水を切り，ボウルに入れて，しょうゆとごま油とすりごまを加えて和える。
❺ ほうれん草は洗って塩ゆでし，3 cmに切る。しょうゆ，ごま油，すりごまを加えて和える。
❻ にんじんと大根はせん切りにして油で炒め，塩で味付けする。

● オイキムチ

材料名	1人分
きゅうり	2/3本
塩（粗塩）	少々
大根	20 g
にんじん	4 g
にら	1/2本
a ┌ あみの塩辛	6 g
│ はちみつ	4 g
│ 粉とうがらし	小1/3
│ 糸とうがらし	少々
│ すりおろしにんにく	小1/5
└ しょうが汁	小1/5
りんご	1/5個
塩	少々

つくり方

❶ きゅうりは塩をふって板ずりし，さっと水で洗う。両端を切り落とし，長さを半分に切る。
❷ 切り口の両端を約1 cm残し，縦に切り込みを入れ，90度回転させて同様に切り込みを入れる。これをバットに入れる。
❸ 沸騰した塩水（4〜5%）を❷に注ぎ，皿などでおもしをして1時間ほどおく。
❹ 大根とにんじんは，4〜5 cm長さのせん切り，にらは2〜3 cm長さに切る。これらをボウルに入れてaの材料を加えて和える。
❺ きゅうりの切り込みに❹を挟んで，90度回転させ，同様に切り込みに❹を挟む。
❻ りんごは皮をむいてすりおろし，汁を搾り取り，塩少々を加える。
❼ ❺を密封できる容器に入れ，❻のりんごの搾り汁を加える。食べるときに斜め半分に切り，器に盛る。

▶メモ
・オイとは，きゅうりのこと。
・きゅうりの板ずり：きゅうりに塩をふり，手のひらで押さえながら，まな板の上で前後に数回転がし，水で洗い流す。汚れを取って，トゲを丸くし，鮮やかな色に仕上げることができるほか，調味料が浸透しやすくなる。このあと，熱湯にさっとくぐらせると，より発色がよくなる。

● 韓国料理における特徴的な食材

- **とうがらし・にんにく** 韓国料理で最も多く使われている。韓国とうがらしは辛さと甘さがあり，その種類ばかりでなく，生・乾燥なども使い分ける。
- **キムチ（韓国の漬物の総称）** 寒い冬を乗り越えるための野菜の貯蔵法として発達してきた発酵食品であり，100種類を超えるという。
- **コチュジャン（とうがらしみそ）** もち米に米麹・粉とうがらし・調味料などを加えて発酵させたもの。
- **ごま・ごま油** ほとんどの韓国料理に使用される。

● トムヤムクン

材料名	1人分
えび（頭付き）	2尾
ふくろだけ（ヘッドファーン）	2個
しめじ	20 g
鶏がらスープ	200 g
こぶみかんの葉（バイマックルー）	1枚
タイしょうが（カー）	2 g
レモングラス	1/3本
チリ・イン・オイル（ナムプリック・パオ）	4 g
レモン汁	20 g
ナンプラー	4 g
塩	少々
＊ 青とうがらし（プリックキーヌー）	1個（つぶす）
コリアンダー（パクチー）	少々
ココナッツミルク	5 g
ライムまたはレモン（マナオ）	5 g

＊は好みで加える

つくり方

❶ えびは頭を付けたまま殻をむく。
❷ ふくろだけは半分に切り，しめじは石づきを取ってほぐしておく。こぶみかんの葉はざっくりちぎり，タイしょうがは薄切り，レモングラスは3 cm長さの斜め切りにしておく。
❸ 鍋で鶏がらスープを煮立て，こぶみかんの葉，タイしょうが，レモングラスを入れて煮る。
❹ 塩を加え，しめじ，ふくろだけも加える。
❺ ナンプラー，チリ・イン・オイルを加え，レモン汁は大さじ3だけ入れて味を調える。
❻ えびの身を入れ火が通ったら，仕上げに残りのレモン汁と刻んだコリアンダーを加える。
❼ 器に盛り付けて，ココナッツミルクやライムを添え，好みで加える。

▶メモ
- トムヤムは煮る，クンはえびの意味。
- 辛いものが好きな人は，プリックキーヌーも入れる。
- えびの身がかたくなるので，煮すぎない。

● ヤムウンセン

材料名	1人分
春雨（乾）	15 g
えび	15 g
豚ひき肉	15 g
たまねぎ	15 g
きゅうり	20 g
レタス	15 g
タイしょうが（カー）	2 g
青とうがらし（プリックキーヌー）	少々
ライム汁（またはレモン汁）	1/6個分
ナンプラー	5 g
砂糖	1 g
塩	少々
コリアンダー（パクチー）	少々

つくり方

❶ 春雨は軽くゆで，食べやすい大きさに切っておく。えびは殻をむいて一口大に切る。
❷ たまねぎはスライスして水にさらし，きゅうりは輪切り，レタスはちぎっておく。しょうがはせん切り，青とうがらしは細かく切っておく。
❸ フライパンにえび，ひき肉を入れ少量の水を加えて，乾煎りして火を通す。
❹ ボウルにえびとひき肉，水を切ったたまねぎ，きゅうり，レタス，しょうが，青とうがらし，ライム汁，ナンプラー，砂糖，塩を加えてよく混ぜ合わせる。
❺ 器に盛り，コリアンダーを添える。

▶メモ
- ヤムは和える，ウンセンは春雨の意味。
- タイしょうががなければ，日本のしょうがでもよい。
- 具にキクラゲ，ハムなどを入れてもよい。
- ライムまたはレモンの酸味が味の決め手となる。
- 味が薄い場合は，ナンプラーなどを食卓で足してもよい。

● 生春巻き（ゴイ・クォン）

材料名	1人分
ライスペーパー	1枚 (10 g)
えび	2尾 (30 g)
豚薄切り肉	20 g
ブン（ビーフン）*	5 g
水菜	10 g
きゅうり	15 g
にら	5 g
スイートチリソース	10 g

＊春雨を用いてもよい。

つくり方

1. えびは熱湯でゆで，殻をむいて，縦2枚にスライスする。
2. 豚肉は細切りにして，熱湯でゆでる。
3. ブン（ビーフン）はゆでて5 cmくらいの長さに切る。
4. きゅうりは斜めせん切りにする。
5. 水菜は10 cm長さに切る。
6. フライパンに水を入れて40 ℃くらいにして，ライスペーパーを入れて，やわらかくする。
7. 取り出したライスペーパーの上に，豚肉，水菜，きゅうり，ブンの順にのせ，左右を内側に折り，端から巻く。1周巻いたらえびとにらを挟んで巻く。
8. 半分に切って盛り，スイートチリソースを添える。

● サテ

材料名	1人分
鶏もも肉	100 g
レモン汁	4 g
塩	1 g
酒	4 g
ピーナッツバター	5 g
ココナッツミルク	25 g
にんにく	1 g
しょうが	1 g
しょうゆ	4 g
みりん	4 g
塩	1 g
チリソース	3 g
ごま油	3 g
竹串	3本

つくり方

1. 鶏肉は2 cm角くらいに切り，レモン汁，塩，酒をふって30分くらい下味をつけておく。
2. 鶏肉を竹串に刺し，180 ℃のオーブンで約20分間焼く。竹串にアルミホイルを巻いておくと焦げない。グリルを利用して焼いてもよい（余熱後8〜10分間）。
3. にんにくはみじん切り，しょうがはすりおろして鍋に入れ，ピーナッツバター，ココナッツミルク，しょうゆ，みりん，塩，チリソース，ごま油を加えて火にかけ，沸騰したら2分間加熱する。
4. 鶏肉を皿に盛り，上からソースをかける。

● ラッシー

材料名	1人分
プレーンヨーグルト	90 g
牛乳	30 g
はちみつ	12 g
砂糖	6 g
レモン汁	3 g
（氷）	15 g

つくり方

1. プレーンヨーグルト，牛乳，はちみつ，砂糖，レモン汁，（氷）を合わせてミキサーに入れ，分離しない程度に撹拌する。
2. コップに入れ，冷蔵庫で冷やす。

▶メモ
- ラッシーは，インドやネパールでつくられるダヒーというヨーグルトに似た飲み物をベースにつくられる。

付　録

1 実習献立と関連のある実験データ

（　）内の頁は実習編該当頁。

◆ 米

①表1　蒸らし時間が異なる飯の最終鍋内温度および鍋内重量の変化 (p.29)

測定項目	蒸らし時間（分）			
	0	5	10	15
鍋内中心部最終温度（℃）	90	97	95	92
鍋内空間部最終温度（℃）	99	94	88	85
炊き上がり重量率（%）	98.2	98.8	98.6	98.4
蒸らしによる蒸発率（%）	0	0.4	0.7	0.9
鍋内水蒸気含有率（%）	1.8	0.8	0.7	0.7

＊90%とう精米 300 g，水 450 g

【解説】　炊飯の蒸らし時間は10〜15分が適度とされているが，この間の鍋内中心温度（飯粒）は92〜95℃，鍋内空間部は85〜88℃となり，90℃前後を保っている。このため鍋内水分の急激な蒸発が避けられ，一部は飯粒内に吸収され，一部は徐々に蒸発する。

②図1　蒸らし時間が異なる飯のコップ陥没度 (p.29)

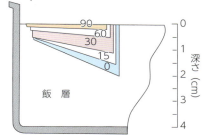

＊米 300 g，水 450 g
＊図中の数字は蒸らし時間。深さの値が大きいほど飯はほぐれやすい。

【解説】　蒸らし時間が長くなると飯粒同士がくっついて飯にのせたコップが沈まなくなる。鍋内の温度が下がってふたの裏側に水滴が付き，飯の表面に落ちる（戻り水）ため。60分以上おくと飯粒がくっついて固くなるので，15分間蒸らしたら全体をほぐすことが重要である。

③図2　米の吸水に及ぼす水温・浸漬時間の影響 (p.29, 57)

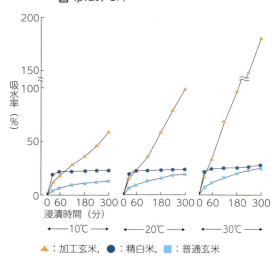

▲加工玄米　●精白米　■普通玄米

【解説】　普通玄米は精白米に比べて吸水が遅く，水温を上げても1時間浸漬で精白米の約半分しか吸水しない。加工玄米は皮部に小孔があくような処理をして吸水を促進している。吸水し続けるので，吸水しすぎないように注意が必要である。

④図3　圧力鍋による炊飯温度曲線 (p.56, 57)

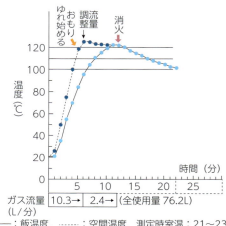

―：飯温度，……：空間温度，測定時室温：21〜23℃
＊90%とう精米 300 g，水 380 g
＊圧力鍋内にアルミ製鍋を入れた間接炊き

【解説】　鍋内の温度は約5分で120℃に達し，消火後も約10分間100℃以上を保つ。本法は120℃に達した後6分間加熱し，10分間蒸らして飯温が100℃になったときふたを開けて出来上がりとする。

⑤図4　うるち米ともち米の吸水率 (p.44)

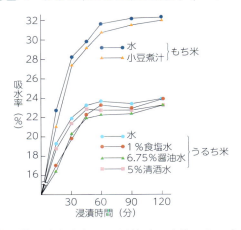

【解説】　味付き飯では浸漬時に食塩やしょうゆを加えると吸水が遅くなるので，炊く直前に加えるか，あるいは水と差がなくなる2時間程度の浸漬を行う。もち米は小豆煮汁に浸漬すると水より吸水が遅くなるが，2時間程度で差がなくなる。

⑥図5　もち米の加熱中ふり水による重量変化 (p.44)

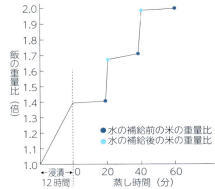

＊ふり水の量1回目150mL，2回目100mL。飯の水分は59%

【解説】　もち米は浸漬12時間後でも重量増加が約1.4倍と少ないが，蒸し加熱の途中の1回目のふり水で約1.7倍，2回目で約2倍と適度な状態になる。ふり水をした時点で急に吸水が速やかに起こるが，その後も少し増加するので一定時間あける。

◆ たけのこ

⑦表2　たけのこ放置中のシュウ酸含量の消長 (p.40)

		シュウ酸 (mg%)	
		0 時間	24 時間
部位	先　端	43.89	70.32
	中　部	22.90	42.28
	根　元	18.00	54.41

【解説】　たけのこのアク成分のシュウ酸は先端が多く，根元は最も少ないが，収穫直後から24時間後までに増加する割合は根元が3倍と最も多く，急激に増加する。

⑧表3　たけのこの水および「ぬか水」処理によるシュウ酸含量の消長 (p.40)

処理法	シュウ酸 (mg)	備　考
水煮したたけのこ	20.45	たけのこ10gを水50mLで
同上煮汁	1.62	15分間煮沸
「ぬか水」で煮たたけのこ	10.11	たけのこ10gを水50mL+
同上煮汁	24.20	ぬか2gの中で15分間煮沸
ぬか	12.51	ぬか2g中のシュウ酸量

【解説】　アク抜きに用いられる「ぬか水」で煮たたけのこでは，水煮に比べシュウ酸含量が1/2となり，煮汁中へのシュウ酸の溶出が促進される。ぬかに含まれるでんぷんなどのコロイド粒子の吸着作用による。

◆ 汁　物

⑨表4　煮干しだしの浸出方法の相違によるS.N，F.Nの溶出量 (p.28)

（だし汁100mL中のmg数）

	浸出方法	S.N (mg)	F.N (mg)
A	水より入れて，99℃以上で5分間加熱	78	1.7
B	30分間水浸後，98℃以上で1分間加熱	146	2.8
C	20時間水浸後，98℃以上で1分間加熱	156	1.3
D	20時間水浸	56	1.3
E	水より入れて，99℃以上で1分間加熱	61	2.1

【解説】　煮干しだし中のアミノ酸や核酸などうま味に関わる成分は，水浸漬してから沸騰加熱を行うことで溶出が多くなる。浸漬しない場合や，浸漬のみでは溶出が1/2以下。

＊煮干し3g使用。全窒素量は101.7mg/g
＊S.Nは水溶性窒素，F.Nはホルモール態窒素
　（アミノ基が解離していないアミノ酸）
＊煮干しは粉末にして浸出した。

付　録　159

⑩ 図6 煮干しだし汁中の全エキス分の経時的変化 (p.28)

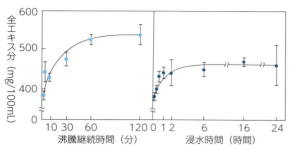

＊エキス分は汁中の固形物含量。煮干し（頭と内臓を除き半身に割いたもの）18 g，脱イオン水 600 mL

【解説】 左図は浸水しないで火にかけ沸騰を所定時間継続。右図は20℃で所定時間浸水後火にかけ，1分間沸騰を継続。煮干しだし汁中のエキス分は沸騰継続が1時間あるいは水に浸ける時間が2時間まで増加し，その後ほぼ一定となった。浸水を行わない場合は，沸騰10〜30分間がよい。浸水をする場合は，浸水30分〜2時間がよく，浸水後の沸騰時間は短くなる。

⑪ 表5 かつお節の一番だしと二番だし (p.28)

| | 水の2%使用 || 水の4%使用 ||
	一番	二番	一番	二番
かつお節 (g)	20	だしがら	40	だしがら
水 (mL)	1,000	500	1,000	500
総窒素 (mg/100 mL)	388	61	670	85
アミノ態窒素 (mg/100 mL)	118	15	135	18

【解説】 かつお節だしのうま味成分の指標として総窒素とアミノ態窒素を考えたとき，一番だしと二番だしを合わせた総量に対して一番だしではかつお節2〜4%使用で約90%が抽出され，二番だしでは約10%である。かつお節を2倍用いてもうま味成分は2倍以下であり，特にアミノ態窒素は微増である。総窒素とアミノ態窒素の差は主にペプチド態窒素に相当する。

⑫ 図7 グルタミン酸ナトリウムとイノシン酸ナトリウムの相乗効果 (p.28, 44)

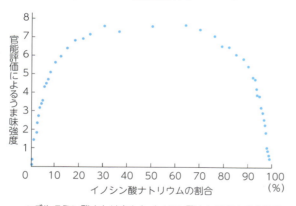

＊グルタミン酸ナトリウムとイノシン酸ナトリウムの合計の濃度 0.05 g/100 mL

【解説】 グルタミン酸ナトリウムにイノシン酸ナトリウムを同量加えたときは，相乗効果によりグルタミン酸ナトリウムだけのときの7〜8倍うま味が強くなる。

⑬ 図8 汁物の温度降下 (p.34)

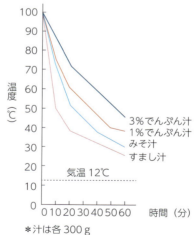

＊汁は各300 g
すまし汁（食塩1%，しょうゆ1%）
みそ汁（みそ10%）

【解説】 汁物の飲用温度を60℃とすると，消火後のすまし汁は約10分，みそ汁は約20分，かきたま汁相当の1%でんぷん汁では約30分，あんかけ相当の3%でんぷん汁では約45分でその温度に達し，でんぷん濃度が高いほど冷めにくい。

◆ 水戻し

⑭図9　干ししいたけの水戻し時の吸水量変化 (p.73)

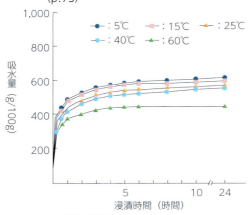

＊試料：並香信
＊菌柄を除いた干ししいたけ5個に20倍量の水

【解説】　水温を60℃以上にすると干ししいたけの吸水が悪くなる。戻し時の水温は5～15℃がよく，24時間浸漬で平衡になると100gに対して約600gも吸水する。50℃・4時間，25℃・2.5時間で最大吸収量の90％に達する。

⑮図10　干ししいたけの水戻し温度と加熱が5'-グアニル酸量に及ぼす影響 (p.73)

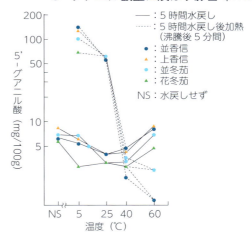

【解説】　うま味成分である5'-グアニル酸は酵素ヌクレアーゼにより生成し，さらにホスファターゼにより分解する。水温が40℃になると水戻し後に加熱したときの5'-グアニル酸の生成量が大きく低下し，60℃ではほとんどなくなる。

◆ 野菜

⑯表6　各溶液中にて加熱（99±1℃）した場合の小松菜の緑色度の変化 (p.31)

種類＼加熱時間	1分	3分	5分	10分	15分
0.3％重曹 (pH 8.6)	100	100	100	100	100
2％食塩 (pH 7.6)	100	91	87	83	83
1％食塩 (pH 7.6)	100	83	71	67	63
水 (pH 7.6)	100	83	71	67	63
5％しょうゆ (pH 5.0)	91	63	50	33	—
10％みそ (pH 5.6)	91	50	33	—	—

＊5gの小松菜の葉を150mLの水でゆでた。＊生の葉の緑色度を100とする。緑色度50以下は食用価値なし。
＊緑色度は試料をすりつぶしてソックスレー脂肪浸出器で浸出し，エーテル，硫酸銅，重クロム酸カリウム溶液を加えて比色計で測定した。

【解説】　3分間ゆでたときの緑色度を水と比べると2％食塩水のみ緑色が保持され，1％食塩水では差がなく，1％食塩濃度の5％しょうゆと10％みそでは緑色が低下する。特にみそは褐変の程度が大きく，pHの低下に伴う褐変化以外の要因も考えられる。

⑰表7　ほうれん草のゆで水量と総ビタミンCの残存率（％）＊ (p.31)

ゆで水量	ゆで時間（分）＊＊	ゆで水の種類 水	ゆで水の種類 1％食塩溶液	備考
5倍量	2	31.1	40.5	・水よりも食塩溶液でゆでた方がビタミンCの残存量が高い
5倍量	5	30.9	33.3	・ゆで時間が短く，ゆで水量が少ない方が，残存率が高い
10倍量	2	24.8	30.9	
10倍量	5	20.9	21.4	

【解説】　ビタミンC残存率は水よりも1％食塩水でゆでた方がやや高くなる。ゆで水が5倍量で2分間加熱のときがその効果が大きく，ゆで水量が多く，加熱時間が長くなると水と1％食塩水の間にほとんど差がなくなる。

＊ほうれん草をゆで汁から取り出し，ただちにゆで水と同量の冷水に取り，数回ふりながら30秒おき，ざるに取って水を切り，残存するビタミンCを定量する。
＊＊ほうれん草を沸騰水中に投じ，取り出すまでの時間。その間沸騰を続けるように火力を調節する。

⑱ 図11 ほうれん草のシュウ酸の残存率とアクっぽさの官能評価 (p.31)

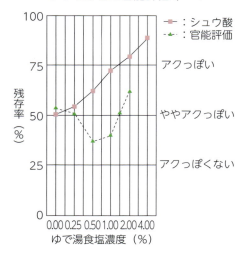

＊ほうれん草のシュウ酸の定量は HPLC による。

【解説】 アク成分であるシュウ酸の残存率は水よりも食塩水の方が高くなり，食塩濃度が高いほどその傾向は強いが，官能評価では2％食塩でのアクっぽさが強くなる。

⑲ 図12 浸漬水へのキャベツの無機成分溶出率の変化 (p.101)

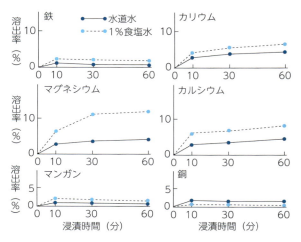

＊キャベツ100 g (0.5 mm 幅のせん切りしたもの) を500 mL の浸漬水に各時間浸漬した後，10分間水切りして測定。水温25℃。

【解説】 無機成分の溶出率は，マグネシウムイオンやカルシウムイオンでは水よりも1％食塩水の方が高くなる。鉄イオンやカリウムイオンはあまり変わらない。

⑳ 図13 さやえんどう青煮におけるクロロフィルとフェオフィチンの変化 (p.37, 50)

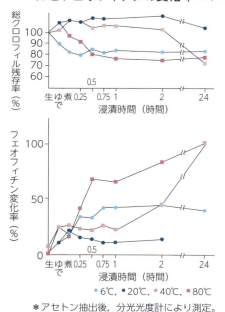

＊アセトン抽出後，分光光度計により測定。

【解説】 青煮をするときは調味液の温度が20〜40℃であればクロロフィル残存率が高く，緑色が保たれる。80℃では温度が高すぎて褐変が進んでしまう。

㉑ 図14 大根各部位より調製した大根おろし中の辛味成分量ならびに辛味成分の変化 (p.43)

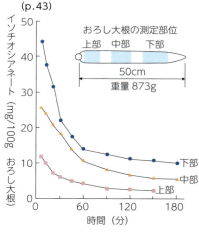

＊大根を上部，中部，下部に切断しプラスチック製おろし器でおろし，ビーカー内27℃で放置し，一定時間後に取り出してイソチオシアネート量を測定した。

【解説】 大根おろしの辛味成分であるイソチオシアネートは，前駆物質グルコシノレートから酵素ミロシナーゼにより生成する。前駆物質は下部にいくほど多いが，大根をおろした後の辛味成分は1時間で約40％程度に減少し，上下の差が小さくなる。辛い大根おろしをつくるには若いものや夏大根が適している。

㉒ 図15 各種紅葉おろし（汁）中のジケトグロン酸を除く総ビタミンC真値の経時残存率比較 (p.43)

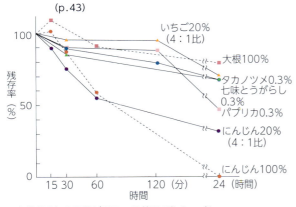

＊大根おろしの直後ビタミンC値は 13.1 mg%
＊ビタミンCの定量は薄層クロマトグラフ法（改良）

【解説】 ビタミンC残存率は大根おろし後の時間とともに減少する。1時間後では無添加の約90％に対して、とうがらし添加では約80％、にんじん添加では約50％となる。にんじんはアスコルビン酸酸化酵素により、ビタミンCを減少させ、他は非酵素型分解である。

㉓ 図16 塩の使用量ときゅうりの放水量 (p.37)

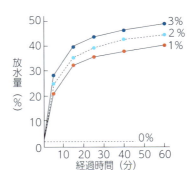

＊60gのきゅうり，厚さ2mm

【解説】 塩をふると食塩濃度が高くなるほど放水量が多くなる。15分までに放水量が大きく増加する傾向は食塩濃度によらず同様であり、塩をふった後15～20分間放置すると脱水の効果は十分である。

㉔ 図17 さといものゆでで水の種類と煮汁の粘度 (p.129)

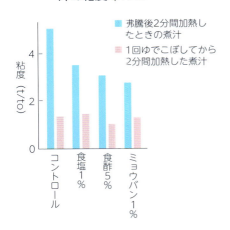

＊粘度の測定法はオストワルド粘度計 NO-2 による。

【解説】 さといもの粘性は糖たんぱく質による。ゆでると溶出するので煮汁の粘度が上がり、ゆでこぼし後に加えた新たな煮汁の粘度は低下する。食塩水や食酢でゆでると粘り成分の溶出が抑えられるとともに、コロイド溶液でもある煮汁の粘度が減少するので、ゆでこぼさずにはじめから調味液で加熱することがある。

㉕ 図18 野菜のかたさと加熱温度の関係 (p.93, 129)

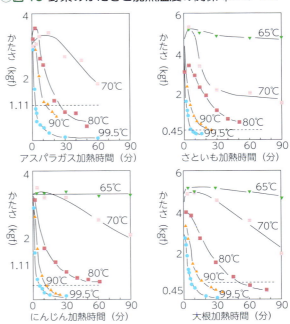

＊硬度はテクスチュロメーター　＊試料は 1×1×0.5 cm
＊プランジャーはV字型

【解説】 野菜は80～85℃で加熱すると硬化の影響が大きいので、適度なかたさにするには90℃以上の加熱が必要である。硬化の程度は、野菜によって異なるが50～80℃で起こるので、試料が大きいほど、また沸騰までの時間が長いほど起こりやすい。

㉖ **図19** ごぼう，大根を水および食塩水で煮た場合のかたさの変化 (p.127)

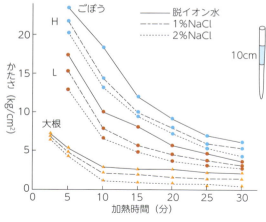

【解説】 野菜を食塩水で加熱すると水よりもややわらかくなり，食塩濃度が高いほどその傾向が強くなる。ごぼうは繊維の方向に圧縮した方が繊維に直角の方向に圧縮するよりも抵抗が少なく，やわらかい。

◆ 魚

㉗ **図20** 吸塩量の経時変化の魚種間比較 (p.47)

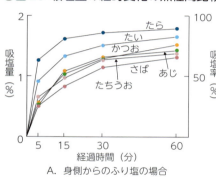
A．身側からのふり塩の場合

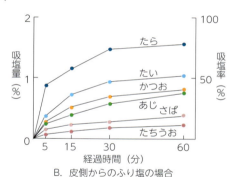
B．皮側からのふり塩の場合

＊吸塩量：魚肉に対する吸収食塩量，吸塩率：ふり塩量に対する吸塩量の割合

【解説】 魚に塩をふるとき，身側からの方が皮側からよりも吸塩量が多くなる。吸塩量は魚種によって異なり，さばやたちうおでは特に皮側からの吸塩量が少ない。

㉘ **図21** 加熱による魚肉のかたさの変化 (p.47)

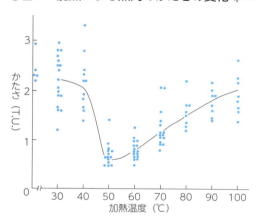

【解説】 魚肉のかたさは40〜50℃にかけて急激に低下し，60℃以上で温度とともにかたくなる。加熱中は50℃付近で魚をひっくり返すと身崩れが起こりやすいので注意する。図は0℃から加熱して約5分で魚肉は50℃付近となっている。筋原線維たんぱく質は40〜50℃で変性しはじめるが，その間を埋める筋漿たんぱく質はまだ変性しないので線維同士の結着が弱く，やわらかい。さらに温度が上がると筋漿たんぱく質も凝固して筋線維同士をくっつけるので硬くなり，身崩れしにくくなる。

＊試料：25gあじ魚肉を水中で各温度で10分間加熱した。
＊かたさ：テクスチュロメーターによる測定。

164

㉙ 表8　塩締めおよび酢締めによるさば肉の重量変化 (p.49)

塩締め時間（時間）	2		4		6		12		20	
食塩量（%）		酢締め		酢締め		酢締め		酢締め		酢締め
3	91.6	95.5	92.8	93.5	91.9	95.1	91.5	92.0	92.1	90.9
5	91.6	93.1	90.1	90.0	89.8	89.5	89.2	88.5	87.9	86.4
10	86.9	84.7	86.4	82.7	82.1	81.0	83.2	82.2	80.8	79.6
15	85.2	79.9	83.2	77.6	79.8	76.8	78.4	76.9	78.2	77.1
生魚肉 100	酢浸漬 109.9		蒸留水浸漬 101.0		※魚は先に酢に浸漬すると膨潤して生魚肉より重くなる。					

＊生魚を100とした。　　＊試料15g前後のさば肉5個の平均値。
＊酢締め，水浸漬は1時間。　＊＿＿は酢締めによって増加したもの。

【解説】　先に塩締めすると重量が減少して身がしまり，その後の酢締めによる膨潤は少なく，食塩濃度が高いとさらにしまる。塩が存在すると筋原線維たんぱく質のミオシンが酸性条件で不溶化するため，塩締め後の酢締めにより表面は凝固してかたく，内部はまだやわらかい。

㉚ 表9　さば素揚げの揚げ時間による水分，脂肪含量の変化および官能評価 (p.81)

揚げ時間		水分（%）	脂肪（%）	官能検査	
				順位合計	検　定
180℃	30秒	52.2	25.3	12	＊＊（もっとも油っこい）
	60秒	50.7	27.1	19	
	90秒	48.6	30.6	29	＊＊（もっとも油っこくない）

＊官能評価（Kramerによる検定）
＊＊1%の危険率で有意差あり。

【解説】　揚げ物では水と油の交替がうまく起こったときが好ましいので，揚げ時間が長くなると脂肪分は増加するが油っこさが感じられない。

◆ 揚げ物

㉛ 図22　ポークカツレツの内部温度の変化 (p.117)

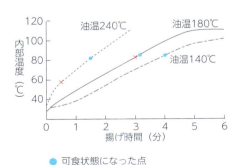

＊厚さ2cmの豚肉

【解説】　2cm厚さの豚肉の内部温度が80℃になるまでの時間は油温180℃で約3分であり，揚げ色もちょうどよい。140℃では揚げ色が薄くて好ましくなく，240℃では30秒で揚げ色が適度になり80℃に達する1.5分後には焦げ色が強すぎる。

㉜ 図23　各種コロッケの内部温度の変化 (p.101)

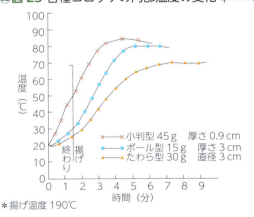

＊揚げ温度190℃

【解説】　コロッケの形によって内部温度が異なり，厚さが薄いと温度上昇が速い。内部温度は揚げ終わったあとも上昇するが，その程度は重量よりも厚みに影響され，厚いほど上昇幅が大きい。側縁部の温度も上がるが内部に比べて上昇幅は小さい。

㉝表10 材料配合と天ぷら衣の成分と歯もろさ（砕け分）(p.43)

		種類		
		(a)	(b)	(c)
材料 (g)	小麦粉	10	10	10
	重曹		0.02	
	水	15	15	13.2
	卵			5
衣 (%)	砕け分	7.39	21.31	11.38
	脂質	32.42	53.86	46.05
	水分	18.36	5.07	13.22

【解説】 揚げる前の天ぷらの衣の水分は60〜70％であるが，揚げた後は13％前後になっている。水だけの衣に比べ卵を使うと水分が少なくて脂質が多く，水と油の交替が進む。重曹は水分蒸発が盛んなため衣の水分がかなり少なく，揚げ後の変化も少ない。

＊この実験は，上記材料の配合の衣だけを揚げたものである。砕け分は，揚げた後の衣をミキサーで砕き，これを5メッシュのふるいでふるい，下に落ちた試料の重量の揚げ衣の重量に対する百分率である。
＊砕け分の多いことは歯もろく砕けやすいことを示す。
＊衣は180℃で2分間揚げた。

◆ 肉

㉞図24 加熱方法の異なる鶏むね肉のかたさ (p.131)

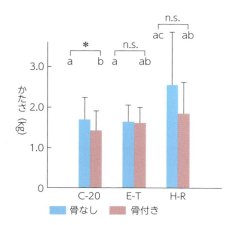

＊$p < 0.05$，n.s.：有意差なし。
＊C-20：蒸し器で20分加熱（100℃）
＊E-T：内部温度76℃まで加熱。加熱時間は，骨なしは15分，骨付きは20分。
＊H-R：加熱速度が同じになるようにして20分加熱。内部温度は76℃
＊骨なし肉：180 g，骨付き肉：260 g（うち肉は180 g）
＊かたさの測定はテクスチュロメーターによる。

【解説】 骨付き鶏むね肉の方が骨なしより温度上昇が緩やかであり，加熱時間が同じであればかたさはやわらかい。温度上昇速度が同じでは有意差がなくなる。骨付きで260 g，骨なしで180 g前後であれば20分で内部温度80℃付近になるような蒸し加熱がよい。

㉟図25 試料肉からスープストック・アクおよび残肉へのたんぱく質・脂質の移行割合 (p.94)

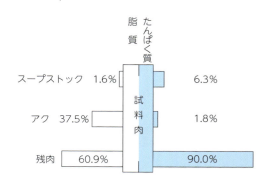

＊牛すね肉100 gを300 mLの水で2時間加熱

【解説】 スープストックをとるときのアクの主体は中性脂肪であり，肉中の脂質の約40％がアクとして除かれる。たんぱく質は肉に約90％残っており，アクとして除かれるのは約2％である。加熱前に肉を水浸漬してアク成分を溶出させるとよい。

◆ 卵

㊱ 図26 食塩添加による全卵のゲル強度 (p.138)

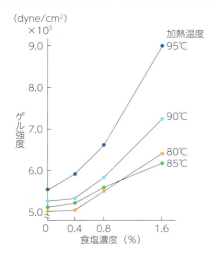

【解説】 全卵のゲル強度は加熱温度が高いほど、また添加する食塩濃度が高いほど大きくなる。食塩無添加を95℃で加熱したゲルと食塩0.6％添加を90℃で加熱したゲルはほぼ同程度の強度であり、90℃の方がすだちが起こりにくい。

㊲ 図27 卵豆腐の加熱速度の影響 (p.138)

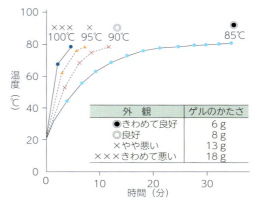

＊85℃，90℃，95℃，100℃は蒸板直上付近の温度。
＊温度変化の測定位置は蒸し茶碗内の中央で、内底面より1.5 cm上である。
＊ゲルのかたさはカードメーターにより200 gのスプリングを用い、ヨーグルト用感圧軸が試料の表面を破ったときの重量目盛りである。数字が小さいほどやわらかい。
＊卵液濃度20 %で加熱終了時の試料中心温度は78℃。100℃では約5分，95℃では約7分，90℃では約12分，85℃では約36分。

【解説】 卵液濃度が20％の卵豆腐の中心温度が78℃になるまでを火力を変えて加熱すると、外観がもっともよくやわらかいのは蒸し板直上付近が85℃の時だが、36分かかる。90℃では12分間で外観、かたさも良好である。95℃以上はすだちが激しく外観が悪い。

㊳ 図28 プディング中心部最終温度86℃，余熱5分利用の昇温図 (p.119)

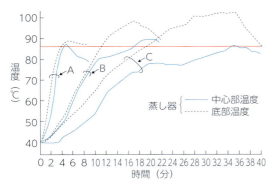

1分当たりの上昇温度（40〜86）(℃)		
	加熱力	蒸し器上昇温度 (℃/分)
A	都市ガス 5 L/分	27.18
B	都市ガス 2.5 L/分	5.38
C	電熱器 300 W	2.32

＊卵液プリン型に70 g，試料，蒸し器とも加熱開始40℃。A，B，Cとも中心温度86℃で消火し、ただちに火から下ろして5分間余熱利用。加熱時間はA約5分，B約18分，C約36分。

【解説】 プディングを沸騰まで約3分間の急速加熱（A）を行い、中心温度が86℃に達した時点で消火後に5分間の余熱利用で適度な状態に仕上がる。弱火で緩慢に加熱すると86℃まで時間がかかり、底部温度が高くなって過熱によるすだちが予想される（B・C）。

◆ ルウ

㊴ 図29 ルウの炒め温度による白ソースの粘度変化 (p.100)

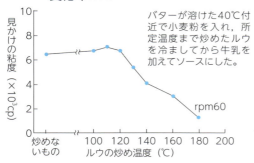

＊小麦粉 22 g，バター 22 g

【解説】 ルウの見かけの粘度は炒め温度が 120 ℃を超えると急に低下し，温度とともに下がる。小麦粉を乾熱加熱することで熱によるでんぷんの低分子化が起こり，粘度が低下するので，130 ℃付近でサラサラしたときに下ろすとホワイトルウとなる。

㊵ 図30 牛乳，水，ブイヨンでのばした場合の糊液の粘度 (アミログラフ) (p.100)

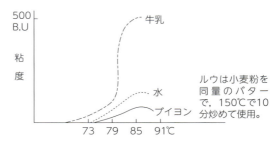

＊ 150 ℃で 10 分間炒めたルウを用い，小麦粉 8 %になるように液体を加えた。

【解説】 ルウに液体を加えて加熱するとでんぷんの糊化により粘性が出てくる。そのときの粘度は水よりもブイヨンでは低く，牛乳では特に 80 ℃以上で顕著に高くなる。ブイヨンの脂肪が，また牛乳のカゼインやラクトースが粘性に影響している。

㊶ 図31 白ソース加熱過程の粘度変化 (120 ℃ルウを用いたもの) (p.100)

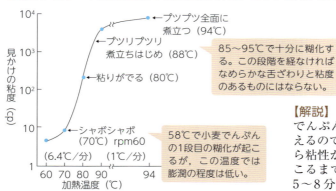

【解説】 ルウに液体を加えるときは液体を小麦でんぷんの糊化温度の 58 ℃以下にしてから加えるので，はじめは粘性が低いが，80 ℃付近から粘性がではじめ，十分にでんぷんの糊化が起こるまでは最終温度が 96〜98 ℃になるように 5〜8 分間煮込むとよい。

◆ クリーム

㊷ 図32 5 ℃または 15 ℃におけるクリームの起泡性 (p.95, 146)

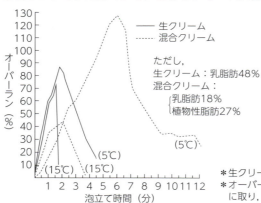

【解説】 生クリームを 5 ℃に 1 時間保って泡立てた方が，15 ℃に保った場合よりオーバーランが高く，起泡性が優れている。混合クリームも同様であるが差がかなり大きく，泡立ちは生クリームより大きい。脂肪含量は少なくとも 30 %は必要とされる。

＊生クリーム 200 mL をボウルに取りミキサーで撹拌した。
＊オーバーランは起泡クリームをシャーレ (直径 45 mm，深さ 18 mm) に取り，表面をすり切って重量測定して求めた。

◆ 小麦粉

㊸ 図33 各焙焼温度におけるバッター内温度と膨化の過程（スポンジ190g）(p.146)

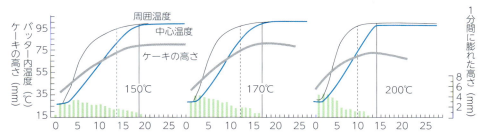

＊実線：バッター内温度，太線：ケーキの高さ，棒グラフ：1分間に膨れた高さ
＊卵：砂糖：小麦粉 = 150：135：120
＊直径12cmのケーキ型
＊ガス高速オーブンを使用

【解説】　スポンジケーキを焼くとき中心温度が95℃付近になるまで膨張して生地が高くなるが，その後は高さが変わらず，生地の成分が熱変性して気孔が固定される。200℃で焼くと短時間で温度が上がるが早く膨張が止まり，表面は焼き色が強くなる。

㊹ 図34 加熱温度によるでんぷんの糊化度（シューペースト）(p.115)

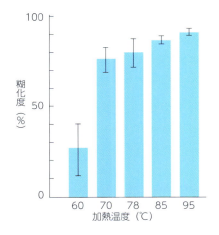

＊シューの第一加熱において各温度で生地を取り出して糊化度を測定。

【解説】　シューでは第一加熱の終了温度が生地の水分含量やでんぷんの糊化度に関係し，78℃付近がよいとされる。でんぷんの糊化度は70℃以上で急に高くなり粘性がでてくるので，第二加熱で膨化するとき皮の抵抗となる。粘性の増加により生地が膜状に広がって水蒸気が逃げるのを防ぐことができ，その程度に強弱があるので皮に凸凹（おうとつ）ができる。

㊺ 図35 グルテン採取量（乾麩量）の変化（シューペースト）(p.115)

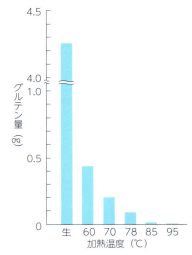

＊各加熱温度別ペーストは小麦粉50g当たりに換算した。
＊図34と同じ生地についてでんぷんを洗い流して測定。

【解説】　シューの第一加熱温度が60℃以上になるとグルテンの採取量は大きく低下し，第一加熱終了温度である78℃付近ではほとんど失活している。第二加熱におけるシューの膨化には糊化したでんぷんの粘性が大きく関わっている。

㊻ 表11 折りたたみ回数の異なるパイ生地の焙焼後の製品の評価 (p.146)

折りたたみ回数	重量減少率(%)	膨化率(%)	面積 (cm²) 最上面	面積 (cm²) 底面	浮き(倍率)(cm)	総合評価
対照	0	100	36.0	36.0	0.4 (1.0)	―
2	32.4	342	21.3	24.3	2.5 (6.3)	不良
4	21.5	405	16.0	21.0	4.3 (10.8)	良
6	22.8	519	14.2	20.0	5.7 (14.3)	良
8	17.5	422	12.3	20.8	4.7 (11.8)	不良
10	18.4	382	11.3	21.0	4.3 (10.8)	不良
12	18.0	339	12.4	21.2	3.3 (8.3)	不良

＊小麦粉100g (強力粉薄力粉＝1：1)，パイバター100g，食塩2.4g，水66g
＊生地を6.2×5.8cm，厚さ0.4cmに成形し，210〜220℃で15分間焙焼

【解説】 折りたたみ式パイで三つ折りを n 回繰り返すと，3の n 乗＋1の層ができる。4回または6回は元の生地の4〜5倍に膨化してショートネスでもよい評価が得られる。8回以上では生地が薄くて層状がくずれ，2回では過剰な油脂が外に出る。

㊼ 図36 ビスケットのショートネスと膨化度 (p.103)

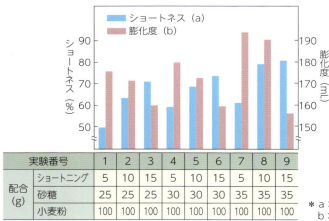

【解説】 砕けやすい性質（ショートネス）は油脂が増えると増加するが，膨化度は逆に低下する。油脂はグルテン形成やでんぷんの糊化を抑える。砂糖はショートネスや膨化度を増大させるが，過剰になると膨化度がかえって抑えられる。

＊a：所定操作による砕け量
　b：ドウ100gのビスケットの容積

◆ ゼリー

㊽ 図37 寒天ゼリーの離漿における牛乳添加の影響 (p.71)

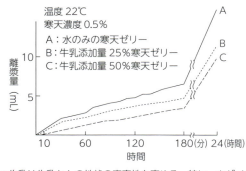

【解説】 寒天ゼリーに牛乳を加えるとゼリーのかたさは低下し，粘りは増加する。0.5％寒天濃度のゼリーの離漿率は時間とともに増加するが，牛乳添加量が多いほど離漿は抑えられる。牛乳中のカゼインや脂肪などが寒天の網目構造の中に組み込まれて内部の結合が弱り，安定性が増す。

＊牛乳は牛乳かんの性状の安定性を高める。特に，カゼインはその添加量が増えるほどゼリーのかたさともろさを低下させる。
＊寒天ゼリー50mLをヌッチェの中に入れ離漿量測定。

㊾表12 淡雪かんの均質化に及ぼす温度，寒天，砂糖濃度の影響 (p.143)

※淡雪かんの分離割合（％），室温 20〜30℃

温度（℃）		50			45			40		
砂糖濃度（％）		10	30	60	10	30	60	10	30	60
寒天濃度（％）	1	56	53	3	16	13	0◎	0	0	0
	1.5	38	34	0◎	13	9	0◎	0	0◎	0◎
	2	25	20	0×	4	3	0×	0	0◎	0×

＊寒天濃度：はじめの寒天・砂糖ゾルの体積に対する下層に分離した寒天・砂糖ゾルの割合
＊0は均質化してまったく分離しないことを示す。
◎：品質がよい，×：品質として実用値が低い

【解説】 淡雪かんでは泡立てた卵白（比重 0.17 付近）と寒天液（比重 1.08 付近）が比重の違いから分離しやすいが，添加する砂糖濃度が高いほど，また混ぜるときの温度が 40℃ に近いほど分離しにくい。

㊿表13 水ようかんの均質化に及ぼす型に流す温度，あん，砂糖濃度の影響 (p.143)

※水ようかんの分離割合（％）

温度（℃）		80			60			40		
あん濃度（％）		20	30	40	20	30	40	20	30	40
砂糖濃度（％）	20	13	10	2	7	7	0	3	0	0
	30	8	7	0	5	3	0	3	0	0
	40	5	3	0	3	2	0	3	0	0

＊あんを加えた寒天・砂糖ゾルの体積に対する上層に分離した寒天・砂糖ゾルの割合，あんの水分 62％
＊水ようかんは型に流す温度とあん，砂糖の濃度に影響され，分離が起こる。あん濃度は 25〜30％，砂糖濃度 20〜50％ が適当である。40℃ で型に流し込むのがもっとも分離が少ない。

【解説】 水ようかんは寒天溶液，砂糖，あんを混合してゲル化させるが，砂糖濃度が高いほど，また型に流す温度が低いほど分離が少ない。あんの比重は非常に大きく，温度が低下すると粘度が増し，分散したあん粒子が沈殿しにくいため分離しにくい。水ようかんの均質化には，あんを加えてから適度の加熱と撹拌が必要である。

51 図38 ブラマンジェの加熱温度，加熱時間がゼリー強度に及ぼす影響 (p.147)

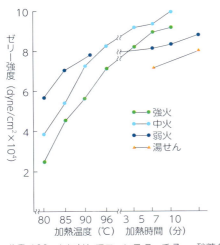

【解説】 ブラマンジェをつくるときは中火で加熱し，表面に泡が出はじめてから（80℃）4〜5分間加熱する。最高温度の 96℃ に達した後も，さらに 2〜3 分間加熱されるので，でんぷんの糊化に伴い粘弾性も高くなる。湯せん（85℃）や弱火（92℃）ではべたつきがある。

＊牛乳 100 mL に対してコーンスターチ 7 g，砂糖 9 g

【出典】

① 表1：貝沼やす子，江間章子，関千恵子，家政誌，39，969-977，1988
② 図1：貝沼やす子，江間章子，家政誌，41，1151-1157，1990
③ 図2：山崎妙子，福場博保，調理科学，16，110-115，1983
④ 図3：貝沼やす子，関千恵子，家政誌，31，323-329，1980
⑤ 図4：貝沼やす子，（調理科学研究会編）調理科学，p.248，光生館
⑥ 図5：石井久仁子，下村道子，山崎清子，家政誌，29，82-88，1978
⑦ 表2：長谷川千鶴，家政誌，7，4-6，1956
⑧ 表3：長谷川千鶴，家政誌，7，4-6，1956
⑨ 表4：伊東清枝，角田信子，家政誌，16，16-18，1965
⑩ 図6：平田裕子，脇田美佳，長野美根，畑江敬子，島田淳子，家政誌，40，891-895，1989
⑪ 表5：吉松藤子，家政誌，5，359-361，1954
⑫ 図7：山口静子，*J. Food Sci*，34，473-478，1967
⑬ 図8：松元文子，吉松藤子共著，三訂調理実験，p.49，柴田書店，1975
⑭ 図9：青柳康夫，菅原龍幸，日食工誌，33，244-249，1986
⑮ 図10：青柳康夫，菅原龍幸，日食工誌，33，244-249，1986
⑯ 表6：山崎清子，家政誌，4，279-282，1954
⑰ 表7：長谷川千鶴，丸山悦子，調理科学，調理科学研究会編，p.90，光生館
⑱ 図11：児玉ひろみ，小川久恵，日本食生活学会誌，14，134-138，2003
⑲ 図12：畑明美，南美子，調理科学，16，116-121，1983
⑳ 図13：畑明美，饗庭照美，南出隆久，殿畑操子，京都府立大学学術報告
㉑ 図14：江崎秀男，小野崎博通，家政誌，33，513-520，1982
㉒ 図15：林宏子，調理科学，23，361-366，1990
㉓ 図16：松元文子，調理と水，p.23，家政教育社，1963
㉔ 図17：河村フジ子，海老塚あつ，寺崎淑子，松元文子，家政誌，18，147-151，1967
㉕ 図18：松裏容子，香西みどり，畑江敬子，島田淳子，日食工誌，36，97-102，1989
㉖ 図19：田村咲江，家政誌，40，995-1002，1989
㉗ 図20：下村道子，島田邦子，鈴木多香枝，板橋文代，家政誌，24，516-523，1973
㉘ 図21：下村道子，島田邦子，鈴木多香枝，家政誌，27，484-488，1976
㉙ 表8：下村道子，島田邦子，鈴木多香枝，板橋文代，家政誌，24，516-523，1973
㉚ 表9：池上茂了，村田安代，一寸木絢子，国崎直道，家政誌，24，376-383，1973
㉛ 図22：太田静行，油化学，12，436-450，1963
㉜ 図23：草野愛子，家政誌，20，147-150，1969
㉝ 表10：松元文子，林恵美子，家政誌，9，68-70，1958
㉞ 図24：韓順子，柳沢幸江，村田安代，寺元芳子，家政誌，40，1057-1064，1989
㉟ 図25：丸山悦子，調理科学，23，44-47，1990
㊱ 図26：重白典子，松本エミ子，調理科学，9，215-218，1976
㊲ 図27：山脇芙美子，松元文子，家政誌，15，248-251，1964
㊳ 図28：布施静子，冨山アイ子，松元文子，家政誌，28，264-272，1977
㊴ 図29：大澤はま子，中浜信子，家政誌，24，359-356，1973
㊵ 図30：川端晶子，家政誌，13，53-56，1962
㊶ 図31：大澤はま子，中浜信子，家政誌，24，359-366，1973
㊷ 図32：松本睦子，河村フジ子，調理科学，11，188-191，1978
㊸ 図33：渡辺豊子，喜代吉夏子，山田光江，調理科学，25，293-300，1992
㊹ 図34：高橋美保，上部光子，中村美晴，千葉時子，下村道子，大妻女子大学家政学部紀要，23，19-28，1987
㊺ 図35：高橋美保，上部光子，中村美晴，千葉時子，下村道子，大妻女子大学家政学部紀要，23，19-28，1987
㊻ 表11：石村哲代，四條畷学園女子短期大学研究論集，5，1-24，1971
㊼ 図36：松元文子，新版調理学，p.152，光生館，1979
㊽ 図37：白木まき子，貝沼やす子，家政誌，28，525-532，1977
㊾ 表12：山崎清子，家政誌，14，339-344，1963
㊿ 表13：山崎清子，家政誌，14，339-344，1963
51 図38：高橋節子，美川トク，福場博保，家政誌，25，443-449，1974

2 献立例

献立作成の手順に基づき作成した1か月分の献立の例を示す。
使用食材のバランスの目安となる三色食品群の分類も記載した。
食品群の分類は，主材料に着目して行い，調味料は考慮していない。

● 三色食品群と6つの基礎食品群の比較

三色食品	赤		緑		黄	
	体をつくるもとになる		体の調子を整えるもとになる		エネルギーのもとになる	
6つの基礎食品群	1群	2群	3群	4群	5群	6群
	肉，魚，卵，大豆	牛乳，乳製品，海藻，小魚	緑黄色野菜	淡色野菜，果物	穀類，いも類，砂糖類	油脂等

● 1か月の献立の例

(赤字は本書に記載のある料理)

日付	食事区分	料理	赤	黄	緑
1日	朝食	五穀米ごはん		○	
		焼さけ	○		
		ほうれん草のお浸し (p.31)			○
		大根とわかめのみそ汁			○
	昼食	ペンネアラビアータ		○	○
		ポーチドエッグ (p.102)		○	
		グリンピースのポタージュ	○		○
	夕食	白飯		○	
		大根と鶏の煮物	○		○
		柿の白和え (p.47)	○		○
		はんぺんのすまし汁	○		
2日	朝食	クロックマダム	○	○	
		蒸し野菜			○
		ビシソワーズ (p.118)	○	○	
		白飯		○	
	昼食	八宝菜 (五目炒め) (p.86)	○		○
		魚香茄子 (揚げなすの魚香風味)	○		○
		豆腐皮湯 (ゆばのスープ)	○		
	夕食	パエーリア (p.149)	○	○	○
		グリーンサラダ			○
		ひよこ豆のトマトスープ	○		○
3日	朝食	ピラフ (p.94)	○	○	○
		コーンポタージュ	○		
		オレンジ			○
	昼食	赤飯 (p.45)		○	
		ぶりの照り焼き (p.58)	○		○
		菊花かぶ (p.58)			○
		卵の花の炒り煮	○		○
		生麩とみつばのすまし汁	○		○
	夕食	白飯		○	
		麻婆豆腐 (p.62)	○		○
		涼拌海蜇 (くらげの酢の物)	○		○
		にらたまスープ	○		○
4日	朝食	白飯		○	
		肉じゃが (p.39)	○	○	○
		ちりめんさんしょう	○		
		もやしと油揚げのみそ汁	○		○
	昼食	白飯		○	
		ロールキャベツ	○		○
		フルーツサラダ	○		○
	夕食	とろろそば	○	○	○
		天ぷら (p.43)	○	○	○

日付	食事区分	料理	赤	黄	緑
5日	朝食	ロールパン		○	
		ウインナーのソテー	○		
		マッシュポテト		○	
		ザワークラウト			○
		ほうれん草のポタージュ	○		○
	昼食	白飯		○	
		いさきの中華風あんかけ	○		○
		白菜とベーコンの煮込み物	○		○
		玉米会豆腐 (豆腐入りコーンスープ)	○		○
	夕食	白飯		○	
		ポトフ (p.132)	○	○	○
		カリフラワーのマリネ			○
		桃			○
6日	朝食	麦飯		○	
		湯豆腐	○		
		梅干し			○
	昼食	ほうとう	○	○	○
		きゅうりの浅漬け			○
	夕食	白飯		○	
		回鍋肉 (ゆで豚とキャベツの炒め物) (p.70)	○		○
		涼拌酸絲 (きゅうり，春雨，ハムの酢の物)	○	○	○
		豆芽菜湯 (もやしのすまし汁)			○
7日	朝食	のり茶漬け	○	○	
		牛肉のしぐれ煮	○		
		酢れんこん			○
	昼食	白飯		○	
		いわしの香草焼き (p.98)	○		○
		トマトサラダ (p.97)			○
		キャロットスープ (p.99)			○
	夕食	五目ごはん (p.41)	○	○	○
		厚焼き卵 (p.30)	○		○
		大根おろし (p.30)			○
		筑前煮 (炒り鶏) (p.55)	○		○
		焼きなすのみそ汁			○

付録 173

日付	食事区分	料理	使用食材の分類		
			赤	黄	緑
8日	朝食	ホットサンド（ツナ）	○		
		コンソメジュリエンヌ			○
		オレンジ			○
	昼食	白飯		○	
		生揚げと豚肉のオイスターソース炒め	○		○
		中華風きのこスープ			○
	夕食	サフランライス (p.105)		○	
		ハンバーグ (p.93)	○		
		付け合わせ　にんじんのグラッセ (p.93) ゆでブロッコリー			○
		コーンスープ			○
9日	朝食	八宝肉飯（中華ちまき）(p.75)	○	○	○
		冬瓜湯（冬瓜のスープ）			○
	昼食	白飯		○	
		鶏の照り焼き	○		
		じゃがいもとにんじんの炒め煮		○	○
		もずくの酢の物			○
		なめことたまねぎのみそ汁			○
	夕食	白飯		○	
		中華風かれいの蒸し物	○		○
		豆腐蛤仔湯（豆腐とあさりのスープ）(p.78)	○		○
		キウイフルーツ			○
10日	朝食	白飯		○	
		五目豆	○		○
		豚汁	○		○
	昼食	スパゲッティミートソース (p.109)	○	○	○
		コールスロー (p.110)			○
		オニオングラタンスープ (p.114)		○	○
	夕食	豆ごはん (p.33)	○	○	
		かれいの煮付け (p.34)	○		
		炊き合わせ (p.50)			○
		さやいんげんのごま和え			○
		かきたま汁 (p.34)	○		○
11日	朝食	クロワッサン		○	
		スクランブルエッグ (p.102)	○		
		コンソメスープ (p.94)			○
	昼食	白飯		○	
		鍋貼餃子（焼き餃子）(p.81)	○	○	○
		糖醋黄瓜（きゅうりの甘酢漬け）			○
		生菜湯（レタスのスープ）			○
	夕食	白飯		○	
		さけのムニエル (p.113)	○		
		ラタトゥイユ (p.118)			○
		じゃがいものポタージュ	○	○	
12日	朝食	シーフードマカロニグラタン	○	○	○
		ミルファンティ	○		○
	昼食	白飯		○	
		がんもどきの煮物	○		○
		若竹煮	○		○
		吉野鶏のすまし汁 (p.46)	○		○
	夕食	什錦炒麺（五目焼きそば）	○	○	○
		もやしのナムル			○
		酸辣湯（酸味と辛味のスープ）(p.86)	○		○
13日	朝食	白飯		○	
		豚しゃぶサラダ	○		○
		小松菜ともやしのみそ汁			○
	昼食	ロールパン		○	
		きのこソテー			○
		豆のミックスサラダ	○		○
		ブイヤベース	○		
	夕食	山菜おこわ		○	○
		高野豆腐の含め煮	○		○
		かぼちゃのそぼろあんかけ (p.139)	○	○	
		オクラの酢の物			○
		はまぐりの潮汁 (p.50)	○		

日付	食事区分	料理	使用食材の分類		
			赤	黄	緑
14日	朝食	ライ麦パン		○	
		生ハムとグレープフルーツのサラダ	○		○
		きのこのクリームスープパイ包み	○	○	○
	昼食	醤辣捲麺（肉みそそば）(p.152)	○	○	○
		海藻サラダ			○
		清川鶏蛋（うずら卵のすまし汁）	○		
	夕食	オムライス	○	○	○
		にんじんサラダ (p.115)			○
		オニオンスープ			○
15日	朝食	ロールパン		○	
		ポークビーンズ	○		○
		ヨーグルト	○		
	昼食	ひじきごはん		○	○
		たらの西京焼	○		
		京菜のからし和え			○
		切干し大根の煮物 (p.59)			○
		なめこの赤だし汁			○
	夕食	白飯		○	
		水餃子	○	○	○
		涼拌黄瓜（きゅうりの和え物）			○
		丸焼き卵とほうれん草のスープ	○		○
16日	朝食	蝦肉粥（えびと豚肉を入れたかゆ）	○	○	
		搾菜サラダ			○
	昼食	カレーライス (p.105)	○	○	○
		福神漬け			○
		りんごのコンポート			○
	夕食	かけそば		○	
		あじの南蛮漬け	○		○
		かぼちゃの煮物			○
17日	朝食	白飯		○	
		かつおのたたき	○		
		きんぴらごぼう (p.39)			○
		わかめとじゃがいものみそ汁		○	○
	昼食	天津飯	○	○	○
		涼拌茄子（なすの和え物）(p.73)			○
		白菜のスープ			○
	夕食	フランスパン		○	
		クリームシチュー	○	○	○
		ミモザサラダ	○		○
18日	朝食	クロックムッシュ (p.123)	○	○	○
		野菜スープ			○
	昼食	きつねうどん	○	○	○
		春菊のおひたし			○
	夕食	白飯		○	
		青梗菜のかにあんかけ	○		○
		棒棒鶏（鶏肉のごまだれ和え）(p.85)	○		○
		大根の中華風サラダ			○
		春雨のスープ			○
19日	朝食	麦飯		○	
		納豆	○		
		のりの佃煮			○
		まいたけのみそ汁	○		○
	昼食	白飯		○	
		腰果鶏丁（鶏肉とカシューナッツ炒め）(p.89)	○	○	○
		玻璃白菜（白菜のあんかけ）			○
		トマトのスープ			○
	夕食	白飯		○	
		すき焼き	○		○
		五目なます	○		○
		とろろ昆布のすまし汁	○		

日付	食事区分	料理	赤	黄	緑
20日	朝食	白飯		○	
		炒り豆腐	○		
		粕汁	○	○	○
	昼食	ピビンパプ (p.153)	○	○	○
		白菜キムチ			○
		わかめスープ	○		
	夕食	カルボナーラ	○	○	
		マセドアンサラダ			○
		セロリとたまねぎのスープ			○
		フルーツゼリー (p.95)			○
21日	朝食	食パン		○	
		オムレツ (p.102)	○		
		オニオンサラダ			○
		キャロットポタージュ			○
	昼食	白飯		○	
		さしみ（まぐろ，たい，いか）	○		
		ふろふき大根			○
		油揚げとねぎのみそ汁	○		○
	夕食	白飯		○	
		炸春捲（春巻き）(p.83)	○	○	○
		一品豆腐（裏ごし豆腐の蒸し物）	○		○
		餛飩湯（ワンタンスープ）(p.63)	○	○	○
22日	朝食	白かゆ		○	
		豆腐の中華風サラダ	○		○
		かきたまスープ	○		
	昼食	白飯		○	
		ピカタ (p.117)	○		
		りんごとセロリのサラダ			○
		ミネストローネ (p.122)	○		○
	夕食	さつまいも飯 (p.33)		○	
		茶碗蒸し (p.51)	○		○
		揚げ出し豆腐野菜あんかけ	○		○
		ひじきの煮物 (p.59)	○		○
		鶏団子のすまし汁	○		
23日	朝食	おにぎり（昆布・おかか）	○	○	
		さんまのみりん干し	○		
		しじみとわかめの赤だし	○		○
	昼食	白飯		○	
		蝦仁豆腐（小えびと豆腐の煮込み）	○		
		生炒素什錦（野菜炒め）			○
		拌墨魚（いかの和え物）(p.77)	○		○
		蟹粉蛋炒飯（かに入り卵スープ）	○		
	夕食	白飯		○	
		クリームコロッケ (p.101)	○	○	○
		アスパラとベーコンのソテー	○		○
		ごぼうのサラダ			○
		パンプキンスープ (p.135)	○		○
24日	朝食	キッシュ・ロレーヌ (p.149)	○	○	○
		ほたてのサラダ	○		○
		かぶのスープ			○
	昼食	白飯		○	
		さんまの蒲焼	○		
		さといもの含め煮		○	
		きゅうりとわかめの酢の物 (p.35)			○
		しめ卵のすまし汁 (p.54)	○		
	夕食	炒飯	○	○	○
		辣白菜（白菜の辛味酢油漬け）(p.66)			○
		榨菜肉絲湯（ザーサイと豚肉のせん切りスープ）(p.74)	○		○
		ぶどう			○

日付	食事区分	料理	赤	黄	緑
25日	朝食	かきたまにゅうめん	○	○	
		たけのこの木の芽和え			○
	昼食	白飯		○	
		鶏肉の香草焼き (p.98)	○		
		シーザーズサラダ (p.122)	○	○	○
		そら豆のポタージュ	○		○
	夕食	茶飯		○	
		おでん	○		○
		菜の花のからし和え			○
26日	朝食	ミックスサンドイッチ	○	○	○
		オレンジ			○
	昼食	白飯		○	
		糖醋魚（魚の丸揚げ甘酢あんかけ）(p.81)	○		
		にんにくの芽の炒め物			○
		蛋花湯（中華かきたま汁）	○		
	夕食	白飯		○	
		なすのミートソースグラタン	○	○	○
		クラムチャウダー (p.110)	○	○	○
27日	朝食	ピザトースト	○	○	○
		ヨーグルトサラダ	○		○
	昼食	白飯		○	
		豚肉のしょうが焼き	○		
		キャベツとえのき茸のポン酢和え			○
		のっぺい汁	○		○
	夕食	白飯		○	
		干焼明蝦（えびのチリソース炒め）(p.74)	○	○	○
		かぶの甘酢漬け			○
		豆腐丸子湯（豆腐団子のスープ）	○		
28日	朝食	白飯		○	
		蒸し鶏のサラダ	○		○
		清湯水蓮（花形卵入りスープ）	○		○
	昼食	ミラノ風リゾット	○	○	○
		きのこのサラダ			○
		アクアパッツァ	○		
	夕食	わかめごはん	○	○	
		豆腐ハンバーグ (p.137)	○		○
		ほうれん草のごま和え (p.31)	○		○
		えびしんじょのすまし汁 (p.55)	○		
29日	朝食	胚芽米		○	
		鶏の治部煮 (p.46)	○		
		けんちん汁 (p.38)	○		○
	昼食	白飯		○	
		珍珠丸子（もち米団子の蒸し物）(p.77)	○		
		小松菜の XO 醤炒め	○		○
		玉米湯（とうもろこしスープ）(p.66)	○	○	○
	夕食	ロールパン		○	
		ビーフシチュー (p.150)	○		○
		トマトとカッテージチーズのサラダ	○		○
30日	朝食	ホットドッグ	○	○	○
		カレー風味野菜スープ			○
	昼食	かきあげそば	○	○	○
		こんにゃくのピリ辛煮			○
		小松菜の磯辺和え			○
	夕食	白飯		○	
		芙蓉蟹（かにたま）(p.82)	○		○
		炒豆芽（もやし炒め）	○	○	○
		チンゲンサイと貝柱のスープ	○		○

●本書で用いた食品およびよく使う食品の目安重量

	食品名	目安量	重量 (g)
穀類	うどん (生)	1玉	140
	そうめん*	乾1束	300
	食パン	1斤	360
	ロールパン*	1個	30
	クロワッサン*	1個	40
	中華めん	1玉	120
	生麩	1本	220
	板麩	1枚	15
	もち	1個	50
いもおよびでんぷん類	じゃがいも	中1個	150
	さといも	中1個	50
	さつまいも	中1個	200
	板こんにゃく	1枚	200
豆類	豆腐	1丁	300
	油揚げ	1枚	30
	凍り豆腐	1個	20
種実類	アーモンド	乾10粒	15
	ぎんなん	生10粒	20
野菜類	あさつき	1束	30
	アスパラガス	生太1本	20
	さやいんげん	太1さや	10
	さやえんどう	1さや	2
	オクラ	1本	8
	小かぶ	根1個	20
	西洋かぼちゃ	1個	1 kg
	カリフラワー	1個	500
	かんぴょう	50 cm	50
	キャベツ	1枚	100
		1個	800
	きゅうり	生1本	80～100
	クレソン	1本	10
	ごぼう	1本	200
	小松菜	1束	300
	しそ	葉1枚	1
	春菊	1束	200
	じゅんさい	大1	15
	しょうが	1かけ	10
	ズッキーニ	1本	250
	セロリ	1本	100
	干ぜんまい	1C	20
	大根	中1本	800
	たけのこ	生中1本	500
	たまねぎ	中1個	200
	チンゲンサイ	1株	100
	トマト	中1個	200
	ミニトマト	1個	15
	なす	1本	70
	にら	1束	100
	にんじん	中1本	200
	にんにく	1かけ	10
	根深ねぎ*	1本	100
	白菜	中1個	1 kg
	パセリ	1枝	8
	はつか大根*	1個	10
	青ピーマン	中1個	40
	赤ピーマン	1個	100
	ブロッコリー	1個	200
	ほうれん草	1束	300
	ホースラディッシュ	中1本	250
	糸みつば	1束	30
	みょうが	1個	10
	芽キャベツ*	1個	10
	もやし	1C	50
	レタス	中1個	200

	食品名	目安量	重量 (g)
野菜類	サラダ菜	1株	70～100
		大1枚	10
	サニーレタス	1枚	20
	れんこん	小1節	150
果実類	いちご	1個	60
	うんしゅうみかん*	1個	100
	オリーブ	1個	3
	オレンジ	1個	200
	かき	中1個	200
	キウイフルーツ	1個	100
	すいか*	中1個	2.5 kg
	すだち	1個	30
	なつみかん*	1個	350
	バナナ	1本	150
	ぶどう*	1房	150
	マンゴー	1個	300
	ライム	1個	100
	りんご	1個	300
	レモン	1個	100
きのこ類	えのきだけ*	1個	100
	きくらげ	10個	5
	生しいたけ	1個	10
	干ししいたけ (香信)	1個	2
	しめじ	1パック	100
	マッシュルーム	1個	8
	まつたけ	中1本	50
藻類	こんぶ・素干し	10 cm角1枚	10
	干しのり	1枚	4
	角寒天	1本	10
	ほしひじき	大1	5
魚介類	あじ	中1尾	180
	あまだい	1切	80
	あゆ	中1尾	100
	まいわし	1尾	100
	煮干し	1尾	2
	きんめだい*	1切	100
	こい*	1切	150
	さけ	1切	80
	さば	1切	100
	さんま*	中1尾	150
	たら	1切	100
	たらこ*	1腹	50
	かずのこ (塩蔵)	1本	25
	ぶり	1切	80
	あさり	1個	10
	くるまえび	中1尾	40
	大正えび	1尾	40
	芝えび	1尾	10
	ブラックタイガー	1尾	40
	かき*	1個	40
	はまぐり	1個	30
	ほたてがい	貝柱1個	30
		干し貝柱1個	7
	するめいか	1ぱい	300
	かまぼこ	1本	200
	ちくわ*	1本	150
肉類	ロースハム	1枚	20
	ベーコン	1枚	20
	ウインナーソーセージ*	1本	10
	鶏もも肉骨付き	1本	300
	鶏ささ身	1枚	40
卵類	うずら卵	1個	10
	鶏卵	1個	60
乳類	チーズ	1切	20

各食品は日本食品標準成分表 (八訂) 増補 2023 の食品番号順に並んでいる。 ＊は本書で使用していない食材。
オールガイド五訂増補食品成分表 2011 (実教出版) より作成。

●●● 索 引

あ

青煮　50
アク　166
アクチン　90
アクトミオシン　90
アク抜き　159
揚げ物　41
アスコルビン酸酸化酵素　163
厚焼き卵　28
圧力鍋　56
油通し　70, 72
油抜き　59
アミノカルボニル反応　114
あん　45
アントシアニン　125
杏仁　71

い

維管束　127
イースト発酵　87
イソチオシアネート　162
板ずり　61, 154
一汁三菜　3
一番だし　28

う

ウィンナーシュニッツェル　116
浮き実　92
潮汁　48
五香粉[ウーシャンフェン]　63

え

エスカベッシュ　113
エマルション　107
LDL　103

お

折敷　4
おせち　124
小田巻き蒸し　51
落としぶた　34

おどり串　47
お浸し　31

か

介護食　136
懐石料理　3
会席料理　3
高麗[ガオリイ]　84
かきたま汁　32
拡散　32
飾り切り　129
可食部　19
加水比　29
カスタードクリーム　115
かつお節　28, 160
褐変　39
かゆ　137
ガラムマサラ　104
カラメルソース　116
カロテノイド　72
間接焼き　44
寒天　68
広東料理　7
乾物　59
感量　25

き

菊花かぶ　56
キッシュ　149
吸水率　159
吸着作用　40
行事食　130
凝縮熱　48, 76
切り方　24
筋原線維たんぱく質　164
筋漿たんぱく質　164

く

空也蒸し　136, 138
くずあん　138
グラッセ　93
グリュイエール　114

──チーズ　123
クレソン　133
グレービーソース　132
クロロフィル　72

け

結晶化　78
ゲル化剤　139
ゲル強度　167
けん　49
玄米　158

こ

硬化の影響　163
香辛料　98
香草　98
高張液　37
黄金焼き　128
5'-グアニル酸　73, 161
小口切り　61
苦椒醤[コチュジャン]　153
ごま和え　28
コラーゲン　86
コロイド粒子　40, 159
こわめし　44
羹[ゴン]　69
混合だし　28
献立　13
昆布　28
コンポート　136

さ

細胞膜　37
桜飯　36
サフラン　105
サワークリーム　151
沢煮椀　38
酸凝固　91
三州みそ　56, 57
三色食品群　13

索　引　177

し

鹹点心［シェンティエンシン］　9
塩締め　165
直火焼き　44
敷き紙　43
式正料理　3
色素細胞　77
地粉　148
四川料理　7
渋切り　45
治部煮　46
しめさば　49
しめ卵　52
上海料理　7
シュウ酸　159
シュー生地　112
上新粉　140
じょうよまんじゅう　142
食事バランスガイド　14
食生活指針　14
食中毒予防　19
食品構成表　16
ショートニング性　103
白和え　44
白髪ねぎ　81, 84
白玉粉　83, 140
シロップ　71
しんじょ地　55
神饌　124

す

酢洗い　49
吸い口　42
吸い地　42, 51
吸い物　40
酢締め　49, 165
すし飯　52
すだち　167
スチームコンベクションオーブン　138
酢どりしょうが　47
スパイス　104
スープストック　166
スープ類　95

せ

西洋料理　10
赤飯　44
セモリナ粉　108
ゼラチン　76, 95
前菜　8

そ

相乗効果　44, 160
雑煮　124
足糸　150
ソース　100
疎水性　91
そぼろあん　139

た

大饗料理　3
対流　32
炊き合わせ　50
炊き込み飯　32, 40
大菜［ターツァイ］　8
タピオカ　79
卵豆腐　138
ターメリック　104
タルト　145
　　――ストーン　149
湯菜［タンツァイ］　60

ち

炸菜［ヂアツァイ］　84
筑前煮　52
ちまき　75
餃子［チャオズ］　80
炒菜［チャーツァイ］　68
茶碗蒸し　48
中国茶　88
中国料理　7
調味パーセント　26
蒸菜［チョンツァイ］　76
蒸籠［チョンロン］　72
ちらしずし　48

つ

菜単［ツァイダン］　8

粽子［ツォンツ］　75
包み焼き　58
つま　42

て

点心［ティエンシン］　8
甜点心［ティエンティエンシン］　9
甜麺醤　62, 70
低張液　37
丁字［ティンツー］　63
デキストリン化　108
手開き　35
デュラム小麦　108
田楽みそ　139
転化糖　78
伝導　32
天ぷら　40

と

糖たんぱく質　163
豆板醤　62
道明寺粉　141
屠蘇　127
土瓶蒸し　51
ドリュール　145

な

ナムル　153
南蛮料理　3
ナンプラー　155

に

煮えばな　30
煮切りみりん　47
煮込み　32
煮しめ　32
煮付け　32
二度揚げ　80
二番だし　28
煮干し　28
日本食品標準成分表　18
日本人の食事摂取基準　13
日本料理　2

ぬ

ぬか水　159
ぬた　43

は

抜絲[バアスウ]　78
八宝[バアボウ]　75
廃棄率　19
パエーリア　10
包子[バオズ]　84
箸　5
バタークリーム　134
八角[バーチャオ]　152
八角茴香[バーチャオホイシャン]　63
発酵茶　88
腹切れ　45
バルサミコ酢　97
パルメザン　109
飯台　49
拌菜[バンツァイ]　61
半透性　37
半発酵茶　88

ひ

ピケ　145
ビシソワーズ　116
ビスク　135
ビーツ　151
ビネガー　97
ビネグレットソース　97
秤量　25

ふ

ブイヨン　92
フィリング　145
袱紗料理　3
輻射熱　44
含め煮　32
ブーケガルニ　92
普茶料理　3
不発酵茶　88
フラボノイド　152

フラン類　114
ふり込み式　108
ふり塩　164
ふり水　159
ブールマニエ　108
プロトペクチン　112
粉食　80
葷湯[フンタン]　60

へ

ベーキングパウダー　87, 99
北京料理　7
ペクチン　112
ベシャメルソース　101

ほ

放水量　163
包丁　23
ホースラディッシュ　133
ポリフェノール　72
　——オキシダーゼ　39
　——類　39
ボルシチ　151
花椒[ホワチャオ]　66
本膳料理　3

ま

松葉ゆず　46
マンシェット　131

み

ミオシン　90
水戻し時　161
ミネストローネ　10
ミロシナーゼ　162

む

無機成分　162
結びみつば　46
6つの基礎食品群　13
ムニエル　112
蒸らし時間　158

ムール貝　150

や

飲茶[ヤムチャ]　88
ヤラピン　78

ゆ

元宵[ユアヌシャオ]　83
湯炊き法　29
ユネスコ無形文化遺産　2
湯むき　151

よ

洋皿　11
余熱利用　167
呼び塩　125

ら

ラタトゥイユ　116
ラー油　86

り

溜菜[リュウツァイ]　64
緑黄色野菜　96

る

ルウ　100

れ

レシチン　103
レンチオニン　73

ろ

ローストビーフ　10
ローリエ　92
軟炸[ロワヌヂア]　84

わ

ワインビネガー　97
わらび粉　142
椀種　42

索引　179

よくわかる調理学実習
──流れと要点──

定価はカバーに表示

2025 年 4 月 5 日　初版第 1 刷

編著者	香　西　み　ど　り
	綾　部　園　子
発行者	朝　倉　誠　造
発行所	株式会社 朝　倉　書　店

東京都新宿区新小川町 6-29
郵 便 番 号　　162-8707
電　　話　　03(3260)0141
Ｆ Ａ Ｘ　　03(3260)0180
https://www.asakura.co.jp

〈検印省略〉

Ⓒ 2025〈無断複写・転載を禁ず〉

シナノ印刷・渡辺製本

ISBN 978-4-254-61116-8　 C 3077

Printed in Japan

JCOPY ＜出版者著作権管理機構 委託出版物＞

本書の無断複写は著作権法上での例外を除き禁じられています. 複写される場合は,
そのつど事前に, 出版者著作権管理機構（電話 03-5244-5088, FAX 03-5244-5089,
e-mail: info@jcopy.or.jp）の許諾を得てください.

━━━ 書籍の無断コピーは禁じられています ━━━

　本書の無断複写（コピー）は著作権法上での例外を除き禁じられています。本書のコピーやスキャン画像、撮影画像などの複製物を第三者に譲渡したり、本書の一部を SNS 等インターネットにアップロードする行為も同様に著作権法上での例外を除き禁じられています。

　著作権を侵害した場合、民事上の損害賠償責任等を負う場合があります。また、悪質な著作権侵害行為については、著作権法の規定により 10 年以下の懲役もしくは 1,000 万円以下の罰金、またはその両方が科されるなど、刑事責任を問われる場合があります。

　複写が必要な場合は、奥付に記載の JCOPY（出版者著作権管理機構）の許諾取得または SARTRAS（授業目的公衆送信補償金等管理協会）への申請を行ってください。なお、この場合も著作権者の利益を不当に害するような利用方法は許諾されません。

　とくに大学等における教科書・学術書の無断コピーの利用により、書籍の流通が阻害され、書籍そのものの出版が継続できなくなる事例が増えています。

　著作権法の趣旨をご理解の上、本書を適正に利用いただきますようお願いいたします。　　　　　　　　　　　　　　　［2025 年 1 月現在］